헤르만 헤세의 노년과 죽음에 대한 단상

머지않아 우리는 먼지가 되리니

Hermann Karl Hesse

헤르만 헤세의 노년과 죽음에 대한 단상

머지않아 우리는 먼지가 되리니

홍성광 지음

사유와공감

머리말

헤르만 헤세는 1960년대부터 우리나라에서 가장 친숙하고 가장 사랑받는 독일 작가이다. 현재까지도 헤세만큼 꾸준히 한국 독자의 사랑을 받는 외국 작가도 드물다. 헤세는 또한 미국과 일본 등 세계적으로도 작품이 가장 많이 읽히는 독일 작가이다. 헤세의 작품이 이처럼 시대와 나라를 초월해 수많은 독자를 매혹하는 까닭은 무엇일까? 전 세계의 독자는 헤세의 어떤 점에 그토록 감동하고 공감하는 걸까?

헤세는 보통 사춘기에 읽는 통속 작가 취급을 받으며 가볍게 취급되기도 한다. 그의 초기 시가 민요적·낭만적이고, 모티프나 주제가 소박한 데다 서정적인 분위기가 두드러지고, 초·중기 소설은 사춘기 소년의 방랑과 일탈, 방황과 반항을 다룬다는 점에서 그러하다.

이 책에서는 헤세의 여러 글에서 인생에 교훈이 될 만한 글을 모았다. 지금까지 우리나라에서 주로 청소년이 읽을 만한 헤세의 글이 소개되었다면, 이 책에서는 주로 중년의 독자에게 호소할 만한 글을 실었다. 그래서 30대, 40대와 50대뿐 아니라 60대 이상도 관심을 가지고 공감할 만한 내용을 다루었다.

스위스 국적이었던 헤세는 오랫동안 독일에서 인정받지 못하다가 노벨문학상을 수상하면서 독일 작가로 받아들여 진다. 헤세의 작품에는 정치적인 발언이 거의 없어 비정치적인 작가로 폄하되기도 했으나 에세이나 신문, 잡지에 실은 글에서는 오히려 그와 다른 정치적인 면모를 보이기도 한다. 그 때문에 제1차 세계대전 때는 배신자로 매도당하기도 하고, 나치 시절에는 정치적 발언을 하지 않는다고 공격당하기도 했다. 하지만 그는 한결같이 전쟁에 반대하는 평화주의자였다.

그는 많은 시와 소설에서 노화와 죽음을 다루고 있다. 특히 노년의 문턱에 들어선 50세 전후의 헤세는 노년에 관한 많은 산문을 남겼다. 그래서 이 책은 고령 시대, 초고령 시대를 맞아 헤세에 대해 잘 다루어지지 않은 노화와 죽음의 문제를 중심 주제로 삼았다.

우리나라는 고령화 속도가 세계에서 제일 빠르고, 빈부격차와 노인 빈곤율도 심각하며, 제대로 된 죽음 문화가 없다. 헤세는 일찍이 괴테와 하이네, 티크, 니체, 쇼펜하우어뿐 아니라 리하르트 빌헬름이 번역한 동양의 고전들을 두루 읽고 누구보다 동양의 지혜에 정통한 작가이다. 또한 그는 인생의 각 단계를 독특한 방식으로 경험하고 묘사할 수 있는 행운을 누린 작가이다. 이러한 묘사 중 가장 눈여겨볼 만한 것은 노년기와 죽음에 대한 그의 깊은 성찰이다.

이 책은 자연의 순환을 중시하는 헤세의 자연관에 따라 춘하추동 4부로 구성되어 있다. 헤세는 계절의 변화를 종종 시간의 경과에 따른 인생의 점진적 단계로 인식한다. 그래서 그의 시와 산문에서 봄-여름-가을-겨울이라는 시간적 순환은 청춘-중년-노년-죽음이라는 삶의 단계들과 부합하게 묘사된다. 여기서는 시, 소설, 동화를 비롯하여 에세이, 편지, 전기 등을 통해 헤세의 단편적인 모습이 아닌 전체 모습을 보여주고자 한다.

1부 삶의 거친 파도를 바라보는 '봄'에서는 어린 시절 봄의 소리에 귀 기울이면서 미래의 꿈을 꾸는 헤세를 살펴본다. 소소한 기쁨, 무위의 기술, 고독, 아이들의 천진성, 고집, 자연의 향유, 너 자신을 알라, 내면의 풍요 등에 대해 다룬다.

2부 헤세가 좋아하는 계절인 '여름'에서는 그가 좋아하는 여름의 특성에 대해 알아본다. 그에게 여름은 어른이 다시 아이가 되고, 삶이 다시 기적이 되는 계절이다. 2부에서는 끊임없이 늙어감에 대해 성찰하는 헤세의 모습, 전쟁 반대, 헤세의 정치성, 괴테에게로 가는 길, 사랑과 우정, 운명애와 자신의 길을 가기, 획일화, 예술 등에 대해 다룬다.

3부 '가을'에서는 더 높은 삶으로 들어가는 계절, 죽음을
예비하는 가을의 특성에 대해 알아본다. 노화, 의미 있는 삶,
책의 의미, 행복, 당파심, 삶의 고통, 고통의 의미 그리고 자
기실현의 길 등에 대해 살펴본다.

　4부 '겨울'에서는 삶이 또다시 창조의 광채로 빛나는 시기,
자기 형성의 길, 늙음의 가치, 쉰 살의 나이, 시대의 중병, 삶
의 단계들, 도가 사상, 노년과 죽음에 대한 단상, 죽어서 되어
라, 머지않아 우리는 먼지가 되리니 등의 내용을 다루었다.

　이처럼 헤세는 자연, 계절과 계절의 변화, 나이 듦, 늙어감
과 죽음에 무척 관심이 많은 작가였다. 그의 자연 사랑은 생
태주의, 도가적인 무위자연과도 연결된다. 또한 그는 안주가
아니라 삶의 각 단계에서 변화, 성장, 발전을 통한 자기실현
을 삶과 문학의 목표로 삼았다.

　인도 여행에서 실망한 헤세는 인도에서 중국으로 넘어가
노장사상에서 깨달음과 구원을 얻으려 했다. 또한 음악을 좋
아해 처음 쇼팽에 빠진 그는 슈베르트, 모차르트, 바흐로 되
돌아간다. 이는 토마스 만이 바그너에서 시작하여 말러, 쇤
베르크로 나아간 것과 대조적이다.

　헤세는 독일 남부의 경건주의 기독교 가정에서 태어났다.
그러나 그는 사춘기 시절, 기독교에 반항하면서 선교사로 일

한 부모의 속을 무던히 썩였다. 그러다가 나이가·들어 그리스도를 구세주로 인식하고, 그리스도의 종교적 의미와 상황을 현재의 시각에서 바라본다. 그리스도와 우리의 관계는 일회적이 아니라 반복적이고 영속적이라는 것이다. 그는 그리스도의 종교적 의미가 현실 상황에 비추어 볼 때 이 땅에 완결된 의미로 구현된 것이 아니라 아직 그 의미가 실현되어야 한다고 주장한다.

이렇게 볼 때 헤세가 그리스도를 떠나 다른 신을 좇으며 산 것은 아니다. 그는 여러 번 그리스도에게로 돌아갔다. 사망한 해인 1962년에도 헤세는 이제 노령에 오히려 기독교와 다시 더욱 가까워졌다고 고백한다. 이처럼 헤세는 부모의 훌륭한 기독교 신앙과 본가의 비국수주의적인 기독교 정신으로 인해 자신을 기독교인으로 생각하며 기독교에 대해 점차 긍정적인 태도를 갖게 되었다. 평생 종교에 대한 경외심을 잃지 않고, 신비주의적 종교관을 지닌 헤세는 독단적이고 배타적인 태도를 거부함으로써 당시의 전통적인 기독교와 다소 마찰을 빚었다고 할 수 있다.

요즘, 행복해 보이는 사람이 드물다. 어떻게 하면 행복을 얻을 수 있을까? 행복이나 불행은 밖에서 오는 게 아니다. 행복이나 불행이 우리의 삶에 어떤 영향을 주는가는 일어난 일을 받아들이는 우리의 마음 자세에 달려 있다.

플라톤이 생각하는 행복의 조건은 완벽하고 만족할 만한 것이 아니라 용모, 체력, 말솜씨, 재산, 명예가 조금은 부족하고 모자란 상태다. 진정한 영혼의 안식을 얻으려면 헛된 기대도 행복도 인위적으로 추구하려고 하지 말고 그냥 놓아버려야 한다. 그것이 무위자연이다. 괴테는 남이 쌓은 공로를 느낄 줄 알고 남의 기쁨을 자신의 기쁨처럼 기뻐할 줄 아는 사람이 가장 행복한 사람이라고 했다.

　　또한 헤세는 안주하지 말고 늘 새로 시작하라고 말한다. 《시경》에 '행백리자반구십(行百里者半九十)'이라는 구절이 있다. "100리를 가는 사람은 90리를 반으로 생각한다"라는 말로 '끝까지 긴장을 늦출 수 없다'라는 뜻이다. 조급함을 이기지 못하면 멀리 가지 못한다. 중요한 것은 얼마나 빨리 가느냐가 아니라, 마지막에 어떤 꿈을 이룰 수 있느냐이다. 우리 삶은 늘 진행형이며 삶의 단계는 있을지언정 삶에 완성은 없다. 어느 정도 도달했다 하더라도 이제 반을 왔다는 심정으로 안주하지 않고 성장하고자 노력해야 한다. 그러려면 내면, 즉 마음을 들여다보고 스스로 주도권을 갖고 마음의 흐름을 조종해야 한다. 헤세가 말하는 자신의 길을 가는 것, 즉 자기실현의 길이다. 이를 위해서는 삶을 멀리 보아서 욕심을 버리고 마음을 비워야 한다.

　　헤세는 끊임없이 안질, 두통, 불면증, 우울증과 삶의 무의미에 시달리며 자살을 꿈꾸고 실행했지만 끝내 이 모든 걸 이겨내고 친구들보다 오래, 85세까지 장수할 수 있었다. 과학적으로 보면 삶에는 의미가 없다고 주장하는 사람도 있지만, 헤세는 삶 자체에 의미를 두고 자신의 인생과 운명을 사랑하기로 한다.

산다는 것은 곧 시련을 감내하는 것이며, 살아남기 위해서는 시련 속에서 어떤 의미를 찾아야 한다. 글을 쓰는 이유도 삶의 의미를 찾기 위해서다. 왜 살아야 하는지를 아는 사람은 그 어떤 상황도 견뎌낼 수 있다.

인간은 누구나 늙고 죽어 머지않아 먼지가 된다. 그러나 헤세의 마지막 시 〈부러진 나뭇가지의 삐걱거림〉에서 보듯, 메마른 가지도 겨울이 가고 봄이 오면 파릇파릇 살아나는 것처럼 자연의 순환에 의한 재탄생의 희망이 그에게서 완전히 사라진 것은 아니다. 헤세는 자신의 원환적(圓環的) 죽음관을 잘 보여주는 이 시를 쓰고 얼마 뒤 사망했지만, 그를 아끼고 기리는 많은 독자에 의해 거듭 다시 태어나 영원히 부활하고 있다.

Contents

3. 가을 - 삶을 관조하기
자기실현의 길(Der Weg zur Selbstverwirklichung)

4. 겨울 - 삶에서 벗어나기
죽어서 되어라(Stirb und werde)!

제 *1* 부

Die Jugend ist schön

봄 - 삶의 거친 강물을 바라보기
청춘은 아름다워(Die Jugend ist schön)

헤세의 봄 - 봄의 소리에 귀 기울여라

봄의 소리에 귀 기울여라

봄은 만물이 태어나고 생기가 약동하는 계절이다. 하늘의 기운이 아래로 내려오고 땅의 기운이 위로 솟구치므로 천지가 조화를 이루고 초목이 바삐 움직이며 소생한다. 혹독한 겨울이 지나고 부드러운 봄이 찾아와 산들바람이 살랑살랑 불면 자연은 완전히 모습을 바꾸고 만물이 새로운 빛깔을 띠고 다시 젊어진다. 사실 봄이라고 해서 새로운 것은 하나도 없으며, 모두 지난해에 보았던 낯익은 것들이다.

중국의 시인 도연명은 시 〈사계절〉에서 사계절을 그 특성에 맞춰 노래한다.

봄물은 사방 못에 가득 찼고

여름 구름은 많은 기이한 구름 만들며

가을 달은 밝은 빛을 떨치고

겨울 산봉우리에 외로운 소나무 우뚝하네.

봄의 물, 여름의 구름, 가을의 달, 겨울의 산봉우리. 시에는 이처럼 계절마다 연관되는 사물이 등장한다. 도연명처럼 헤세 역시 봄·여름·가을·겨울을 노래하는 많은 시를 남겼다. 감수성이 예민한 헤세에게는 어느 계절도 견디고 살아내기 쉽지 않지만, 그는 여름에 태어나서인지 특히 춥고 음습한 날과 계절을 싫어한다. 가장 아름다운 계절 봄이 되면 부드러운 대기는 잠에서 깨어난다. 봄은 우리를 꿈에 잠기고 동경에 젖게 한다. 괴테는 계절을 노래하면서 아모르(Amor, 애정)의 날개에 영원한 봄이 감싸여 있을 때 행복하다고 한다.

오, 평소에 나 얼마나 계절에 주의했던가,
오는 봄에 인사하고, 가을을 그리워했지!
하지만 이제 여름도 겨울도 없다, 아모르의 날개가
행복한 나를 덮고부터, 영원한 봄에 감싸여 있으니.

봄에 대지는 깨어나고, 핏속에서는 격정이 솟구친다

하이네는 이 세상에서 아름다운 것은 봄과 사랑이라고 노래하지만, 그것이 파멸될 수밖에 없다는 것도 알고 있다. 젊은 헤세는 은근히 유혹하는 봄의 공기와 향기에 취해 전율을 느낀다. 봄이 오면 헤세는 첫사랑의 감미로운 기억과 청춘의 우울한 기억을 떠올린다. 그러나 봄이 아름다운 것은 바로 여름을 기다리는 즐거움 때문이다. 우중충하고 황량한 겨울을 견뎌왔던 아픔을 딛고, 또다시 생명의 순환으로 들어가는 것, 그것이 헤세의 봄이다. 조금 전까지 죽어있어 변화의 흐름에서 벗어난 듯 보였던 초목이 파릇파릇 살아나기 시작한다. 시 〈이른 봄〉에서 온 대지는 깨어나고, 핏속에서는 격정이 솟구친다.

> 따스한 남풍이 밤마다 으르렁거리고
> 그 축축한 날개는 무겁게 펄럭이고
> 도요새들이 비틀거리며 공중을 날아간다.
> 이제 더는 아무도 잠들지 못하고
> 지금 온 대지가 깨어났다.
> 봄이 부르고 있구나.

봄이 오면 따스한 남풍이 불어오고 꽁꽁 언 땅이 잠에서 깨어난다. 남풍이 불어오는 날이면 꿈꾸며 혼잣말하고, 마음 깊은 곳에서는 음악이 깨어난다. 강렬한 동경 속에서 젊음을 느끼고 영혼이 기지개를 켠다. 얼음이 녹으면서 만물이 새로 꽃 피어나는 봄의 신비, 그것은 죽음에도 굴하지 않고 새싹을 틔우고 꽃을 피우는 탄생의 기적이다.

헤세의 장편소설 《페터 카멘친트》에서 유년 시절 페터 카멘친트는 봄을 불러오는 남풍을 무서워하고 싫어하기까지 했다. 그러나 반항적인 사춘기가 되면서 그는 영원히 젊은 것, 대담하게 싸우는 남풍을 좋아하게 된다. 그 바람은 충만함과 희망에 가득 차 거친 싸움을 시작한다. 그러다가 남풍이 잦아들고 눈사태로 마지막 남은 지저분한 것이 쓸려 내려가면 더없이 아름다운 것이 찾아온다. 봄을 사랑하는 카멘친트는 도시인들이 숲과 초원, 강물에 대해서보다 전쟁과 유행, 소문에 대해 더 많이 알고 있는 것을 부끄러워해야 한다고 생각한다.

전시에는 봄이 와도 새들이 지저귀는 사랑의 속삭임이 덤불 속에서 취해 비틀거리고, 아이들은 풀밭을 뛰어다니며 미래의 삶에 대한 두려움을 어지럽게 흥얼거린다. 어른들은 멀리 둔중한 대포 소리가 약하게 스쳐 지나가는 산 가장자리에 쫑긋 귀 기울인다. 그러나 봄이 오듯 평화의 종소리가 언젠가는 울려 퍼지리라는 희망을 품는다. 봄이 나직이 사랑스러운 봄노래를 흥얼거리면 하늘은 파랗고 하얗게 흔들리고, 나비는 황금빛으로 퍼덕이며 날아간다. 헤세는 봄의 전령 뻐꾸기를 형제나 사촌으로 생각한다. 뻐꾸기는 헤세가 좋아하는 동물 중 하나다. 녹음이 우거질 때 숲속의 왕은 뻐꾸기다. 뻐꾸기 울음소리는 봄을 의미하고, 그 새는 불멸을 노래한다.

노인과 예술가에게는 봄이 위험한 계절이다

헤세는 50대 후반, 친구에게 보내는 편지에서 봄을 견뎌내고 싶다고 말한다. 나이 든 사람에게는 봄이 가장 위험한 계절이라면서. 그는 나이가 들면서 봄을 죽음의 시기로 느낀다. 그래서 봄이 시작되면 시골집에서 지내지 않고 다른 곳으로 여행을 떠난다. 늙고 병든 사람은 흙냄새와 울타리 새싹 냄새를 맡으면 죽어 몸이 썩을 시간이 되었음을 실감하기 때문이다.

그는 계절의 변화를 종종 시간의 경과에 따른 인생의 점진적 단계처럼 상징적으로 인식한다. 그래서 헤세의 시와 산문에서 봄-여름-가을-겨울이라는 시간적 순환은 청춘-중년-노년-죽음이라는 삶의 단계들과 상응하게 묘사된다. 나이가 들어도 봄은 계속 찾아오지만 봄을 대하는 태도와 생각은 달라진다. 헤세가 55세이던 1932년에 나온 시 〈봄의 목소리〉에서 그는 소년에게 봄을 기뻐하며 삶을 두려워하지 말라고, 노인에게는 소년에게 자리를 물려주고 죽음을 두려워하지 말라고 전한다. 봄이 청춘에겐 기쁨이고 희망이고 삶에 대한 도전이라면, 노인에겐 두려움이고 절망이며 죽음을 준비할 때이다.

봄이 무슨 말을 하는지 아이들은 안다.

살아라, 자라라, 꽃피워라, 희망하라, 사랑하라,

기뻐하고 새싹을 틔워라.

몸을 내맡기고 삶을 두려워하지 말라!

봄이 무슨 말을 하는지 노인들은 안다.

노인이여, 땅에 묻히거라,

씩씩한 소년에게 그대의 자리를 비워줘라.

몸을 내맡기고 죽음을 두려워하지 말라!

   토마스 만의 중편《토니오 크뢰거》에서 사람을 근질거리게 하는 봄은 시민사회의 세속적 선정성을 표상하는 계절이다. 그래서 봄이 예술가에게 경계의 대상이듯 노년의 헤세에게 봄은 시간 흐름의 발원지이자 죽음의 원동력이 된다. 그 소설에 등장하는 소설가 아달베르트는 "봄은 가장 추악한 계절임이 틀림없습니다!"라고 말하면서 '계절의 변화와는 무관한 중립 지역'인 카페로 떠나버린다. 아달베르트가 '봄이 일깨워 주는 갖가지 추억과 감정의 아름다운 비속성 때문에 혼란에 빠져' 봄을 피해 카페로 가는 것처럼, 노년의 헤세는 삶의 무상함과 죽음의 필연성을 경고하는 봄으로부터 눈을 돌리긴 하지만 죽음을 두려워하지 말라고 외친다.

청춘은 아름다워

지상의 경이로움에 눈뜨다

헤세는 어린 시절 산과 강, 이삭이 여문 들판, 알프스의 초원이 그려진 그림책을 한 권 가지고 있었다. 그림의 색채는 그에게 너무 신선하고 훌륭하게 느껴졌다. 그래서 그는 그림책에서 본 세상이 현실보다 더 아름답다고 여겼다. 따스한 남풍이 불고 하늘이 파랗던 어느 봄날, 아버지가 헤세를 데리고 소풍을 가기 전까지만 해도 그렇게 생각했다.

바로 그날, 어린 헤세의 눈이 뜨이는 일이 일어났다. 그의 눈앞에 실제로 펼쳐진 산과 숲은 아름다운 그림책에서 보았던 것보다 훨씬 더 변화무쌍하고 찬란했다. 그는 난생처음이 지상의 경이로움을 목격했다. 그리고 자연에 대해 달콤하고 부드러운 애정을 느꼈다. 그 애정은 훗날에 되살아났고, 그 후로 그는 종종 어디론가 훌쩍 떠나버리고 싶은 유혹을 느끼곤 했다.

장차 무엇이 될 것인가?

 어린 헤세는 살아가는 데 꼭 필요하고 가치 있는 것을 학교에 입학하기 전 이미 배웠다. 그는 사과나무, 비와 태양, 강물과 숲, 벌과 딱정벌레에 관해, 그리고 외할아버지의 보물 금고에 있는 판[1] 신과 춤추는 우상들에 관해 알고 있었다. 그는 세상에 대한 지식에 밝았고, 스스럼없이 동물이나 별들과 교제했다. 과수원이나 물고기가 사는 물속에 조예가 깊었고, 벌써 노래도 여러 곡 부를 수 있었다. 마법을 쓸 줄도 알았는데, 아쉽게도 일찍 잊어버려 꽤 나이가 든 후 새로 배워야 했다. 그는 어린 시절의 전설적인 지혜를 모두 터득하고 있었다. 여기에 이제 학교에서 얻은 지식이 더해졌다.

 열세 살이 될 때까지 헤세는 자신이 장차 뭐가 될 것인지, 무슨 직업을 익힐 수 있을 것인지 진지하게 생각해 본 적이 없었다. 다른 소년들처럼 그도 많은 직업을 사랑하고 부러워했다. 사냥꾼, 뗏목꾼, 마부, 줄 타는 광대, 북극 탐험가 등. 그러나 가장 되고 싶었던 것은 마법사였다. 이것은 그의 성향에 맞고 그가 진심으로 원하는 방향이었다. 또한 그것은 '현

---

1   그리스 신화에 나오는 짐승의 모습에 가까운 다산의 신. 판은 일반적으로 원기 왕성하고 기운찬 모습에 염소의 뿔, 다리, 귀를 가진 것으로 묘사되었으나, 후세의 예술에서는 그의 모습에서 인간적인 부분을 더 많이 강조했다.

실'이라 불리는 것, 때때로 단지 어른들의 어리석은 타협처럼 생각된 것에 대한 불만의 표출이었다.

헤세는 일찍부터 이런 현실을 때로는 불안해하고, 때로는 비웃으며 거부했다. 마법을 걸어 현실을 변화시켜 고양하고 싶은 소망이 불타올랐다. 어린 시절에는 마법을 걸겠다는 이런 소망이 어린애다운 외부의 목표를 지향했다. 겨울에도 사과가 열리게 하고 싶었고, 마법을 부려 지갑을 금과 은으로 채우고 싶었다. 마법의 힘으로 적을 마비시킨 뒤 관용을 베풀어 부끄러움을 느끼게 하거나, 승리자나 왕으로 불리는 꿈을 꾸기도 했다. 땅에 묻힌 보물을 캐내고, 죽은 자를 깨우며, 자기 모습이 보이지 않게 하고 싶기도 했다. 특히 눈에 보이지 않게 하는 마법이야말로 그가 대단히 높이 평가하고 가장 진심으로 원했던 재주였다. 다른 모든 마법의 힘에 대한 소망처럼, 그러한 마법을 부리고 싶다는 소망은 때로는 그 자신도 알아차리지 못할 정도로 변형된 모습으로 나타나면서 일평생 그를 따라다녔다.

청춘은 아름다워

헤세는 활기차고 행복한 소년이었다. 집을 놀이터 삼아 아름답고 화려한 세계와 놀면서, 원시림 속뿐 아니라 동물과 식물들 곁에서도 자신의 환상과 꿈, 힘과 능력을 쓰며 즐거워했다. 불타오르는 소망들 때문에 지치기보다는 행복을 느꼈다. 그는 그 당시 여러 가지 마법을 익혔다. 그때는 알지 못했지만, 훗날 다시 성공을 거두었을 때 훨씬 완벽하게 할 수 있었다. 그는 쉽게 사랑을 얻었고, 쉽게 다른 사람들에 대한 영향력을 획득했으며, 쉽게 주모자나 구애받는 자, 또는 신비로운 자의 역할에 순응했다.

어린 시절의 꿈은 오랫동안 지속되었고, 세계는 온전히 그의 소유였다. 모든 게 현재였고, 모든 게 그의 주위에서 아름다운 놀이로 자리 잡았다. 내면에서 어떤 불만이나 그리움이 생기고, 즐거워하는 세상이 어쩌다 그림자를 드리우거나 미심쩍은 것 같을 때면, 헤세는 다른 세계, 더 자유롭고 저항 없는 환상의 세계로 가는 길을 쉽게 찾아냈다. 그 세계에서 되돌아오면 바깥세상은 새로이 사랑스럽고 사랑할 만한 가치가 있었다. 헤세는 오랫동안 낙원에서 살았다. 독일에 〈청춘은 아름다워〉라는 민요가 있다.

즐거울 땐 삶이 아름답다.
청춘은 아름답고, 다시 돌아오지 않는다.
그래서 나는 또 한 번 말한다.
젊은 시절은 아름답다고.

그런데 실제로 헤세의 청춘은 아름다웠는가? 소설 〈청춘은 아름다워〉(1916)는 오랫동안 객지를 전전하며 힘겹게 살아가다 이제 그럴듯한 자리를 잡고 의젓한 신사가 되어 귀향한 젊은이의 이야기다. 주인공이 외지에서 일을 시작하기 전 몇 달간이 묘사된다. 이 소설에서 헤세는 젊은 시절 가족에게 안전하게 보호받은 추억을 세밀하고 정취 넘치는 언어로 묘사하고 있다. 하지만 이 이야기는 당시 무척 힘들었던 헤세의 실제 삶과 극명한 대조를 이루고 있다. 실제로는 1916년 사랑과 경외의 대상이었던 헤세의 아버지가 죽음을 맞이한 것이다. 헤세는 정신 분열 증세를 보이기 시작한 아내와 뇌막염에 걸린 막내아들 마르틴 등 일련의 일로 심한 신경쇠약에 시달리면서 자신도 정신적 위기를 맞이한다.

후일 헤세는 시 〈청춘의 초상들에게〉에서 청춘 시절을 되돌아보며 회한에 젖는다. 청춘은 자신에게 많은 시련과 어둠, 그리고 가혹한 변화를 가져다주었기에 그는 그 길을 다시 가고 싶지 않다고 한다. 그러나 그는 자신의 길을 충실히 갔으며, 그 기억을 귀하게 간직하고 있다고 말한다. 많은 실패와 잘못이 있었지만 그래도 자기가 간 그 길을 뉘우칠 수는 없다는 것이다.

평화롭고 복된 가정

헤세의 아버지는 학식 있고 어진 분이었으며, 열과 성을 다해 진리에 헌신했던 공정한 분이었다. 아버지는 홀로 서 있었다. 그는 우상의 세계에도, 외할아버지의 세계에도 속하지 않았다. 도시의 일상에도 속하지 않았다. 그는 동떨어진 존재, 괴로워하고 추구하는 자로 고독하게 서 있었다. 어머니와 같은 미소는 짓지 않았지만, 고상하고 부드러웠으며, 비밀 같은 것이 없는 분명한 분이었다. 그는 결코 친절함과 현명함을 잃지 않았다. 또한 외할아버지처럼 마법의 구름 속으로 사라지지도 않았다. 외할아버지는 신비로움, 박식함, 미소, 무궁무진함의 화신이나 다름없었다. 때로는 슬픔처럼, 때로는 세련된 조롱처럼, 때로는 말없이 생각에 잠기는 신들의 가면처럼 보였던 외할아버지 얼굴과는 달리, 근엄한 아버지 얼굴에는 이 같은 순진하고 성스러운 분위기가 없었다.

어머니의 시선은 신비로우면서도 따뜻했다. 어머니는 생명력을 느끼게 해주는 존재이며, 수수께끼 같은 영향력을 미치는 분이었고, 아버지는 정의와 분별력을 가르쳐주는 존재였다. 아버지는 어머니와 인도어로 말하지 않고, 영어와 순수하고 맑은, 약간 북쪽 발트어의 색조가 느껴지는 아름다운 독일어로 대화를 나누었다. 아버지는 어린 헤세에게 이런 독일어를 가르침으로써 그의 관심을 끌었고, 마음을 얻었다. 때때로 헤세는 경탄에 가득 차 아버지를 모범으로 삼아 무척 열심히 노력했다. 그의 뿌리는 어머니의 토양에, 검은 눈동자와 신비스러운 것에 더 깊이 자라고 있었다. 어머니는 음악으로 가득 차 있었지만, 아버지는 그렇지 않았다. 아버지는 노래를 부를 줄 몰랐다.

철사에 매달린 높은 새장에는 붉은색과 회색을 띤 앵무새가 앉아 있었다. 그 새는 나이가 많았지만 영리했다. 학식 있는 얼굴을 하고 날카로운 부리로 노래도 부르고 말도 했다. 이 새 역시 미지의 먼 곳에서 왔다. 그 새는 피리 같은 소리를 내며 정글의 언어를 말했고, 적도의 냄새가 났다. 그의 집에서는 수많은 세계, 수많은 대륙이 팔들을 뻗고 빛을 발하며 만나고 교차했다.

세상은 변하고 미래는 불투명하다

어린 시절 이후로 세상은 변했다. 헤세의 삶 역시 변했다. 학교와 기숙사는 그에게 너무 협소했고, 종종 고문과 같다고 느껴졌다. 미래는 매우 절망적으로 보였다. 그래도 그는 풍부한 감수성과 뛰어난 재능, 깊은 영혼의 소유자였다. 그는 볼 수 있는 능력과 맛을 느끼는 재능, 하늘의 달과 별 그리고 사계절이 얼마나 아름답고 매혹적인지 느낄 수 있는 재능을 지니고 있었다. 그의 영혼 속에는 어지럽지만, 아름다운 별자리가 들어있다.

헤세는 소년 시절 낚시질을 하며 즐거움을 느꼈다. 그때의 충만한 행복감은 마치 전설처럼 사라지고, 더 이상 아무것도 믿을 수 없게 세상이 변해버렸다. 그러나 사람들은 거의 변하지 않았다. 그들은 계속해서 즐거운 기분을 누리고 싶어 한다. 이제 중년의 헤세는 낚시질 대신 수채화를 그린다.

날씨가 화창해서 멋진 그림을 그릴 수 있을 것 같은 날에는 나이 든 헤세의 가슴속에도 옛날 어린 시절 방학 때 맛보았던 즐거움이 다시 밀려든다. 그는 무언가 다시 준비해서 해내고 싶은 작은 욕구를 느낀다. 그런 느낌이 들면 헤세에게 좋은 날이다. 그는 여름이 올 때마다 그런 날이 며칠만이라도 지속되기를 기대한다.

소소한 기쁨을 누리기

기쁨의 가장 위험한 적은 서두름이다

우리 현대인은 기쁨과 사랑의 감정 없이 무덤덤하게 살아가고 있다. 우리는 소소한 기쁨을 누리는 것이 필요하다. 사는 것이 시들하고 삶의 활기가 없다 보니 사소한 것은 눈에 들어오지 않는다. 현대인은 성과 강박과 업적 강박으로 마음이 조급하다. 그런데 기쁨의 가장 위험한 적은 서두름이다. 현대 생활의 이러한 조급함은 얼마 안 되는 여유마저 앗아가버리고 우리를 신경 쓰게 하며 지치게 한다. 근육은 쓸수록 튼튼해지나 신경은 쓸수록 약해진다. 120여 년 전 독일의 구호는 '될 수 있는 한 많이, 될 수 있는 한 빨리'였다. 우리나라의 빨리빨리 문화와 통하는 구호이다. 그 결과 사람들은 더 많은 유흥에 탐닉하면서도 더 적은 기쁨을 얻는다.

이에 대한 처방은 무엇인가? 예로부터 정평이 난 처방이 있다. 바로 느긋함을 즐기는 것이다. 느긋한 즐거움은 두 배의 즐거움을 가져다준다. 그렇지만 소소한 기쁨을 간과해서는 안 되며, 분수를 지키고 지나치게 행동하지 말아야 한다. 과유불급, 안분지족과 통하는 말이다. 어떤 점에서는 초연 공연 관람을 등한히 하는 용기가 필요하다. 또 새로 나온 신 간을 출간 후 몇 주 동안 보지 않는 용기가 필요하다.

고개를 들고 하늘과 하늘의 구름을 쳐다보라!

'소소한 기쁨'을 누리는 능력은 분수를 지키는 습관과 밀 접하게 결부되어 있다. 원래 누구나 이러한 능력을 타고났으 나 현대의 일상생활에서 위축되고 사라져 버렸다. 소소한 기 쁨을 얻는 데는 돈이 들지 않는다. 사람들은 그러한 기초적 사실을 잘 알지 못한다. 매일 자연과 접촉하는 이들이 최고 의 기쁨을 누릴 수 있다. 현대인의 눈은 남용되고 혹사당하 고 있다. 그러나 눈으로 기쁨을 얻을 수도 있다. 매일 아침이 면 막 잠에서 깬 수많은 직장인이 빠른 걸음으로 거리를 지 나간다. 대부분의 사람은 급히 걸어가며, 눈앞의 길을 바라 보거나 기껏해야 지나가는 사람들의 옷이나 얼굴을 쳐다볼 뿐이다.

그러지 말고 고개를 들고 하늘과 하늘의 구름을 쳐다보라! 굳이 푸른 하늘일 필요는 없다. 어떤 식으로든 언제나 하늘 의 빛은 느낄 수 있는 법이다. 매일 아침 잠시 하늘을 쳐다보는 데 익숙해지도록 하라. 주위의 공기와 상쾌한 아침의 입김을 느끼게 될 것이다. 종일 만족한 기분을 느낄 것이고 약간이나마 자연과 사이좋게 지낼 수 있을 것이다. 그러면 어렵지 않게 예술가적인 시선을 키울 수 있다. 중요한 일은 눈을 뜨고 시작하는 것이다.

푸른 하늘, 녹색의 가지들이 늘어진 정원의 담벼락, 튼실한 말, 멋진 개, 아이들 무리, 아름다운 여인의 머리 — 이 모든 걸 우리는 빼앗기고 싶지 않다. 일단 시작한 자는 어디서나 근사한 사물들을 볼 수 있다. 이렇게 바라보면 피곤해지는 것이 아니라 힘이 나고 원기가 생긴다. 그냥 보려고 하기만 하면 된다. 보는 것과 함께 명랑함과 사랑, 그리고 시문학이 찾아온다.

소소한 기쁨을 체험하고 즐겨라

집 옆의 놀이터에서 노는 아이들을 바라보고서도 큰 기쁨과 삶의 의욕을 얻을 수 있다. 형형색색의 옷, 생기 있고 즐거운 눈, 날렵하고 힘찬 움직임은 내면으로부터 삶의 활력을 북돋운다. 건물의 벽에서 빛의 작용을 한 번 관찰한 자는 눈이 얼마나 분수를 알고 즐길 능력이 있는지 알게 된다. 사람에 따라 다른 많은 소소한 기쁨들이 떠오를지도 모른다. 가령 꽃이나 과일 향기를 맡을 때, 자신이나 남의 목소리를 경청할 때, 그리고 아이들 대화에 귀 기울일 때의 특별한 기쁨과 같은 것 말이다. 또한 어떤 멜로디를 흥얼거리거나 휘파람으로 불 때도 그런 기쁨을 얻을 수 있다. 그 외에도 우리가 살면서 조그만 즐거움을 누릴 수 있는 수천 가지의 사소한 일들이 있다.

시간 부족과 불만에 시달리는 모든 이는 날마다 조그만 기쁨을 되도록 많이 체험하고 즐거움을 누리는 것이 필요하다. 무엇보다 소소한 기쁨으로 피로를 풀고 구원을 얻으며 삶의 짐과 부담을 줄이는 지혜를 발휘하도록 하자. 인생에서 수없이 많이 존재하는 작은 것들은 무척 아름다우며, 나아가 우리를 더없이 기쁘게 해 준다. 괴테 역시 소소한 기쁨을 중시하여 "작은 일에 기쁨을 느끼는 사람을 보거든 그가 이미 큰일을 성취한 것으로 생각하라!"라고 말한다.

고향에 대한 소박한 욕구

누구나 어린 시절의 영상들을 아름답게 추억한다. 그 영상들이 아름다운 것은 자기 고향이 다른 곳보다 더 아름다워서는 아니다. 오히려 작은 것에도 감사해하는 어린아이의 눈빛으로 그 영상들을 처음으로 바라보았기 때문이다. 누구나 어린 시절 보고 겪은 고향에 대한 소박한 욕구가 있다. 우리가 아직 정신적으로 성숙하지 않았을 때 가질 수 있는 가장 확실한 것, 그것은 바로 고향이다. 친숙한 길들이 만나는 곳에서는 온 세상이 잠시 고향처럼 보인다.

고향은 거리나 풍경일 수도, 하나의 정원 또는 공장일 수도 있다. 어떤 때는 교회당 종소리, 혹은 교회당 안에서 들리는 오르간 소리에 고향이 지닌 온갖 마법의 힘에 휩싸일 수 있다. 어떤 때는 어머니가 구워준 감자 냄새나 양파 냄새를 맡았을 때 마음속 깊이 고향 냄새를 느끼면서 진정으로 살아 있는 감동을 맛보기도 한다. 이때 소중한 것은 교회당이나 음식 자체가 아니라 유년 시절에 대한 기억이다. 그것은 우리가 태어나서 처음으로 체험한 가장 강렬하고도 가장 신성했던 인상들에 대한 기억이다.

어디에 있든지 내딛는 걸음마다 나날의 삶이 우리를 새롭게 어머니와 고향으로 다시 이끌어간다. 모든 길은 고향으로 향해 있으며 모든 걸음은 탄생이며 죽음이다. 고향이란 여기에 있거나 혹은 저기에 있는 것이 아니다. 고향은 우리의 내면에 있든지, 아니면 그 어디에도 없다. 자기 안에 고향을 갖는다면 삶이 얼마나 달라질 것인가! 그러면 중심이 설 것이고, 그 중심으로부터 모든 힘이 솟구쳐 나올 것이다.

현대인은 대부분 고향을 잃어버렸다. 향수란 아름다운 것

이지만 그렇다고 마냥 향수에 빠져 비탄에 젖어 있을 수도
없는 일이다. 어차피 우리는 낯선 장소에서 새로운 사람들
틈에서 부대끼며 살아가야 한다. 그러니 낯선 곳의 새로운
가치와 문화를 받아들이면서 낯선 고장을 고향으로 만들려
고 노력하면서 살아가지 않으면 안 된다.

무위의 기술

게으름을 피울 필요가 있다

요즘 한국인은 경쟁에서 낙오하지 않기 위해 끊임없이 자신을 질책하면서 나태와 게으름에서 벗어나고자 자신을 담금질한다. 그러기에 '게으름을 벗어나는 법'을 주제로 한 많은 책이 출간되기도 했다. 새해가 되면 번듯한 일 년 계획을 짜고, 다양한 자기계발서를 읽고, 좋은 글귀를 메모하고, 뒤처진 자신을 만회하겠다는 조급한 마음으로 무리한 목표를 세운다. 그 결과는 예상하다시피 작심삼일, 말 그대로 새로운 결심이 삼일 이상 가기가 쉽지 않다.

그러나 헤세는 무위의 장점을 말하고, 심지어 무위를 예찬하며 그리워하기까지 한다. 그는 현대인이 직장이나 학교에서 긴장 상태로 바쁘게 살아가느라 무위의 기술을 잃고 있다고 말한다. 1900년대 초, 많은 서구인은 동방을 동경의 눈길로 바라보았다. 그래서 바그다드에서 약간의 기쁨을, 인도에서 약간의 문화와 전통을, 부처의 성전에서 약간의 진지함과 심오함을 얻어 자기 것으로 만들려고 애썼다. 또한 많은 이들은 동방의 이야기책을 읽을 때 무어인의 시원한 궁정에서 불어오는 매력을 맛보려고 했다.

그러나 사람들은 《천일야화》가 그림 형제의 동화 한 편이나 중세 기독교의 전설 한 개보다 내용 면에서 나을 게 없음을 알게 된다. 그래서 그 이야기를 즐겁게 읽고는 곧 잊어버린다. 그 속의 어떤 이야기가 다른 이야기와 너무 형제처럼 닮았기 때문이다. 그 이야기를 잊어버린 뒤 다시 읽고는 똑같은 즐거움을 맛본다. 이는 어찌 된 까닭인가? 우리가 큰 매력을 느끼는 배경은 동방의 느긋함이다.

시간이 많은 사람이 부자다

아랍의 이야기꾼은 동화에서 가장 흥미진진한 대목을 말할 때 충분히 뜸을 들인다. 그는 왕의 보라색 텐트, 보석으로 장식된 수놓은 안장 덮개, 탁발 종단(托鉢 宗團) 승려의 덕목이나 진정한 현자의 완벽함을 매우 자세하게 시시콜콜 묘사한다. 그는 왕자나 공주의 이야기를 풀어놓기 전에 입술의 선과 붉은색을 묘사한다. 또한 그들의 아름다운 치아의 광택과 형태, 대담하게 불타오르거나 수줍게 내리깐 시선의 매력, 그리고 잘 손질된 흰 손, 타원형의 보석이 박힌 반지의 광채와 손의 모양을 일일이 묘사한다.

그리고 이야기에 귀 기울이는 사람은 그의 말을 끊지 않는다. 이야기를 듣는 사람은 초조함과 안달을 알지 못한다. 그는 젊은이의 사랑의 기쁨이나 총애를 잃은 대신의 자살뿐 아니라 늙은 은둔자의 특성 묘사에도 똑같은 열성을 갖고 즐거운 마음으로 듣는다. 우리는 그 글을 읽을 때 끊임없이 애가 타고 부러운 느낌이 든다. 즉 이 사람들에게는 시간, 그것도 많은 시간이 있기 때문이다. 그들은 여인의 아름다움이나 악한의 비열함에 대한 새로운 비유를 생각해 내기 위해 하루의 낮과 밤을 독서할 수 있다.

그들은 시간의 백만장자이다. 그들은 마치 바닥없는 우물에서처럼 시간을 길어낸다. 그럴 때 한 시간, 하루, 일주일을 잃는 것은 그다지 중요한 문제가 아니다. 끝없이 이어지고, 서로 얽혀 있는 그 이상한 우화와 이야기를 읽는 동안 우리는 이상하게도 참을성 있게 되고 이야기가 끝나기를 바라지 않게 된다. 무위의 신성함이 기적을 일으키는 지팡이로 우리를 건드려 우리가 커다란 매력에 빠져들었기 때문이다.

예술가에게는 무위의 시간이 필요하다

예술가와 창작자에게는 가끔 게으름을 피우는 무위의 시

간이 필요하다. 새로 획득한 것이 명백해지게 하고, 무의식적으로 작업한 것이 성숙해지도록. 또 무심코 몰두하여 번번이 자연스러운 것에 가까이 다가가고, 다시 아이가 되고, 다시 자신을 땅과 식물, 암석과 구름의 친구로서 느끼기 위해. 그림을 그리든 시를 짓든, 또는 자기 자신을 위해서만 짓고 창작하든, 창조적으로 즐기려고 하든 그런 것은 아무래도 상관없다. 누구에게나 피할 수 없는 휴식 시간이 있는 법이다.

화가는 새로 초벌칠을 한 화판 앞에 서서, 필요한 정신 집중과 내적 충만함이 아직 갖추어지지 않았다고 느낀다. 그는 시험하고 회의하며, 공을 들이기 시작하고, 결국 화가 나거나 슬퍼져서 모든 걸 내던져 버린다. 그는 자신이 무능력하고 중대한 과제를 감당할 수 없다고 느끼고, 편안하게 활동하고 마음의 평안을 누리는 거리의 청소부를 부러워한다. 시인은 시작된 구상에 어리둥절해하고, 거기서 원래 느꼈던 위대한 것을 그리워한다. 그는 단어와 페이지를 삭제하고, 새로 쓴다. 그리고 그 새로운 것도 이내 불에 집어넣는다. 그는 자신의 열정과 느낌을 갑자기 하찮은 것이고 가식이며 우연이라 생각하고, 그곳에서 달아나 차라리 거리의 청소부를 부러워한다.

무위도식하며 살아가는 법을 배워라

아무 일도 하지 않는 듯 보이는 예술가의 한가한 생활은 예로부터 세속인들의 경멸이나 동정을 불러일으켰다. 세속인은 창조적인 한 시간이 수천 배의 엄청난 일과 맞먹을 수 있다는 것을 이해하지 못한다. 마찬가지로 속인은 그처럼 엉뚱한 예술가가 왜 계속 그림을 그리지 않는지, 그림에 터치해서 그 그림을 왜 완성하지 않는지 통찰할 수 없다. 속물은 무엇 때문에 예술가가 때로는 계속 그릴 수 없는지, 또 그림 그리기를 집어치우고 골똘히 생각에 잠기며, 몇 날이나 몇 주 동안 아틀리에를 닫아놓는지 통찰할 수 없다. 그리고 예술가 자신은 매번 이런 쉬는 시간에 다시 화들짝 놀라고 환멸을 느낀다. 예술가는 매번 같은 곤경과 자학에 빠져든다. 그러다 결국 자신의 타고난 법칙에 따라야 하고, 가끔 그와 같은 피로가 너무 가중되면 자신이 마비된다는 것을 통찰하는 법을 배운다.

헤세는 견고한 전통에 의해 굳어지고 정화된 무위의 기술을 고통스럽게 그리워한다. 때 묻지 않은 그의 심성이 자애로운 아시아를 부러움과 동경으로 주시한다. 그는 위기의 시기에 무위도식하며 살아가는 방법을 익히고 난관을 헤쳐 나간다. 그러면서 수습 기간을 회상하며 독자에게 비법을 들려준다. 그는 어느 날, 막연한 예감에 사로잡혀 《천일야화》와 고대 튀르키예의 민속 소설이자 풍습 소설을 처음에는 잠깐 재미있게 읽지만, 이내 지루함을 느낀다. 그 이유를 곰곰이 생각하던 중 그 책들을 누워서 또는 땅바닥에 앉아서 읽어야 한다는 것을 깨닫는다. 그는 서구식으로 의자에 반듯하게 앉아 책을 읽었기에 그 효과를 볼 수 없었다. 그러다가 자리에 눕거나 웅크리고 읽어 공간과 사물에 대해 완전히 변화된 직관을 얻음으로써 책을 제대로 이해할 수 있었다. 그는 눈으로 읽는 대신 낭독하면 동양적 분위기의 효과가 배가된다는 것을 발견한다.

그런데 결국 목적에 맞게 독서하자, 이내 체념적인 방관자 느낌이 든다. 그러자 독서하지 않아도 몇 시간 동안이나 차분히 같은 자세를 유지하고, 얼핏 중요하지 않아 보이는 하찮은 대상에 관심을 집중할 수 있게 된다. 그로 인해 사건의 다양성과 자신의 완전한 망각에 대해 점점 놀라움이 커진다. 그로써 유익하고, 절대 지루하지 않은, 무위의 토대가 마련된다. 이것이 몰아(沒我)의 순간으로 침잠(沈潛)하기 위한 헤세의 시작이자 출발점이었다.

누구나 다 혼자다

고독을 두려워하지 말라

인간은 아담을 제외하고는 태어날 때부터 혼자가 아니라 부모 형제라는 공동체에 속해 있다. 그러므로 고독은 인간의 본래 성향이라기보다 경험과 숙고 결과 생겨났을 수 있다. 고독을 사랑하는 마음은 정신적 능력이 발달해 감에 따라 생기는 것이겠지만, 나이를 먹어 가면서도 생길 것이다. 어린아이는 불과 몇 분만 혼자 내버려두어도 불안해서 울음을 터뜨리고, 소년에게는 혼자 있는 것이 커다란 속죄 행위다. 청년은 서로 어울리는 것을 좋아하지만, 때로는 보다 고상하고 지조 높은 청년들만 고독을 추구하기도 한다.

반면 어른은 오랫동안 혼자 있을 수 있는데, 나이가 들수록 더욱 그러하다. 인생의 향락을 즐길 단계가 지난 데다 그런 것에 무감각해진 노년은 고독을 자신의 본질적 요소라고 생각한다. 그래서인지 사교적인 볼테르조차 "이 지상에는 같이 대화를 나눌 가치가 없는 사람들로 득실거린다."라고 말했다.

쇼펜하우어는 지적 수준이 높을수록 고립과 고독에 기울어지는 경향이 커질 것이니, 고독을 두려워하지 말라고 조언한다. 페트라르카 역시 자신은 언제나 고독한 삶을 추구해 왔다고 밝힌다. 카프카는 자신을 오해받는 고독한 외톨이로 느꼈다. 그의 작품은 인간의 고립과 그에 따른 고독을 근본 주제로 삼고 있다. 그에게 중요한 것은 파우스트적인 최고 인식을 얻는 것이 아니라 가장 기초적인 생존 조건, 즉 직업과 고향에 뿌리를 내리고, 어엿한 공동체의 일원이 되는 것이었다. 그의 소설과 편지로 우리는 고독과 공동체의 경계선에 선 카프카가 공동 사회에 편입해 고독과 불안에서 벗어나려고 갈망하는 모습을 볼 수 있다. 카프카가 사망한 지 한참 후 카프카의 한 전기 작가가 헤세에게 카프카가 그의 책을 즐겨 자주 읽었다고 이야기해 주어서 헤세는 무척 기뻐했다.

헤세에게 고독이란 운명이다

어떤 시인은 '인생은 외롭지도 않고 그저 잡지의 표지처럼 통속하거늘'이라고 노래했지만, 그 자신도 인생은 고독한 것이며 이것이 남에게 온전히 전달될 수 없음을 잘 알고 있으리라. 헤세 역시 고독을 사랑하고 추구하는 시인으로 잘 알려져 있다. 《페터 카멘친트》가 성공하면서 경제적 여유가 생기자 헤세는 서점 일을 그만두고 마리아 베르누이와의 결혼에 성공한다. 이 시절 그는 자유로운 전업 작가로 신문과 잡지에 글을 기고하는 한편 도스토옙스키, 쇼펜하우어, 신지학(神智學), 신비주의, 도가 사상을 공부하기도 했다. 뒤이어 발표한 《수레바퀴 밑에》로 헤세는 큰 성공을 거둔다. 하지만 신혼임에도 부부 사이가 나빠져 우울해하며 고독을 느끼기 시작했다. 이러한 고독감과 우울감은 그의 유명한 시 〈안개 속에서〉에 잘 나타나 있다.

안개 속을 거닐면 이상하구나!
숲이며 돌은 저마다 외롭다.
어떤 나무도 다른 나무를 보지 못한다.
누구나 다 혼자다.

나의 삶이 아직 환했을 때
세상은 친구들로 가득했건만
이제 안개가 내려
더는 아무도 보이지 않는다.

고독은 운명이 인간을 자기 자신에게로 이끌기 위해 거치게 하는 길이다. 헤세의 작중 인물들은 모두 고독한 인간들이고, 그들에게 고독이란 운명이다. 헤세의 인물들은 도가나 불자들처럼 깊은 고독을 자기 운명으로 인식하고 이를 긍정한다. 그들은 홀로 자기 자신에게만 의존하여 살아가며, 이러한 헌신적 몰두를 통해 그들의 운명인 고독을 극복한다.

장자도 고독에 관해 이야기하며 고독을 추구하는 사람은 오직 자기 자신에게만 의존한다고 말한다. 이태백 역시 인생을 일엽편주로 비유하고 창공을 나는 한 마리 새에 비유하면서 자신을 고독한 존재라고 노래한다. 소로는 쓸데없는 사교를 하기보다는 그냥 고독하게 있으라고 자주 말한다. 고독이 끝나는 곳에서 시장이 열리고 시장 상인들의 동전 딸랑거리는 소리가 울리기 때문이다. 그래서 소로는 《월든》에서 "나는 고독이라는 거대한 바다 안으로 물러나 있었는데, 그 바다로 교제라는 강물이 흘러들어왔다."라고 말한다. 《황야의 늑대》의 하리 할러는 세상으로부터 동떨어진 채 홀로 국외자로 살아간다. 그는 고독한 생활을 자신의 운명으로 받아들인다. 사람의 일생이란 자신에게로 행하는 길을 홀로 걷는 것이다. 그 길 끝에는 완전한 자신이 있다. 그러나 누구나 거기까지 도달할 수는 없다.

나무들이 하는 이야기에 귀 기울여라

헤세는 말한다. 나무는 마치 고독한 존재와 같다고. 하지만 나무는 현실을 벗어난 나약한 은둔자와는 다르다. 마치 베토벤이나 니체처럼 위대하고 고독하게 삶을 버텨낸 사람들 같다. 나이테와 상처가 아문 자리에는 그 나무가 겪었던 온갖 투쟁, 고뇌와 아픔, 행복과 번영이 고스란히 담겨 있기 때문이다.

가는 나이테는 나무가 힘들었던 해를 말해주고, 풍성하고 굵은 나이테는 남의 행복했던 시간을 보여준다. 이처럼 나무는 한낮의 햇볕과 폭풍우의 힘든 공격을 버티며 서 있다.

나무는 성스럽다. 나무와 대화하며 나무의 말에 귀 기울일 줄 아는 사람은 진실을 체험한다. 나무는 교훈을 말하거나 처방을 내리지 않는다. 개개인이 겪는 일에는 무관심할지 몰라도 삶의 근원 법칙을 알려준다.

나무는 저녁에 우리가 어린아이처럼 불안해할 때 솨솨 소리 내며 위로의 말을 건넨다. 나무는 우리보다 더 긴 삶을 살아내고, 길고 고요한 호흡을 한다. 우리가 나무들의 소리에 귀 기울이는 한 나무들은 우리보다 현명하다. 나무의 속삭임에 귀 기울이는 법을 배운 우리는 더할 나위 없는 즐거움을 맛본다.

나무들이 하는 이야기에 귀 기울일 줄 아는 사람은 더 이상 나무가 되려고 발버둥 치지 않는다. 그는 자신 외에 다른 무엇이 되려고 하지도 않는다. 바로 그것이 행복이다.

고립과 고독은 무엇이 다른가?

고립과 고독은 다르다. 고립은 타인과의 공감이나 유대감이 없는 상황을, 고독은 사람과 상관없이 자신이 세상과 맺는 관계를 가리킨다. 쇼펜하우어는 고립과 고독의 경향을 기르는 것은 귀족적 감정이라고 말한다. 반면 무뢰한은 모두 어울려 지내기를 좋아한다는 것이다. 고립에는 끊임없이 타인과 맺는 관계가 중요하고, 고독에는 타인이 아닌 자신과 맺는 관계와 화해가 중요하다. 고립에서 벗어남은 타인을 보는 행위이고, 고독은 자신의 내면을 들여다보는 일이다. 심한 고립은 존재의 파괴 혹은 파멸을 불러오고, 깊은 고독은 존재의 깊이와 단단함을 가져다준다. 그런데 속물근성을 거부하고 영혼이 있는 삶에 대한 욕구가 있는 사람이라면 주변 세계로부터 고립되기 쉽다.

파스칼은 "인간의 모든 불행은 단 한 가지 사실, 즉 그가 혼자 머물러 있을 줄 모른다는 데에서 온다."라고 했는데, 쉬운 일은 아니지만 고립과 고독의 균형을 잘 잡으면서 사는 게 중요할 듯하다. 시 〈홀로〉도 〈안개 속에서〉와 비슷한 의미를 지닌다.

지구 곳곳
도로와 길을 혼자 간다.
그러나 모두에게
같은 목적지가 있다.

말을 탈 수도, 차를 탈 수도 있고
둘이 또 셋이 갈 수도 있지만
마지막 한걸음은
혼자 가야 한다.

그러니 가장 힘든 한걸음
홀로 내디딜 때는
지식도 능력도
모두 소용없다.

그렇다고 스스로 억지로 고립시킬 필요는 없다. 특히 혼자 고립되어 일하는 것은 좋지 않다. 어떤 사소한 일을 성취하는 데도 협력과 자극은 필요한 법이니까.

헤세는 제1차 세계대전 중인 1915년 쓴 단편 〈까마귀〉에서 예술가로서 고독한 자신의 운명을 까마귀에 비유하여 서술한다. 평범한 까마귀 무리를 떠나 혼자 살아가는 야코프라는 이름을 지닌 까마귀다. 그는 관습이나 명령, 법도 따르지 않는다. 사람들은 인간을 따르며 재주와 익살을 부리는 선택된, 까마귀를 신기해하며 먹이를 주고 찬사를 보낸다. 그 까마귀는 엉뚱한 천재적 기질 때문에 무리에서 쫓겨난 국외자이다. 그는 천재이기 때문에 어려서부터 정도 이상의 개성화와 차별성을 열망했다. 그는 실러의 시 〈종의 노래〉에 나오는 젊은이처럼 야비한 형제들의 집단에서 벗어나 홀로 방황한다. 인간세계에서 배우, 매력덩어리, 신동으로서의 자리를 확보하는 자는 홀로 자신의 길을 가는 헤세 자신이다.

고독은 혼자 있는 즐거움을 일컫는 말이다

그러면 고독[2]과 외로움[3]의 차이는 무엇인가? 이 두 가지는 철학적·심리학적으로 서로 구분되는 개념이다. 혼자 있는 시간을 외로움과 고독으로 나누어 생각할 수 있다. 외로움은

---

2 solitude, Einsamkeit.
3 loneliness, Alleinsein.

혼자 있는 고통을 표현한 말이고, 고독은 혼자 있는 즐거움을 일컫는 말이다. 혼자 있을 때 고통과 결핍을 느끼는 사람이 있고, 즐거움을 느끼는 사람이 있다. 다른 사람을 통해 결핍을 채우려고 안간힘을 쓰면, 외로움의 상태에 머무를 수밖에 없다. 홀로 있는 고통을 직면할 수 있어야 고독의 차원으로 넘어갈 수 있다. 고독이란 주변에 사람들이 없어서 생기는 것이 아니라 다른 사람들과 진정한 대화가 이루어지지 않을 때 생긴다. 중요하게 여기는 것을 전할 수 없거나 자기에게 가치 있다고 여기는 생각이 다른 사람에게는 황당무계한 것으로 받아들여질 때 생긴다. 그렇다고 고독한 사람이 공동체를 부정하는 것은 아니다. 공동체는 모든 개체가 자신의 개성을 드러내고 그것이 무시되지 않는 곳에서만 만개하는 법이기 때문이다.

그러므로 외로움은 내가 타자의 존재를 지향함에도 이것이 충족되지 못할 때 발생하는 부재와 결핍의 상태이다. 그리고 이때 타자를 지향함으로써 나의 존재는 소외된다. 이러한 부재와 결핍, 소외는 고통의 감정을 낳는다. 그러나 고독의 상태에서 나는 타자의 존재를 지향하는 것이 아니라 자기 자신, 혹은 내 앞의 관심거리에 집중한다. 고독한 상태에서는 온전히 자기 자신과 대면하게 됨으로써 자기 소외가 발생하지 않는다. 그리고 내가 주의를 기울이고 집중하는 그 무엇은 나를 충족시킨다. 그래서 고독은 결코 결핍의 상태가 아니라 그 어떤 상태보다 가득 찬 충만의 상태다. 그래서 고독과 외로움은 모두 홀로 있어서 나타나는 현상이지만, 상반된 두 가지 상태이다.

창작에는 고독이 필요하다

우리는 고독은 강인하고 긍정적인 상태요, 외로움은 허약한 부정적 감정으로 단정하기 쉽다. 물론 홀로 있음을 고독의 상태로 승화시킬 때, 나의 내면을 성찰하고, 생산적이고 창조적인 활동을 할 수 있을 것이다. 그러나 만약 우리에게 타자에 대한 지향이 없다면, 우리는 스스로에 대한 성찰, 그리고 창조적 생산 활동의 동기를 상실하게 될지도 모른다. 그런 의미에서 결국 우리에게 고독의 상태를 추동하는 힘은 외로움의 감정에서 비롯된다고 볼 수 있다. 메피스토는 《파우스트》에서 인간들과 더불어 살아야 한다고 속삭인다.[4] 토마

---

4 시름에 잠겨 있지 마시오.
독수리처럼 그대의 생명만 쪼아 먹을 테니.
아무리 형편없는 무리와 어울린다 해도
그대도 인간들과 더불어 살아야 하는 인간임을 느낄 것이니.
《파우스트》, 제1부, 1,635~1,638행)

스 만도 《베네치아에서의 죽음》에서 "고독은 우리 안에 있는 독창성을 무르익게 하고 대담하고도 낯설게 하여 아름다움과 시를 낳게 한다."라며 창작에 고독이 필요함을 말한다. 고독은 뛰어난 정신을 지닌 사람들의 어찌할 수 없는 숙명과 같다. 유형(流刑) 생활을 하던 도스토옙스키가 단 10분간만이라도 혼자 있을 자유가 없는 것을 가장 괴로워했던 것도 그 때문이라고 할 수 있다.

결핍된 존재로서 타자를 지향하고 타자를 통한 인정과 사랑을 갈망할 때 역설적으로 우리는 더욱 적극적인 의미에서 고독이 필요하고, 기꺼이 고독의 상태로 들어가게 된다. 본시 사회적 존재인 우리는 결코 신처럼 스스로 충족되는 존재로 살아갈 수 없다.

그러므로 결국 타인에 대한 갈망과 사랑이, 또 외로움이라는 결핍 상태를 타자의 인정과 사랑으로 충족시키려는 욕구가 고독의 활동을 동기 짓는 원천으로 볼 수 있다. 그렇다면 외로움은 그저 부정해야 할 감정이라고는 할 수 없다. 우리는 외롭기에 언젠가 만나게 될 타자를 그리워하며 홀로 있음을 고독의 시간으로 채울 수 있다.

아이로니컬하게도 우리에게 외로움의 감정이 없었다면 인류는 이토록 진보할 수 없었을지도 모른다. 누구나 한 번은 아버지와 스승에게서 떨어져 나오는 한 걸음을 떼어야 한다.

그리고 누구나 고독의 냉혹함에서 무언가를 느껴야 한다. 비록 대부분의 사람은 그것을 견디지 못하고 금방 다시 기어들고 말지만.

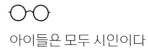

아이들은 모두 시인이다

아이들은 시인의 눈으로 세상을 바라본다

작품이 창조될 때, 꿈을 꾸기 시작할 때, 나무를 심을 때, 아이가 태어날 때, 삶은 시작되고 어둠의 시간을 뚫고 나아갈 틈이 생긴다. 어른들의 머릿속에서는 모순되는 것들이 서로 극심한 갈등을 일으키다 결국 어느 한쪽을 선택하게 된다. 하지만 아이들의 드넓은 마음속에서는 모순되는 것들도 상상력이라는 마법을 통해 영혼 안에 함께 머물 수 있다.

아이들은 먼저 순수한 예술을 배운 다음 세상을 바라보는 법을 배운다. 아이들은 한 번도 보지 못한 먼 세상보다는 지금 손에 쥐고 있는 것에 더 관심을 갖는다. 하지만 아이들 대부분은 학교에 들어가자마자 이 예술을 잊어버린다. 일부 아이만 그것을 잊어버리지 않고 마음속에 간직할 뿐이다. 다른 아이들은 나이가 들어 삶에 대한 사랑을 느끼고 무의식중에 유년기의 안전한 땅으로 돌아가고 싶어질 때 그 잃어버린 것을 힘들여 다시 배우게 된다.

유년기를 지나서도 뭔가를 탐색하고 이름을 묻는 일을 계속한다면 많은 사람의 삶이 얼마나 더 진지하고 순수하고 경이롭겠는가! 아이들은 모두 시인의 눈으로 세상을 바라본다. 무지개란 무엇일까? 어째서 바람은 흐느껴 우는 걸까? 풀이 시들고 꽃이 다시 피는 것은 무엇 때문이며, 비와 눈은 어디에서 오는 걸까? 왜 우리는 부유하고 이웃의 함석장이는 가난할까? 태양은 저녁에 어디로 가는 걸까?

어른들은 어린아이의 영혼 속에 무슨 일이 일어나는지, 그 속에서 세상이 어떻게 비치는지 전혀 알지 못한다. 온갖 지혜를 동원하고, 심지어 모든 사랑을 동원해도 말이다. 늘 타성에 젖어 있는 어른들에게는 그런 타성이 굳이 설명할 필요 없는, 꼭 필요한 것으로 보이기 때문이다.

영혼은 모든 인간에게 새로운 것이다

어른은 자신의 감정을 사고로 바꾸는 법을 배운다. 어른은 아이에게 이러한 사고가 없다면서 아이에게는 인식이라는 게 없다고 치부해 버린다. 부모는 자식을 잘 안다고 생각한다. 그러나 자식은 그들이 이해할 수 없는 타인이다. 그리고 자식에게 가장 중요한 것, 어쩌면 바로 그의 영혼인 것을 부차적인 것으로 여기고 젊음이나 변덕에서 비롯된 것이라고 여길지도 모른다. 아버지는 자식에게 코와 눈, 심지어 이성까지도 물려줄 수 있지만, 영혼을 물려줄 수 없다. 영혼은 모든 인간에게 새로운 것이다.

부모는 자식의 의지를 꺾으려고 애쓴다. 그리고 실제로 자식 안의 모든 것을 꺾고 파괴한다. 그러나 의지, 우리가 날 때부터 지녔던 유일무이한 바로 그것, 우리를 국외자와 별종으로 만드는 그 불꽃은 파괴하지 못한다.

아이들은 자신의 비밀 속에 머물러 있는 동안 자기 자신에 대해 몰두한다. 그것은 영혼 속에서 유일하게 중요한 일이다. 그리고 주위 세상과 자신과의 수수께끼 같은 관계에 몰두한다. 탐구자와 현자는 성숙해짐에 따라 이러한 작업으로 돌아오지만, 대부분의 사람은 진정으로 중요한 이 내면의 세계를 일찌감치 잊어버리고 영원히 떠나버린다. 그러고는 그들의 내면 가장 깊은 곳에 들어있지도 않고 또 그들의 가장 깊은 내면이나 집으로 인도해 주지 않을 근심과 소망과 목표 속에서 일평생 길을 잃고 헤맨다.

학교는 천재를 키우지 않고 억누른다

학교 선생들은 자기 학급의 천재 한 명보다는 멍청이 몇 명을 더 좋아한다. 정확히 보면 그가 옳다. 왜냐하면 그의 임무는 유별난 천재들을 키워내는 것이 아니라 라틴어를 잘하는 사람, 계산을 잘하는 사람, 속물들을 길러내는 것이기 때문이다.

그러나 누가 상대방에게 더 고통받고 힘들어하는지, 선생이 학생에 의해 고통받는지, 학생이 선생 때문에 고통을 당하는지, 둘 중 누가 더 독재자이고 더 괴롭히는 사람인지, 둘 중 누가 상대방의 영혼과 삶을 망치고 모욕하는지 곰곰이 따져보면 분노와 수치심을 느끼며 자신의 청춘을 생각하지 않을 수 없을 것이다. 학교는 천재적인 재능을 지닌 아이를 망쳐버리곤 한다. 역사상 중요한 인물들은 대부분 그와 유사한 경험을 한다.

진정한 천재들은 대부분 상처를 극복하고 훌륭한 작품을 창조한다. 이런 사실은 우리에게 위안을 준다. 훗날 그들은 사후에 피안(彼岸)의 후광에 둘러싸이고, 마침내 학교 선생들에 의해 후세대에 뛰어난 작품을 남긴 고귀한 모범으로 소개된다. 이처럼 학교에서는 법규와 정신 간의 투쟁이 되풀이된다. 학교와 국가는 해마다 새롭게 자라나는 깊이 있고 귀중한 학생들을 뿌리째 뽑아버리려고 한다. 그런데 나중에 민족의 자산을 풍부하게 만드는 사람은 언제나 선생들의 미움을 받고 벌받던 아이, 도망치고 쫓겨났던 아이다. 하지만 무언의 반항 속에 자신을 소모하고 몰락에 이르는 사람들도 있다. 이들의 수가 얼마나 되는지 누가 알겠는가!

선생이 아닌 스승이 필요하다

사람들은 이른바 천재라고 하는 사람들, 진정으로 강하고 재능 있는 사람들은 결국 자신의 길을 발견하고 훌륭한 작품을 창조해 냈다는 결론을 끌어내고 안심하려는 경향이 있다. 그러나 그것은 비겁한 위안이고 거짓말이다. 크나큰 업적을 이룬 유명인들이라도 결코 주어진 소명에 도달하지 못한 경우가 많다. 또한 어떤 시대에나 재능 있는 많은 사람이 그들에게 어울리는 길을 가지 못했으며, 좌절을 겪고 비참한 삶으로 내몰렸다.

학교 선생들은 세계가 전해 내려온 규범들과 단절하고 새로이 법칙을 만든 사람들에 의해 통치되고 변화되었다고 가르친다. 그리고 이 사람들은 존경할 만하다고 한다. 그러나 이는 거짓말이다. 왜냐하면 누군가가 한번 용기를 내어 어떠한 규범, 아니면 어리석은 습관이나 유행에 저항하면 그 아이는 존중받지 못하고 학생들의 모범으로 추천되지도 않기 때문이다. 오히려 그는 벌받고 비웃음을 사며 교사들의 비겁한 권력에 억눌린다.

그렇기에 단순히 선생이 아닌 스승이 필요하다. 스승은 청소년에게 측정하고 판단하는 능력을 가르치며, 진리에 대한 경외심, 정신에 대한 복종, 언어에 대한 봉사에서 모범이 되는 사람들이기 때문이다.

진정한 교양은 그 자체로 의미가 있다

《맹자》에 "가혹한 말은 여섯 달에 걸친 추위와 같은 상처를 준다. 관대한 말은 겨울을 세 번 날만큼의 온기가 있다."라는 말이 있다. 인간의 모든 말과 행동은 상대방에게 영향을 미친다. 그러나 가혹한 말의 힘이나 극히 부정적인 것의 영향은 부드러움, 우정, 사랑, 관대함 등의 긍정적 힘에 비하면 눈에 띄지 않을 정도로 미미하다, 그렇기에 "진정한 친구한 명이 우리의 행운에 이바지하는 몫은 수천 명의 적들이 우리의 불행에 끼치는 것보다 더 크다."라고 할 수 있는 것이다.

품성은 별로이나 고도의 지성이나 반짝이는 상상력이 있는 학생은 선생을 당혹스럽게 한다. 선생은 이 학생에게 전통적으로 계승되어 온 풍요로운 정신세계의 지식을 전수하고 가르쳐서 그가 정신생활에 동참할 수 있게 해야 한다. 그리고 선생은 재주만 있는 학생들이 몰려드는 상황에서 학문과 예술을 보호하는 것이 자신에게 주어진 본연의 더 고차원적인 임무라는 사실을 느껴야 한다. 빛나기는 하지만 아무런 기여도 하지 못할 학생을 후원하는 것은 정신에 대한 일종의 배반이다.

오늘날 필요한 교육은 무엇인가?

오늘날 필요한 교육은 무엇인가? 그것은 타고난 소질과 조건을 바탕으로 운명을 단련하는 것이다. 그리고 개인적으로 타고난 것과 개인적인 것을 넘어서는 목표를 두고 분발하기 위한 긴장감을 얻는 것, 최고의 인간상을 이상으로 간직하며 일상과 우연을 상상력과 유머로 받아들이는 것이다. 가르치려는 어떤 시도보다 무해한 짧은 시가 더 유익하다고 할 수 있다. 진정한 음악의 한 소절은 모든 책과 같은 무게를 지닌다.

진정한 교양은 어떤 목적을 위한 교양이 아니라 그 자체로 의미가 있다. 진정한 교양은 우리 삶의 느낌과 자신감을 높여주고, 우리를 더욱 즐겁고 행복하게 만들어 주며, 우리에게 더 큰 안정감과 건강을 주기 때문에 그 자체가 대가이다. '교양'을 향한 노력, 즉 정신적 완성을 향한 노력 역시 우리의 의식을 확장하는 행복하고 강력한 과정이며, 우리 삶의 가능성과 행복의 가능성을 풍부하게 만들어 주는 힘이다.

진정한 교양은 충족인 동시에 충동이며, 어디에서나 목표에 도달하나 어디에서도 쉬지 않는다. 그것은 무한성 속의 과정, 우주 속의 공명, 시간을 초월한 것 속의 공생이다. 그 목표는 개별능력과 업적의 고양이 아니라, 우리의 삶에 의미를 부여하고, 과거를 해석하며, 두려움이 없는 열린 마음으로 미래에 대응하도록 도와주는 것이다.

고집이 꼭 나쁜 것일까?

고집 센 아이, 헤르만 헤세

헤르만 헤세는 어려서부터 고집이 세고 반항적인 아이였다. 헤세의 어머니는 1879년 12월 말 일기에서 이렇게 기록한다.

"헤르만은 아주 빠른 속도로 성장하고 있다. 그림을 보면 그것이 중국에서 온 것인지, 아프리카나 인도에서 온 것인지 금방 알아맞힌다. 그는 아주 영리하고 얘기하는 것을 좋아한다. 하지만 고집과 반항이 종종 너무 셀 때가 있다."

이처럼 헤세는 어릴 때부터 누군가에게 강요받는 것을 극도로 싫어했다. 경건주의 기독교 신앙을 신봉했던 부모의 억압적인 양육 방식은 청소년기의 헤세에게 트라우마로 작용했고, 반발심을 자극했다. 경건주의는 독일 루터교 종교 운동으로 시작되었는데 단순히 성경을 읽는 것에 그치지 않고 그리스도인의 삶을 강조한다. 경건주의는 전통과 반복을 강조하는 교회 관행에 저항하고 자발적인 경험을 중시한다. 어머니는 어린 헤세의 폭군 같은 정신과 감정의 폭풍을 두려워할 지경이었다.

결국 부모는 헤세가 여섯 살 때 고집을 꺾기 위해 아이를 기숙 유아원으로 쫓아 보냈다. 헤세는 그곳에서 육 개월간 있었는데, 집으로 돌아왔을 때는 창백하고 야윈 데다 풀이 죽었고, 훨씬 다루기 쉬운 아이가 되어 있었다. 이 일이 헤세에게는 평생 트라우마로 남은 것으로 보인다.

새로 태어난 거리의 폭군, 헤세

초등학교 3학년 때 헤세는 길가의 가난한 노동자에게 유리 조각을 던진 일이 있었다. 그가 아버지한테 그 사실을 일러바쳤다. 그 노동자는 헤세가 나쁜 짓만 저지르는 데다 아무짝에도 쓸모없는 거리의 폭군이라고 했다. 아버지가 다그치자 헤세는 유리 조각을 던지지 않았다고 완강히 부인했다. 헤세는 심한 꾸중을 들었다. 아버지는 아들의 고집을 꺾을 수 없으리라고 생각했다. 헤세는 며칠 기가 죽어 지냈고, 적개심에 불탔다. 아버지는 아무 말이 없었고, 집안 전체에 그늘이 드리웠다. 헤세는 그 어느 때보다 불운했다. 아버지는 여행을 떠나면서 쪽지를 남겼다.

"나는 네가 아직 이해하지 못하고 있는 네 잘못에 대해 야단을 쳤다. 그런데도 너는 거짓말까지 했다. 그러니 너와 함께 어떻게 이야기하겠느냐? 그렇지 않다면 너를 매질한 것은 잘못이었다. 일주일 후 내가 다시 돌아올 때 둘 중 한 사람이 사과해야 할 것이다."

헤세는 종일 가슴이 답답해서 그 쪽지를 들고 집 안과 정원을 이리저리 쏘다녔다. 다음 날 아침 그 편지를 들고 어머니한테 가서 울어버렸다. 말은 한마디도 나오지 않았다. 그리고 뛰쳐나가 버렸다.

그는 저녁때 어머니를 찾아가서 따뜻하고 사랑스러운 이야기를 들었다. 어머니는 아들이 낯설게 느껴진 시기에 대해 말했다. 그리고 불안한 마음으로, 그러나 사랑의 마음으로 헤세를 따라다닌 이야기를 해주었다. 어머니의 말씀 하나하나는 헤세를 부끄럽게 하기도 했고, 행복하게 하기도 했다. 그러고서 모자는 아버지의 사랑이란 무엇이며 아버지의 엄격함이란 어떤 것인지에 대해 이야기를 나누었다. 둘은 아버지가 돌아오기를 즐거운 마음으로 기다렸다. 아버지는 헤세와 함께 몇 마디를 주고받은 다음 어머니에게 이렇게 말했다.

"여보, 여기 우리 아이가 새로 생겨났소. 이 아이는 다시 내 아들이 되었소."

어머니는 웃으면서 대답했다.

"나는 벌써 일주일 전부터 그 애를 내 아들로 삼았답니다."

고집은 하나의 덕목이다

헤세는 '고집'이라는 에세이에서 고집을 하나의 덕목이라고 주장한다. 가정이나 학교에서 좋게 보는 덕목은 복종이다. 일반적으로 사람이 만든 법칙에 복종하는 것이 덕목이다. 헤세는 이러한 복종의 덕목을 높이 평가하지 않는다. 고집 센 그는 다른 법칙에 복종한다. 즉 유일하고 절대적으로 신성한 법칙, 자기 내면의 법칙, 자신의 고유한 뜻에 복종한다.

그러나 애석하게도 고집은 사람들에게 인기가 없다. 고집은 심지어 악덕이나 무례함으로 간주된다. 그러나 사실 소크라테스, 예수, 조르다노 브루노 등은 고집스럽게 자신의 길을 간 위인들이 아닌가? 고집을 부드럽게 완화하면 '개성'이나 '인격'이라고 말할 수 있다. 그것은 고집처럼 그다지 신랄하거나 부도덕하게 들리지 않는다. 고집은 다른 말로 독창성이라고도 할 수 있다. 예술에서 흔히 독창성은 높이 평가된다. 그래서 예술가의 경우 고집은 나름대로 바람직한 것으로 여겨지기도 한다.

남들의 법칙에 맞추어 살지 않는 사람은 개성 있는 사람이라고 불린다. 그런 자는 자신이 다르게 생각하고, 자기 나름의 견해가 있음을 우아하고 세련되게 표현할 뿐이다. 이러한 부드러운 개성은 사람들 사이에서 덕목으로 여겨지기도 한다. 어떤 이를 개성적이라고 일컫는 것은 일종의 좋은 평판이 된다. 하지만 어떤 이를 제멋대로라고 평가하는 건 악담이 된다. 어떤 이가 자신만의 예감을 갖고, 그에 따라 살아간다면 칭찬받지 못하고 고집이 있다는 말을 들을 수 있다.

그러나 괴테는 고집에 대해 부정적으로 말한다. 사실 누구나 자신만의 고집으로 인생을 살아가지만, 고집을 부리다 파멸할 수도 있고, 설사 개인의 고집으로 사회적인 악영향을 미치지 않더라도 당사자에게는 치명적인 독이 될 수도 있기 때문이다. 그래서 때때로 불행과 맞닥뜨릴 때 그것을 자초한 이가 누구인지 성찰해 볼 필요가 있다. 그러나 고집으로 어리석은 일을 저질러 후회하기도 하지만, 그런 어리석음을 갖지 않는다면 자신의 목표에 이르지 못할 것이다.

자신의 의미를 가져라

고집[5]이란 '자신의 의미'를 지니고 있다는 뜻이다. 그런데 지상의 모든 사물, 즉 풀과 꽃, 덤불이나 돌멩이는 자신의 고유한 의미를 지니고 있지 않은가? 그것들은 자신의 의미에 따라 존재하고 자라며 살아간다. 우주의 하찮은 사물이라도

---

5 Eigensinn.

자신의 의미, 자신의 법칙을 자체적으로 갖고 있으며 확실하고도 의연히 자신의 법칙을 따르기 때문이다.

하지만 지상에는 타고난 의미가 명령하는 대로 존재하고 자라며, 그렇게 죽는 것이 허락되지 않은 두 종류의 불쌍하고 저주받은 존재가 있다. 인간과 인간이 길들인 가축이 그것이다. 이들은 인간이 설정해 놓은 법칙을 따라야 할 운명이다. 그들 중 일부는 자신의 자연스러운 법칙을 따르다 대부분 비난받거나 처형당했지만, 나중에는 영웅이나 해방자로 세상의 존경을 받았다.

영웅은 순종적인 착실한 시민이자 고분고분한 의무 이행자가 아니다. 자기의 의미, 자신만의 고귀하고 자연스러운 고집을 자신의 운명으로 삼은 개별 인물만이 영웅이 될 수 있다. 그렇다고 헤세가 혁명을 바라는 것은 아니다. 그는 혁명을 전쟁과 마찬가지로 다른 수단을 동원한 전쟁의 계속으로 본다. 그는 전복이 아니라 고집을 설교한다. 스스로 운명의 목소리를 들은 그에게 정치나 정치제도는 중요하지 않다.

마찬가지로 헤세가 말하는 고집 센 인간은 돈이나 권력을 추구하지 않는다. 이런 것은 자기 자신에 이른 사람에게는 그다지 가치가 없다. 그가 도덕군자거나 이타주의자라서 그런 것은 아니다. 그는 자신의 내적 성장을 돕는 자기 내부의 신비로운 힘만 높이 평가할 뿐이다.

자연을 향유하라

자연과 벗하는 헤세

헤세는 밀짚모자를 쓰고 호미와 바구니를 든 소박한 정원사, 흰 구름과 저녁노을, 산과 강, 호수를 좋아했던 시인이자 불교와 도교의 정신을 이해하고 거기에 심취했던 현자로서 우리에게 잘 알려진 작가이다.

그는 사춘기가 시작될 무렵 가끔 높은 산 위에 홀로 서서 한참 동안 먼 곳, 제일 뒤 부드러운 언덕들 위에 피어오른 옅은 안개를 바라보았다. 그 언덕들 뒤에는 세상이 깊고 푸른 아름다움 속으로 가라앉아 있었다. 그가 열망하는 싱그러운 영혼의 모든 사랑은 커다란 동경 속으로 합류했고, 마법에 걸린 눈으로 멀리 부드러운 푸른색을 들이마신 눈에는 눈물이 촉촉이 맺혔다. 가까운 고향은 그에게 너무 서늘하고, 너무 딱딱하며 분명하게, 안개나 비밀도 없는 것으로 생각되었다. 그리고 저 건너편에는 모든 것이 너무나 부드러운 색조를 띠고 있었고, 듣기 좋은 음향, 수수께끼, 유혹으로 넘쳐흘

렀다.

어린 시절부터 헤세는 항상 자연의 기이한 형태를 바라보는 버릇이 있었다. 그는 관찰하지 않고 자연의 고유한 매력과 복잡하고 심오한 언어에 흠뻑 빠져들었다. 나무처럼 변해 버린 긴 나무뿌리, 암석에 그려진 여러 색깔의 무늬, 물 위에 떠다니는 기름 덩어리, 유리에 난 금 ─ 이와 비슷한 온갖 사물이 때때로 내게 커다란 매력으로 다가왔다. 무엇보다도 물과 불, 연기, 구름과 먼지, 그리고 특히 눈을 감았을 때 나타나는 빙빙 도는 색채의 무늬가 매력적이었다.

또한 헤세는 자연의 질서정연한 순환을 자명하면서도 아름답고 신비로운 사실로 받아들인다. 그는 자연을 선하다고 본다. 피조물 가운데 인간만이 자연의 순환에서 비껴 있다. 또 인간은 사물의 덧없음에 만족하지 못하고, 이상하게도 우리 자신을 위해 개인적인 특별한 것을 가지려고 한다. 헤세는 형태의 덧없음을 절감하고 변하고 싶은 충동을 느낀다. 그는 돌과 땅, 덤불과 나무뿌리에 이끌려 잎사귀며 땅, 나무뿌리가 되고 싶어 한다. 그는 긍정과 낙관과 희망에 차서 쾌락과 불안으로 가득 찬 세계에서 슬픔이 없는 덧없음의 노래와 함께 길을 가고자 한다.

자연아, 페터 카멘친트

헤세는 첫 소설 《페터 카멘친트》로 성공을 거둠으로써 서점 생활을 그만두고 본격적인 작가의 길을 걷는다. 소설 속 농부의 아들 카멘친트는 호숫가 산골 마을 니미콘에서 들과 산, 호수와 냇물 등 자연을 벗 삼아 어린 시절을 보낸다. 페터는 햇빛을 받아 반짝이는 푸르고 잔잔한 호수, 풍성한 꽃에 둘러싸여 햇빛 속에 누워있는 가파른 산, 그 높은 봉우리 사이로 빛나는 눈 덮인 골짜기, 과일나무와 오두막과 회색빛 알프스 젖소들이 있는 산발치의 경사진 밝은 목장을 보면서 자란다. 암벽 산들은 옛 시절, 갈라지고 뒤틀리고, 몸부림치던 땅덩이로부터 산봉우리와 산등성이가 솟아나던 때를 자랑스럽고 경건하게 이야기한다.

카멘친트는 산들의 가파른 절벽과 꺾이고, 휘어지고, 부서지고, 긁힌 상처투성이의 협곡들을 보고 있으면, 그들을 쉽게 이해할 수 있었다. 그들은 "우리는 끔찍한 고통을 겪었다, 그리고 아직도 고통받고 있다."라고 말하고 있었다. 그러나 불굴의 투사처럼 자랑스럽고 당당하고 준엄하게 말했다.

이후 고향을 떠나 도시로 간 그는 그곳에 잘 적응하지 못한다. 도시 생활과 현대문명에 염증을 느끼며 자연을 언어로 표현하고자 한 시인 카멘친트는 바로 헤세 자신이었다. 그는 세상에 나가 사회에 적응하는 과정을 겪기보다는, 반대로 세상과 사회에서 벗어나 자연과 결속된, 소박하고 진솔한 삶을 영위하고자 했다. 실제로 헤세는 이런 모습들로 인해 사회와 시대 문제를 외면한다는 비난을 듣기도 했다.

마음과 자연 속에는 동일한 신성이 활동한다

자신만의 정원을 갖고 싶었던 헤세는 1907년 가이엔호펜에 집을 지은 후 그 꿈을 이루게 된다. 그의 정원은 가족의 식탁에 오를 채소를 조달하기에 적당했다. 정원의 화단에는 수많은 꽃이 아름답고 화려하게 피었다. 그가 정원을 가꾸며 체험하고 관찰한 기록은 당시의 화려하고 오만한 사회 풍조에 대한 나름의 저항이었다. 그는 정원을 꾸미면서 창조의 기쁨과 창작자로서의 뿌듯함을 느꼈다. 정원의 땅을 생각과 의지대로 바꾸어 놓을 수 있었기 때문이다. 그는 자신이 좋아하는 향기로 정원을 꾸밀 수 있고, 꽃밭을 갖가지 색이 넘치는 낙원 같은 곳으로 만들 수 있었다. 베른 교외에 있는 헤세의 또 다른 집에 분수와 작은 숲, 풀밭과 함께 훨씬 멋지고 큰 정원이 갖춰져 있었지만, 그는 가이엔호펜의 정원에 더 많은 애정을 쏟았다. 베른의 정원은 이미 완성되었기에 돌보고 가꾸는 재미가 적었다.

Hermann Karl Hesse **71**

우리 내면에서 활동하는 신과 자연에서 활동하는 신은 불가분의 동일한 신성을 지닌다. 만약 외부 세계가 무너진다면 누군가가 그것을 재건할 수 있을 것이다. 자연 속의 모든 형상은 우리 내면에 그 원형이 만들어져 있기 때문이다. 그리고 그 본질은 알 수 없는 영혼에서 유래하며, 대개 사랑의 힘과 창조력으로 느껴진다.

한편, 베른과 이후 몬타뇰라의 카사 카무치에서 살 때 헤세는 정원에 대한 관심이 줄어든다. 전쟁과 아버지의 죽음, 막내아들의 중병, 아내의 정신질환, 그리고 헤세 자신의 신경증 치료 등 일련의 일들로 인한 정신적 충격 때문에 그는 정원 가꾸기에 매진할 수 없었다.

정원 일은 영혼에 대한 정신 집중이다

1931년, 헤세는 카사 로사로 이주한 후 상황이 바뀌어 가이엔호펜에서 누렸던 것과 비슷한 정원 생활을 다시 시작할 수 있었다. 재력가 친구 한스 보드머의 도움으로 그곳에 자신만의 집을 짓게 된 것이다. 그는 수채화를 그리기보다 정원 일에 더 시간을 보냈다. 정원에 꽃과 딸기, 약초 등을 비롯한 여러 식물을 심었고, 바깥에는 포도나무를 심어 포도밭을 조성했다. 그는 하루 가운데 이른 오전 시간은 정원에서 보내고, 독서와 음악 감상, 글쓰기는 오후와 저녁 시간에 하고자 했다.

헤세는 눈의 통증과 두통에 시달릴 때면 몸을 움직여 변화를 꾀해야 할 필요성을 느낀다. 정원 일은 활력의 증진과 긴장감의 해소에만 도움을 주는 것이 아니다. 정원 일은 일종의 참선 같은 것이고, 상상의 나래를 한없이 펼치는 것이기도 하며, 영혼에 대한 정신 집중이기도 하다. 헤세는 정원 가꾸는 일을 오롯이 혼자 했는데, 그동안 명상 또는 영적인 생각을 하곤 했으며, 그의 노벨문학상 수상작인 《유리알 유희》 또한 정원의 흙을 만지면서 구상했다.

자연에 경탄하라

그렇다면 우리는 자연에 대해 어떤 태도를 취해야 할까? 자연을 보고 경탄하면 된다. 이것이 행복과 지혜를 향해 갈 수 있는 가장 간단하고도 아주 소박한 길이다. 또한 자연의 언어에 귀 기울이며 두근거리는 가슴으로 경청하라. 자연의 모습에 경탄하며, 자연의 언어에 귀 기울이는 것은 경이로움으로부터 시작된다. 그리고 그것은 경이로움으로 끝난다.

눈이나 신체의 다른 감각을 통해 자연의 어느 한 부분을 체험할 때 소유욕에 붙잡힌 인간세계를 잠시나마 잊을 수 있다. 자연에 이끌려 자연의 존재를 알게 되고 그 속에 계시가 되어 나타난 형상들에 눈을 뜰 때도 마찬가지다. 그 순간만은 생각하거나 명령하거나, 획득하거나 착취하거나, 투쟁하거나 조직하는 일을 완전히 잊을 수 있다. 그 대신 괴테가 그랬던 것처럼 오직 '경탄하는 일'에만 몰두할 수 있다. 자연을 보고 경이를 느낌으로써 시인, 현자들과 형제가 된다. 그곳에서는 서로에게 '그것은 바로 너다.'라고 말한다. 이것은 또한 우파니샤드 철학의 가르침이기도 하다.

오늘날 학교는 지혜를 얻게 해주는 곳이 아니라 지식을 주입하는 곳이다. 학교에서 대상에 순수하게 도취하고 황홀해하며 경탄하는 법을 가르치지 않고 반대로 수를 세고 앞뒤를 재는 것을 가르친다. 매혹당하거나 마법에 걸리기보다는 정신을 바짝 차리라고 가르치며, 하나이자 전체인 것에 이끌리기보다는 개체로 나누어지고 떨어져 나간 것을 고수하라고 가르친다.

여행 중에 자연을 즐기는 기술

독일의 울창하고 검은 숲인 슈바르츠발트에 위치한 헤세의 고향 칼프에는 나골트강이 흐르고 있었다. 여름이면 전나무 둥치들이 뗏목에 실려 외지로 운반되었다. 옛날 어느 때인가 한 소년이 뗏목에 몰래 올라탄 뒤 네덜란드까지 갔다가 돌아왔다는 동화 같은 이야기가 전해 내려왔다. 헤세도 여러 번 몰래 뗏목을 훔쳐 타고 방랑자나 유목민이 되어 짧은 여행을 떠났다가 돌아온 적이 있었다. 그러면 부모는 어린 헤세를 혼내는 대신 무사히 돌아온 것에 대해 하느님께 감사를 드리곤 했다. 그 당시 강가에는 공장이 몇 개 없었고, 오래된 방앗간들이 더 많았다. 강가에는 갈대가 우거진 숲과 오리나무 숲이 있었다. 강에는 물고기들이 많이 헤엄치고 있었고, 수많은 짙은 하늘색 잠자리들이 하늘을 날아다녔다.

이 시대에 우리가 자연과 풍경을 진정으로 이해하고 즐기기 위해선 어떻게 해야 할까? 헤세는《무위의 기술》에 수록된〈여행에 대해〉에서 이렇게 답한다.

금빛으로 물드는 여름 저녁을 한가로이 바라보고, 가볍고 순수한 산의 공기를 느긋하고 기분 좋게 들이마시는 것만으로는 아직 많이 부족하다. 양지바른 따스한 초원에 드러누워 한가하게 휴식 시간을 보내는 것은 근사한 일이다. 그러나 산과 시냇물, 오리나무 숲과 멀리 우뚝 솟은 산봉우리와 함께 이 초원에 친숙하고 그것을 잘 아는 자만이 자연과 풍경을 완전하게, 백배는 더 깊고 고상하게 즐길 수 있다. 그러한 조그만 땅에서 그 땅의 법칙을 읽고, 그것의 형성과 식생의 필연성을 꿰뚫어 보고, 그 필연성을 역사, 건축 양식, 그곳 주민의 기질이나 말투, 의복과 관련해서 느끼려면 사랑과 헌신, 연습이 필요하다. 하지만 그렇게 노력할 만한 보람이 있다.

여행하는 중에 우리는 천국에 가장 가까이, 그리고 가장 순수하게 들어갈 수 있다. 미학적 훈련이 잘된 사람이라면 언제든 그렇게 할 수 있다. 그렇지 않은 사람이라도 빡빡한 일상에서 벗어나 속박 없는 시간을 즐기면서 행복을 맛볼 수 있다. 이런 때는 아무런 걱정도 없다. 우리를 구속하던 지위도 일자리도 우리를 잡아매지 못한다.

인간은 자연 앞에 위대함으로 맞선다

우리의 마음은 원초적이고 영원해 보이는 것을 향해 애정을 가지고 다가간다. 마음은 파도치는 듯한 박자로 움직이고, 바람으로 호흡하며, 구름, 새들과 더불어 날아오른다. 그리고 빛과 색채, 음향의 아름다움에 대해 애정과 감사를 느낀다. 결국 우리는 침묵을 지키는 자연에 언어를 부여하려고 한다. 영원한 것에 시간성과 유한성을 갖다 붙이려는 것이다. 그리고 자연 앞에서 인간의 하찮음과 유한성을 느낄 때 우쭐하다가도 절망을 느끼게 된다.

그래서 우리 인간은 더 이상 자연과 하나가 되기를 갈망하지 않는다. 이제 우리는 자연의 위대함 앞에 인간의 위대함으로 맞선다. 자연의 지속성에 맞서 변화를 내세우며, 자연의 침묵 앞에 우리의 언어를 내세운다. 또한 영원해 보이는 자연 앞에 죽음에 관한 우리의 지식을 내세운다. 자연의 무심함 앞에 사랑할 수 있고 고뇌할 수 있는 우리 마음을 내세운다.

너 자신을 알라!

어떤 방식으로 자기 자신을 알 수 있을까?

우리는 아이들한테 묻곤 한다. "몇 살이니?", "이름이 뭐니?" 아이는 물음에 답하면서 자신의 존재를 이름과 나이로 확인하게 된다. 이처럼 인간은 나름대로 자기 자신을 알고 있는 존재이다. 자신과 민족, 자기의 과거와 가능성을 알고 있다. 이같이 인간은 타자로부터 분리된 존재로서의 자기 자신을 알고 있다. 자기의 생명이 잠깐의 짧은 것이라는 사실을 알고 있다. 자기 의지와는 상관없이 태어나서 자기 의지와는 어긋나게 죽어야 한다는 사실을 알고 있다.

자기가 사랑하는 사람보다도, 또는 사랑하는 사람이 자기보다도 먼저 죽을 것이라는 사실을 알고 있다. 자신이 고독하다는 것, 분리되어 있다는 것, 자연이나 사회의 힘 앞에 무력한 상태에 놓여 있다는 것을 알고 있다. 이런 모든 인식은 분리되어 흩어져 있는 인간의 실존을 비참한 감옥으로 만든다.

사람들은 어떠한 방법으로 자기 자신을 알 수 있을까? 결코 자기 성찰에 의해 자기 자신을 알 수는 없다. 우리는 분명한 행동으로 자신을 알아야 한다. 그리고 그대의 의무를 다하려고 시도해 보라. 그렇게 하면 그대는 곧 그대 자신이 어떤 사람인지 알 수 있을 것이다. 그런데 그대의 의무란 또 무엇인가? 그날그날 이룩해야 할 일, 바로 그것이 그대의 의무다.

자신의 무지를 자각하라!

그러나 우리 인간은 자신을 진정 제대로 알고 있는 것일까? 우리에게 잘 알려진 그리스의 신탁이 있다. "너 자신을 알라!" 고대 그리스인들은 현실에서의 삶이 여의찮거나 삶의 방향을 잃었을 때 신전을 찾아가 신탁을 받았다. 소크라테스가 한 말이라고 알고 있는 "너 자신을 알라."는 원래 그리스 델포이에 있는 아폴론 신전에 새겨진 경구였다. 그런데 소크라테스는 이 말을 "너 자신의 무지를 인식하라."라는 뜻으로 해석했다. 공자도 《논어》에서 "아는 것을 '안다'고 하고, 모르는 것을 정직하게 '모른다'고 하는 것이 바로 '안다'는 것이다."라고 했다. 소크라테스는 자기의 무지를 자각하고 있었기 때문에 아테네 제일가는 현자로 떠받들어졌다. 아폴론 신전의 전실 기둥에는 그것 말고도 다음과 같은 신탁이 더 새겨져 있었다고 한다.

1. 너 자신을 알라(Know yourself).
2. 도를 넘지 말라(Nothing in excess).
3. 확신한 것을 장담하지 말라(Surety brings ruin).

지나친 동정이나 연민, 감정이입은 몸에 해롭다는 뜻이다. 그리고 지나치게 확신하다가 뜻을 이루지 못하면 화를 입고 내상을 입는다는 뜻이다. '너 자신을 알라.'라는 말의 원래 뜻은 '무지를 자각하라.'가 아니라 '인간아, 깨달아라. 너는 신이 아님을, 너는 사멸할 존재임을 알아라.'라는 뜻이었다고 한다.

플라톤은 이 경구를 '신과 대면하여 인간의 놀라운 능력을 회복하라.'라는 뜻으로 발전시킨다. 소크라테스는 옳은 것이 무엇인가를 알면 그것을 행동으로 옮기지 않을 수 없다고 생각했고, 자기 내면에 '다이모니온'이라는 '양심의 소리' 같은 것이 있어서 올바른 길로 인도해 준다고 믿었다. 죽음을 앞둔 소크라테스 선생은 제자들에게 담담하게 말한다.

"이제 떠날 때가 왔구나. 나는 죽기 위해, 너희는 살기 위해. 그러나 어느 쪽이 더 행복한지는 신 이외에는 아무도 모른다."

객관적으로 되어라!

괴테는 '너 자신을 알라.'라는 의미심장한 말을 그대 자신을 돌아보고 그대 자신에게 주의를 기울이라고 해석한다. 그대가 그대의 동료 및 세계에 대해 어떤 관계를 맺는지 알기 위해서다. 니체는 '너 자신을 알라.'라는 말을 "객관적으로 되어라!"라고 해석한다. 괴테도 주관적 태도보다 객관적 태도를 중시한다.

스핑크스가 오이디푸스에게 낸 수수께끼다. "아침에는 네 발, 점심에는 두 발, 저녁에는 세 발로 걷는 것이 무엇인가?" 역시 인간에게 인간이 누구냐고 묻는 말이다. 오이디푸스가 인간이라고 정답을 말하자, 스핑크스는 놀란 나머지 바위에 머리를 치고 절벽에 떨어져 죽고 만다. 오이디푸스는 정답을 맞힌 상으로 어머니 이오카스테와 결혼하는 운명에 처하게 된다. 물론 어머니인 줄 까맣게 모르고 말이다.

그전에 오이디푸스는 삼거리에서 노인을 만나 먼저 가겠다고 길을 다투다가 그를 때려죽인다. 물론 아버지인 줄 까맣게 모르고. 안 그래도 신탁 내용이 마음에 걸려 기분이 영 안 좋은데 웬 늙은이가 "요새 젊은것들은 버릇이 없고 도통 돼먹지 않았어."라고 욕설을 퍼부으며 지팡이를 마구 휘두르자, 불같이 화가 난 것이다.

자기 내면으로 들어가는 길

동굴의 우상에 사로잡힌 우물 안의 개구리 같은 존재인 인간 종족은 자연을 의인화하여 '꽃이 나를 보고 방긋 웃는다.'라며 인간의 시각에서 세상을 왜곡해서 바라본다. 니체는 우리가 우리 자신을 한 번도 탐구해 본 적이 없었기 때문에 우리 자신을 잘 알지 못한다고 말한다. 니체가 볼 때 우리는 우리 자신에게 낯선 존재로 있고, 우리 자신을 이해하지 못하며, 우리 자신을 혼동한다. 모든 사람은 자기 자신에게 가장 먼 존재라는 것이다.

"인간은 자기 자신으로부터, 자기 자신에 의한 정찰이나 포위로부터 잘 방어되고 있다. 그는 보통 자신에 관해 성의 외벽 이상은 감지할 능력이 없다. 그는 진짜 요새엔 접근하기 어렵고, 그것이 보이지도 않는다. 친구나 적이 배신자 역할을 해서 그를 비밀 통로로 데려가지 않는다면 말이다."

니체에 앞서 인간의 몸을 성채로 보고 자신의 내면으로 들어가는 길을 모색한 철학자는 쇼펜하우어였다. 이런 점에서 그는 헤세의 선구자 격이다. 그는 《의지와 표상으로서의 세계》에서 외부로부터는 성, 즉 사물의 본질에 들어갈 수 없다고 단언하고 있다.

"여기서 우리는 외부로부터는 사물의 본질에 결코 도달할 수 없음을 알았다. 외부로부터는 아무리 탐구한다 해도 형상이나 명칭을 얻는 데 불과하다. 이것은 마치 성의 주위를 돌면서도 입구를 찾지 못해 우선 그 정면을 스케치해 두는 것과 같다. 그런데 나 이전의 모든 철학자는 바로 그런 길을 걸어왔다."

자신이 누구인지 모르는 오이디푸스

오이디푸스는 청년이 되어 자신이 폴리버스 왕과 메로페 왕비의 친자식이 아니라는 소문을 듣는다. 부모는 이런 사실을 부정하지만, 오이디푸스는 여전히 의심한다. 그는 누가 자신의 생부인지 아폴로 신전의 예언자에게 묻는다. 예언자는 그의 질문에 직접 답하는 대신 그가 자신의 어머니와 맺어지겠고 아버지의 피를 손에 묻힐 운명이라 말한다. 낙담한 오이디푸스는 예언된 운명을 피하려고 코린토스를 떠난다. 코린토스의 폴리버스 왕을 친아버지로 알고 있었기 때문이다.

태어날 때부터 버려진 그는 '자신이 진정으로 누구인지도 모른 채' 운명의 희생양이 되고 만다. 그는 자신에게 내려진 저주를 알고 이를 피하려 고향을 떠나는 선택을 했으나 그 선택이 바로 그를 불운한 비극의 주인공으로 만드는 계기가 되고 만다. 그는 늘 뭔가를 알아내고 해결했다고 자신하지만, 오히려 그 덫에 걸리는 꼴이 된다. 고향을 떠난 것도, 스핑크스의 수수께끼를 푼 것도, 테베의 왕으로서 나라의 불행을 해결하려 한 것도 모두 예언의 실현이라는 운명으로 끌고 간 셈이다.

자기 자신에 이르는 길

쇼펜하우어, 니체를 이어받아 헤세는 '자기 자신에 이르는 길'을 탐구한다. 그는 세계의 개선까지도 인간이 내면의 길을 충실히 가는 것으로만 가능하다고 본다. 헤세는 자신이 누구인지를 성찰하고 내면의 목소리에 귀 기울여 참자기가 되도록 노력하는 것이 인간의 과제라고 말한다.

〈자라투스트라의 귀환〉에서 '너희는 자신이 되는 것을 배워야 한다.'라는 자라투스트라의 외침, '인간의 길은 자기 자신으로 가는 길이다.'라는 《데미안》의 서문, 그리고 '내가 바라는 것은 자네가 완전히 골드문트가 되는 것일 뿐'이라는 나르치스의 말은 모두 같은 맥락에서 나온 말이다. 이처럼 인간은 자기 내면에서 흘러나오는 목소리를 따르면 되고, 세상의 목소리에는 신경 쓸 필요가 없다.

헤세에 의하면, 인간에게 부여된 첫 번째 과제는 진정한 자기를 발견하는 일이다. 싱클레어, 싯다르타, 골드문트 역시 자기실현의 길에서 제일 먼저 해야 하는 일은 '나'를 인식하는 것이었다. 헤세는 전쟁이라는 거대한 외부 사건을 통해 인간 영혼의 가장 내밀하고도 본격적인 핵심인 '자기'를 인식함으로써 내면의 세계를 새롭게 발견하게 되었다.

내면을 풍요롭게 하라

내면에 지닌 것은 빼앗기지 않는다

곤경에 처했을 때 사람마다 대처하고 해결하는 방식이 다르다. 역경을 슬기롭게 이겨내는 사람이 있는가 하면, 어떤 사람은 실망과 좌절에 빠져 극단적 선택을 하기도 한다. 한 인간의 성격은 상황이 좋지 않을 때, 삶의 익숙한 지주가 사라지거나 충격받았을 때 비로소 진정한 모습과 진실한 가치를 드러내는 법이다. 헤세는 어려움을 이겨내기 위해서는 인격이 필요하며, 인격 수양을 위해서는 소유의 증가보다 문화적 체험이 중요하다고 말한다.

문화는 목숨만 이어가는 생리적 욕구를 넘어 정신적인 가치에서 발견하고 창출하는 모든 것, 즉 자기실현을 하게 해주는 종교, 예술과 철학이다. 가난한 남자의 민요, 숲과 구름을 보는 떠돌이 직인(職人)의 기쁨, 조국과 당의 이상에 대한 사랑 — 이 모든 것이 '문화'이고, 정신적 소유물이며 인간성이다. 인류의 이상적인 소유물은 시대와 민족을 뛰어넘어 보존되고 입증되며 증가했다. 이러한 소유물에 내적으로 관여하는 자는 파괴할 수 없는 정신 공동체의 일원이 되고, 아무도 빼앗을 수 없는 것을 소유하게 된다. 우리는 돈과 건강, 자유와 목숨을 잃어버릴 수 있다. 그러나 정신적 가치를 지닌 것으로 우리가 실제로 획득하고 소유한 것은 죽지 않고서는 빼앗길 수 없다.

참된 부는 영혼의 내부에 있는 부다

내면이 풍요로운 자는 운명에 많은 요구를 하지 않을 것이다. 루키아노스는[6] "참된 부(富)는 영혼의 내부에 있는 부일 뿐이고, 다른 것은 모두 이득보다는 불행을 안겨준다."라고 말한다.

이처럼 내적으로 풍부한 사람이 자신의 정신적 능력을 갈고닦아 내면의 부를 누리기 위해 외부로부터 필요한 것이라곤 자유로운 여가밖에 없다. 재기 있는 사람은 혼자 있을 때도 자신의 사고와 상상력으로 커다란 즐거움을 얻을 수 있지만, 둔감한 사람은 번갈아 가며 사교나 연극, 소풍이나 오락

---

[6] 루키아노스(Lucianos, 120년경~180년 이후)는 고대 그리스의 웅변가, 팸플릿 저자, 풍자 작가이다. 그는 인간 행동의 거의 모든 측면을 풍자했으며, 그가 즐겨 다룬 주제 가운데 하나는 명예와 재물의 덧없음을 깨닫지 못하는 인간의 어리석음이다.

을 계속 즐길지라도 고통스러운 지루함을 견디지 못할 것이다. 선하고 온건하며 부드러운 인격을 지닌 사람은 궁핍한 상황에서도 만족할 수 있지만, 탐욕스럽고 시기심이 많으며 사악한 성격을 지닌 사람은 아무리 부유해도 만족하지 못한다. 하지만 한결같이 비범하고 정신적으로 탁월한 인격을 지닐 수 있는 자에게는 일반 사람이 추구하는 향락의 대부분이 불필요하고 거추장스러우며 성가신 것에 불과하다.

곤경과 고난이 닥쳐야 비로소 무엇이 실제로 우리 것인지, 무엇을 우리가 빼앗길 수 없는지 충실하게 드러난다. 좋은 시절에는 신약성서에 나오는 멋진 잠언이나 괴테의 사려 깊은 시구를 좋아하고 소중히 여기며, 훌륭한 연주와 음악을 즐겨 들었다고 하더라도 자기 삶에 곤경, 굶주림, 걱정의 그림자가 드리워졌을 때는 이 모든 게 무용지물이 되는 사람들이 있다. 그들은 정신적인 것의 아름다운 세계에 대해 진정하고 올바른 관계를 맺지 않은 자들이다. 아무리 교양 있고 박식하며 전문가처럼 정통해 있다고 해도 부자가 돈을 지니듯 문화를 소유할 뿐이기에 그것에 대한 올바른 관계를 맺을 수 없기 때문이다.

문화는 획득하고 구입하며 이용할 수 있는 개인적인 소유물이다. 위대한 예술가가 자신의 내적 삶의 투쟁과 깊은 충격을 겪으면서 창조한 음악을 연주회장 안락의자에서 느긋하고 손쉽게 우리의 것으로 만들 수는 없다. 격정이나 곤경에서 생겨난 어떤 사상가의 심오한 말을 안락의자에 앉은 나태한 독자로서는 획득할 수 없고, 자신의 것으로 만들 수도 없다.

내면의 풍요는 삶의 어려움을 이기게 해준다

내면이 빈곤한 사람은 낯선 풍경을 자신의 것으로 만들지 못하고, 외국에 나가서도 따스함을 느끼지 못한다. 그런 사람은 한번 찾아갔던 장소에 대해 훗날 아무런 동경도 느끼지 못한다. 그런 사람은 어린아이들이 노는 좁은 방을 나서거나 가까운 사람들의 범위만 넘어서도, 다른 낯선 사람들을 이해하지 못하며 그들과 교류하거나 사랑할 수 없는 자다. 가치 있는 사람은 주위 사람의 삶, 자연의 삶에 친근함을 느낀다. 내가 무엇을 못마땅하게 여긴다고 해서 그것의 가치가 떨어지는 것은 아니다. 내가 가치 있고 소중하게 여기는 대상이 많을수록 나의 가치가 올라간다.

개인이 사회를 인정하고 사회를 위해 자신을 희생할 때만 인간 사회가 개개인을 지원하고 뒷받침한다. 이렇듯 인류와 민족 공통의 문화는 알고 이용하며 즐기는 것뿐만 아니라 우리의 인정과 종속을 요구한다. 내적으로 이런 인정을 할 때 우리는 문화재에 대한 진정한 공동 소유를 획득하게 된다. 그리고 단 한 번이라도 마음속의 고귀한 생각을 행동으로 옮긴 자, 어떤 인식에 제물을 바친 자는 향유자의 범위에서 벗어나 어떤 상황에서든 정신적 소유물을 진정으로 소유하게 된다.

낮에 하늘을 쳐다보고 생동하는 어떤 훌륭한 생각을 떠올리지 못하는 가련한 사람은 아마 없을 것이다. 일하러 가면서 좋은 시구를 마음속으로 되뇌거나 아름다운 멜로디를 혼자 흥얼거리는 죄수는 아름다움과 달콤한 매력에 싫증 난 응석받이보다 온갖 위안을 주는 것을 더 친숙하게 소유할 수 있다.

가족으로부터 멀어져 슬픔에 잠기거나 고독에 빠지는 자라면 때때로 좋은 잠언이나 시를 읽고, 아름다운 음악이나 아름다운 풍경, 그대의 삶에서 순수하고 좋았던 순간을 떠올려라! 그리고 그대가 진지해지는 순간, 시간이 좀 더 밝아지고, 미래가 더 위안을 주며, 삶이 더 사랑스러워지는 기적이 일어나는 것을 지켜보라! 이처럼 내면을 풍요롭게 함으로써 삶의 어려움을 이길 수 있을 뿐만 아니라 삶을 아름답게 할 수 있다.

제 2부

Geh deinen eigenen Weg!

여름 - 삶의 파도에 뛰어들기
너 자신의 길을 가라(Geh deinen eigenen Weg)!

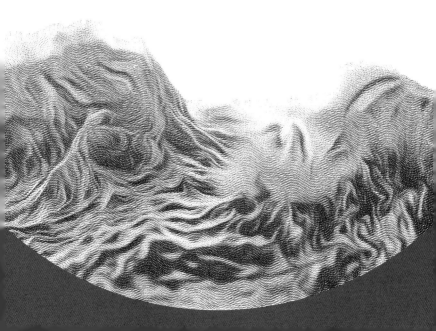

헤세의 여름

– 어른이 아이가 되고, 삶이 다시 기적이 되는 계절

봄은 일 년 중 가장 아름다운 계절이다

흔히 봄이 일 년 중 가장 아름다운 계절이라고 하지만, 헤세에게 일 년 중 가장 아름다운 시기는 여름을 기다리는 때다. 화사한 여름이 와서 곡식이 익고, 날이 더 뜨거워지고 거친 호우가 내리면 부드럽고 그리움에 찬 온화한 봄은 곧 잊혀버린다. 그리고 어디서나 거칠게 도취한 생명의 열기가 은밀하게 요동친다. 진정한 여름은 짧기 때문이다. 이때가 어른이 아이가 되고, 삶이 다시 기적이 되는 때다.

또한 인생이 얼마나 짧은지 잠깐이나마 생각해 보라. 초여름 밤이면 하늘에는 뇌우가 내리치고, 정원에는 보리수가 몸을 떤다. 번갯불이 연못에 비친 자신의 창백한 모습을 들여다본다. 하늘에 천둥이 울리면 소녀는 두려움에 몸을 떤다. 시 〈늙어가는 여름〉에서 여름은 봄을 쳐 없애고 강한 모습으로 다가왔지만, 결국 가을에 주인 자리를 물려준다.

한때 여름은 봄을 쳐 없애고,

자신이 더 젊고 강하다는 것을 알았다.

이제 여름은 고개 끄덕이며 웃는다.

요즘 여름은 새 소망을 생각하니,

더는 아무것도 원치 않고,

모든 걸 단념하고 쓰러져서

파리한 손을 차가운 죽음에 내맡긴다.

자연은 선하다

20대 후반의 젊은 헤세에게는 여름을 제대로 보내기 위해 세 가지가 필요했다. 찌는 듯 작열하는 누런 곡물 밭, 조용한 숲, 호수에서 노 젓는 날들이 그것이다. 그런 날이면 챙 넓은 모자를 쓰고 반나체로, 호수로 나가 멱을 감거나 호숫가 무성한 수풀 속에서 휴식을 취하곤 한다. 정처 없이 떠도는 나그네 헤세는 혼자지만, 혼자 있는 것 때문에 고통스럽지는 않다. 행복이란 한순간 파닥거리다 사라지는 나비 같은 것이다. 그는 미소 짓는다. 입으로만 짓는 미소가 아니라 영혼과 눈으로, 온 피부로 짓는 미소다. 그는 이제 햇볕에 푹 익을 용의가 있다. 그는 숙성되기를 갈망한다. 죽을 용의도 다시 태어날 용의도 있다. 세상은 그 이후로 더 아름다워진다.

지상에서 벌어지는 모든 현상은 하나의 상징이며, 모든 상징은 열린 문이다. 그 문을 통해 우리의 영혼은 준비된 내면세계로 들어갈 수 있다. 내면세계에서는 너와 나, 낮과 밤, 모든 게 하나가 된다. 누구에게나 그 길로 통하는 문이 여기저기 열려 있다. 누구나 한 번쯤은 눈에 보이는 모든 게 상징이며, 그 이면에는 영생이 있다고 생각한다. 그러나 소수만이 상징의 문을 통과하여 예감한 내면세계에 아름다움을 부여한다.

자연은 선하다. 자연이 잔인하다는 말은 인간 중심적인 견해이다. 자연에 어떤 목적이 있는 것도 아니다. 자연은 그냥 존재하는 것이다. 그냥 거기에 있으면서 활동하고 있다. 우리가 자연을 뭔가 낯설고 적대적인 걸로 느낀다면 분명 잘못 생각하고 있다. 시들어 죽어가는 백일홍을 보며 헤세는 죽음의 춤을 체험한다. 그는 절반은 슬프고, 절반은 무상한 것에 흔쾌히 동의한다. 곧 사라져 없어져 버리는 것이야말로 가장 아름다운 것이고, 죽어가는 것 자체는 너무나 아름답고 진정으로 피어나는 것이며, 너무나 사랑스러울 수 있기 때문이다.

세월의 흐름에 저항하는 것은 무모한 일이다

여름은 끝이 다가올 무렵 다정함과 관대함, 쾌활함을 잃기 시작한다. 그래서 헤세는 여름의 막바지에 이르면 갑자기 우울해지고 언짢은 기분이 된다. 여름의 충만함과 확고함은 가을과 부패, 죽음의 냄새를 풍기기 때문이다. 그는 불안하고 쓸쓸한 기분에 사로잡힌다. 여름이 필연적인 죽음에 저항하듯, 숲은 가을에 맞서 저항한다.

나이 든 사람은 의미 있는 좋아하는 일로 되돌아가 낙관주의의 깃발 아래 날마다 세상이 완성되어 가는 것을 본다. 삶이라는 연극은 비록 내용이 없어도 영원하고 강력하다. 그것은 영원한 약동(躍動)이고, 죽음에 맞서는 영원한 저항이다. 쓸쓸해 보이는 많은 것도 죽음의 기술을 더 잘 배우면 언젠가는 달콤하게 느껴질 것이다. 그러면 늙어가더라도 죽음이 아직은 아주 먼 곳에 있음을 보게 될 것이다. 시 〈시든 잎〉은 자연의 변전과 무상을 노래한다.

꽃은 모두 열매가 되려 하고
아침은 모두 저녁이 되려 한다.
이 지상에 영원한 것은 없다.
변전과 세월의 흐름만 있을 뿐.

더없이 아름다운 여름도

언젠가는 가을과 조락을 느끼려 한다.

잎이여, 끈기 있게 조용히 참으렴,

불어오는 바람이 낚아채려 할 때.

　오십 줄에 들어서 병치레하고 고뇌와 실망을 겪자, 헤세의 얼굴에는 풍화 작용의 흔적인 잔주름이 생긴다. 그러나 세월의 흐름에 저항하는 것은 무모한 일이다. 모든 건 덧없으며 몇 차례 저항하다가 힘없이 소멸할 수밖에 없다. 그러니 온화하게 서서히 노년의 죽음을 맞을 준비를 하는 것도 필요하다.

모든 생명체와의 친화를 느껴보자

　인간은 미소 지으면서도 덧없는 것에 집착한다. 거기에서 불안을 만들어 내고 위안을 만들어 낸다. 그리고 몸을 떨면서 죽음을 맞이할 기술을 배운다. 젊음과 늙음 사이의 경계가 여기에 있다. 사람마다 이를 느끼는 나이가 다르다. 그러나 우리는 삶의 기술 대신 다른 기술에 더 관심을 가지기 시작하고, 인격의 도야와 순화 대신 그것의 축소와 해체에 집중하기 시작한다. 그러다가 갑자기 늙었다고 느끼며, 젊은이의 생각과 관심, 그리고 감정이 낯설게 느껴진다.

헤세처럼 뜨거운 태양 아래 벌거벗고 누워 즐거움을 누려 보자. 그러면 피부가 붉게 타오르다가 갈색으로 변해 햇빛을 차단한다. 육체가 자유롭고 편안하고 안전하게 느끼면 영혼도 습관과 일상성의 옷을 벗어버리고 자유롭게 호흡하며 고향 같은 원천으로 되돌아간다. 그리하여 인간은 땅과 태양의 자식이 되어 고마워하고, 살아 있는 모든 생명체와의 친화를 느끼며, 대지의 언어를 다시 이해하는 법을 배우게 된다.

늙어가는 중에

인간은 시간에 따라 성장하고 늙고 죽어간다

인간은 시간의 경과에 따라 성장하고 늙고 죽어간다. 노화는 대개 20대 중반에 시작되어 평생 지속되는 과정이며, 인간의 죽음을 불러오는 가장 근본적인 요인이다. 노화는 시간과 더불어 일어나는 변화가 서서히 축적된 것이다. 나이가 든다는 것은 죄를 하나둘 더하는 일이므로 늙어갈수록 죄가 켜켜이 쌓인다. 그 결과 죽음으로 자연의 처벌을 받게 된다. 생명을 주었다가 결국 거두어들이는 자연은 전능한 힘을 가진 신적 존재이다.

젊음은 아이의 순수함이 우리 안에 남아 있음을 의미한다. 그러한 순수함이 많을수록 삭막한 삶이 더욱 풍요로워질 수 있다. 어느덧 나이가 들면 유년기는 까마득한 옛날 일로 생각된다. 헤세의 사춘기는 《청춘은 아름다워》라는 소설 제목과는 달리 그리 아름답지 않았다. 헤세는 밝고 맑았던 그 시절을 생각하며 죄를 짓고 후회하는 사람처럼 회한에 젖는다.

외지를 떠돌면서 삶에 지친 그는 달아나는 청춘을 아쉬운 마음으로 바라본다.

몽테뉴는 《에세》에서 "늙어서 죽는다는 것은 희귀하고 특이하며, 심상치 않은 것이며, 다른 죽음보다도 오히려 자연스럽지 않다."라고 말한다. 그는 죽음이란 대부분 예측할 수 없는 순간 기습적으로 온다고 했다. 당시는 질병과 전쟁 때문에 서른다섯 이전에 죽는 사람이 많았으므로 늙어서 노화로 죽는 경우가 매우 희귀했다. 그래서 몽테뉴는 고통이 없는 갑작스러운 죽음을 좋은 죽음이라고 생각했다. 로렌스는 《사랑에 빠진 여인들》에서 성장과 죽음에 대해 말한다. "인간은 끝까지 성장하고 끝까지 모험해야만 한다. 다음 단계는 경계선을 넘어 죽음으로 가는 것이다."

늙지 않으려면 미소 짓는 법을 배우라

〈늙어가는 중에〉는 제1차 세계대전이 발발한 1914년에 쓴 시로 헤세 나이 37세 때이다. 당시로는 중년에 해당하는 나이다. 그보다 더 이전 사람인 쇼펜하우어가 서른의 나이에 〈나의 반생〉이라는 자기소개의 글을 대학에 제출한 것으로 보아 그 당시는 서른이 중년인 셈이다.

젊어서 선한 일을 하기는 쉽고

모든 천박한 일을 멀리하기도 쉽다.

하지만 심장의 고동이 살금살금 도망치면

미소 짓는 것도 배웠어야 한다.

미소 지을 줄 아는 자는 늙지 않고

아직 불꽃을 피울 수 있으리라.

그리고 주먹을 휘둘러

세상의 양극을 구부려 합칠 수 있으리라.

그곳에 기다리는 죽음이 보이므로

멈춰 서지 말도록 하자.

죽음과 맞서

그것을 쫓아버리도록 하자.

죽음은 저기도 여기도 있지 않고

사방 어디에나 있다.

우리가 삶을 배신하면

너 안에도 내 안에도 있다.

헤세는 늙지 않으려면 미소 짓는 법을 배우라고 한다. 나이 들면 얼굴 근육이 경직돼 뚱한 얼굴이 되기 쉽다. 이미 멀리 죽음이 기다리는 것이 보인다. 사방 어디서도 죽음의 그림자가 어른거린다. 어렸을 때 생일을 맞이하고 다음번 생일이 올 때까지 얼마나 오래 기다려야 했던가? 그야말로 아득한 세월로 여겨진다.

노인들은 늙어 다시 어린이가 되기 시작한다

나이가 들면 한 해는 빠른 속도로 흘러가지만, 하루하루는 천천히 지나가는 것 같다. 요양원이나 수용소에서도 이와 비슷한 현상이 일어난다. 토마스 만의 장편《마의 산》요양원에서 하루하루의 시간은 무한히 늦게 가는 반면, 일 년, 아니 칠 년 세월은 후딱 지나가 버리고 만다.

또한 젊을 때는 산천초목이 파릇파릇한 봄을 좋아하나 나이가 들면 점차 성숙의 계절 가을을 좋아하게 된다. 성숙한 인간은 자기 인생 경험으로, 청년이나 소년과 다르게 세상을 보아 무엇보다도 공평함을 얻을 수 있다. 성숙한 인간은 무엇보다 사물을 매우 단순하게 보고, 있는 그대로 받아들인다. 성숙이란 자아의 파괴를 견딜 수 있는 능력이다. 그리고 자아를 형성하는 과정에서 자신의 관점을 잃어버리지 않는 역량이다. 반면에 청년이나 소년의 눈에는 스스로 만들어 낸

변덕스러운 생각, 인습적인 편견, 기이한 환상으로 이루어진 환영이 진짜 세계를 뒤덮거나 일그러뜨린다. 경험이 가장 먼저 해야 할 일은 청년기에 만들어진 환영이나 잘못된 개념으로부터 자신을 해방하는 일이다.

노인들은 늙어 다시 어린이가 되기 시작하면서 자기 자신에 대해 진지하게 생각하지 않는다. 하지만 나이 많은 사람에게는 유머가 필요하다. 몸이 늙는다고 해서 마음까지도 늘 근심하며 함께 늙어갈 필요는 없다. 그래야 세상을 심각하게 보지 않고 웃어넘길 수 있다. 유머는 저녁노을을 바라보듯 사물을 관찰하게 해준다. 인생이 얼마나 짧은지 알려면 늙어봐야, 다시 말해 오래 살아 봐야 한다.

시간 자체도 청년기에는 훨씬 더디게 흘러간다. 그 때문에 우리 인생의 첫 4분의 1은 가장 행복한 시기일 뿐만 아니라 가장 긴 시기이기도 하므로, 어느 시기보다 많은 추억을 남긴다. 그래서 추억 이야기를 할 때는 누구나 그다음 두 시기를 합친 것보다 이 첫 4분의 1시기에 대해 할 얘기가 더 많을 것이다. 그뿐만 아니라 일 년 중 봄이 그렇듯 인생의 봄도 하루하루가 결국 성가실 정도로 길 것이다. 일 년 중 가을과 인생의 가을이 되면 하루가 짧아지지만, 좀 더 명랑하고 한결같을 것이다.

노년기의 삶은 명상적인 색조를 띤다

노년기가 되어 자신이 살아온 인생을 되돌아보면 왜 그렇게 짧아 보일까? 인생의 추억이 짧은 것과 마찬가지로 인생도 짧게 간주하기 때문이다. 다시 말해 중요하지 않은 모든 일과 불쾌한 많은 일이 추억에서 모두 떨어져 나가 남아 있는 것이 별로 없다. 우리의 지성이 일반적으로 매우 불완전한 것처럼 기억력도 마찬가지다. 습득한 것은 익히고, 지나간 일은 반추(反芻)해야 두 가지 일이 점차 망각의 늪에 빠지지 않는다. 그런데 중요하지 않은 일과 불쾌한 일은 곱씹지 않는 것이 일반적이다. 그러한 일을 기억에 담아 두려면 반추가 필요하다.

흔히 청년기는 인생의 행복한 시기로, 노년기는 서글픈 시기로 일컬어진다. 열정이 사람을 행복하게 한다면 맞는 말일지도 모른다. 청년기는 이러한 열정에 의해 이리저리 끌려다니며 기쁨은 별로 맛보지 못하고 많은 고통에 시달린다. 냉정한 노년기에는 열정이 귀찮게 굴지 않는다. 노년기의 삶은 명상적인 색조를 띤다. 인식이 자유로워지고 우위를 점하기 때문이다.

열정이 사람을 행복하게 하지 않는다는 사실, 여러 향락을 맛볼 수 없다고 해서 노년을 탄식해서는 안 된다. 그런 사실을 이해하기 위해서는 향락은 소극적 성질을, 고통은 적극적 성질을 띠고 있음을 생각하기만 하면 된다. 모든 향유란 언제나 욕구를 달래는 것에 지나지 않기 때문이다.

평화는 전쟁보다 고귀하다

전쟁이냐, 평화냐?

사람들은 모두 평화를 원할 것 같지만 반드시 그렇지는 않다. 지금도 평화보다 대결이나 폭격, 전쟁을 바라는 무리나 세력이 다수 존재한다. 차별과 싸움은 모두 인간의 마음속에서 나온다. 적대적 공생이 아니라 상생적 공존이 필요할 때다. 제1차 세계대전이 일어났을 때는 독일과 프랑스를 비롯하여 유럽 전역에서 전쟁에 열광하는 분위기가 압도적이었다. 독일의 지식인 가운데는 헤르만 헤세, 하인리히 만, 레네 시켈레, 카를 슈테른하임, 프란츠 베르펠, 요하네스 베허 같은 극소수의 사람들만이 전쟁에 반대했다.

하지만 대다수의 독일 지식인은 전쟁을 찬양하며 빌헬름 제국의 군주제를 지지했다. 당시 가장 저명한 작가인 게르하르트 하우프트만에 이어 프리드리히 군돌프, 로베르트 무질, 슈테판 게오르게, 베르너 좀바르트, 리하르트 데멜, 라이너 마리아 릴케 등이 전쟁에 찬성하였다. 헤세도 개전 초기에는 전쟁의 정화 기능에 호응하는 편이었다. 니체를 추종한 다리파 화가들도 그의 철학을 잘못 이해하여 전쟁에 열광적으로 뛰어들었다가 대거 목숨을 잃기도 했다.

한편, 독일 대학생들이 반전 시위를 하면서 반전 여론을 환기하는 과정에서 베를린 자유 학생 연맹 회장이던 발터 벤야민도 반전 시위에 나섰다. 베르톨트 브레히트는 시 〈죽은 병사에 관한 전설〉에서 제1차 세계대전 당시 사람들을 무차별 징집한 루덴도르프 장군을 규탄하기도 했다. 헤세는 제1차 세계대전 중 기독교인들의 완전한 침묵에 놀라움을 금치 못한다. 교황은 안전하게 멀리 떨어진 곳에서 친절한 경고라도 했지만, 각 나라의 교회들은 모두 열성적으로 전쟁을 옹호하면서 경고도 하지 않고 말리지도 않았으며, 각 지역 교회와 목사들은 부끄러움도 없이 범죄적인 전쟁문서에 큼직한 자리를 차지했다는 것이다.

에리히 마리아 레마르크의 《서부 전선 이상 없다》에서도 고3 담임이 애국심에 호소해 학생들을 대거 전쟁으로 내모는 장면이 나온다. 그들은 모두 죽음을 맞이했다. 마지막으로 주인공 파울 보이머가 죽었을 때도 사령실에는 '서부 전선 이상 없다'라는 글귀가 쓰여 있었다. 자원입대를 부추겨 놓고 정작 담임 자신은 후방에서 어정거리고 있었고 장군은 전쟁 중 납품 비리를 저질러 돈을 번다. 이 책은 반전사상을 고취했다고 해서 나치에 의해 금서 처분을 받았다.

평화가 전쟁보다 고귀하다

헤세는 제1차 세계대전이 발발하자 전쟁과 대결에 시달리며 청천벽력 같은 불행에 맞서 절망적으로 저항했다. 반면 주위의 모든 세계는 이런 불행에 대해 즐거운 감격에 들떠 있는 듯 보였다. 시인들은 전쟁을 축복하는 글을 쓰고 교수들은 전쟁을 부르짖었다. 온갖 종류의 전쟁 시를 신문에서 읽었을 때 헤세는 더욱 참담한 심정이 되었다.

1915년, 도저히 참을 수 없었던 헤세는 "오, 이런 음조로 노래하지 말라."라고 탄식했다. 그것은 프리드리히 실러의 시 〈환희의 송가〉 첫 구절이다. 헤세는 그 글에서 사랑이 증오보다 고귀하고, 이해가 분노보다 고귀하고, 평화가 전쟁보다 고귀하다고 주장했다. 그는 지식인까지도 증오를 설교하고 거짓말을 퍼뜨리며, 큰 불행을 찬미하는 것에 안타까워했다. 상당히 조심스럽게 이런 탄식을 한 결과 그는 조국의 언론에서 배신자로 낙인찍혔다. 특히 국수주의 언론이 그를 격렬히 공격했다. 헤세는 〈전쟁 사 년째 해에〉(1917)라는 시에서 그래도 희망을 잃지 않는다.

저녁이 춥고 슬퍼도

비가 주룩주룩 내려도

나는 나의 노래를 부른다.

누가 엿듣고 있는지 몰라도.

세계가 전쟁과 공포 속에 질식해도

사랑은 계속해서

여러 곳에서 불타고 있다.

아무도 알아보지 못해도.

헤세는 전쟁 초기에 독일이 승리할 것이라고 믿지 않았지만 1915년 베른의 독일 대사관에 찾아가 지원병으로 입대했다. 병역판정 검사에서 그는 처음에는 약시로, 그다음에는 폐공기증으로 불합격 판정을 받았다. 그는 독일 포로를 위한 구호업무를 맡아 처음에는 지원병으로, 그다음에는 베른에 파견된 국방부 관리로 1919년까지 일했다.

토마스 만도 《마의 산》 마지막 문장에서 언젠가 전쟁이 끝나고 사랑이 샘솟는 날을 꿈꾼다. "온 세상을 뒤덮는 죽음의 축제에서도, 사방에서 비 내리는 저녁 하늘을 불태우는 열병과도 같은 사악한 불길 속에서도, 언젠가 사랑이 샘솟는 날이 올 것인가?"라고.

외톨이가 된 헤세

헤세는 곤경에 처했을 때 도와줄 친구가 많을 것으로 생각했으나, 친구 중 그의 입장을 변호하는 사람은 단 두 명밖에 없었다. 오래된 친구들은 자기들이 가슴에 뱀을 한 마리 키웠다고 그에게 알렸다. 그리고 그 가슴은 앞으로는 타락한 그를 위해서가 아니라 황제와 제국을 위해서만 고동칠 거라고 말했다. 모르는 사람들한테서도 헤세를 비방하는 수많은 편지가 왔다. 출판업자들은 그런 신조를 지닌 작가는 더 이상 필요 없다고 그에게 알렸다. 어떤 편지에는 '신이여, 영국을 벌하소서'라는 문구로 소인(消印)이 찍힌 것도 있었다. 이 체험은 학교에서 쫓겨난 이후 그의 생애에서 두 번째 변화를 가져다주었다.

시인이 되겠다고 결심한 순간, 이전의 모범 학생은 불량학생이 되었다. 그는 처벌받았고 쫓겨났으며 어디서도 고분고분 말을 듣지 않았다. 그는 부모님에게 한없는 걱정을 끼쳤다. 이 모든 것은 그가 현재 존재하는 세계와 자기 내면의 목소리 사이에서 화해의 가능성을 보지 못했기 때문이다. 이런 일이 전쟁 기간에 되풀이되었다. 그는 혼자가 되어 비참해졌으며, 그가 말하고 생각한 모든 것은 다시 다른 사람들에 의해 적의가 담긴 오해를 낳았다.

그래서 이번에는 자기 성찰을 피할 수 없었다. 정신분석 결과, 그는 고통의 책임을 바깥이 아닌 내면에서 찾을 수밖에 없다고 보았다. 그의 내면에는 커다란 무질서가 존재했다. 이러한 무질서를 내면에서 움켜잡고 질서를 바로잡으려 하는 것은 즐거운 일이 아니었다. 제1차 세계대전 중 헤세는 전쟁과 풍비박산이 난 가정으로 고통을 겪었으며, 돈의 가치가 떨어져 극심한 생활고까지 겪게 된다. 이 시기, 그는 세상과 단절하고 도피하려는 마음으로 몬타뇰라를 찾았다. 이때 그의 모토는 '내버려다오. 오, 세상이여. 오, 나를 내버려다오.'였다. 그러면서 도피처를 바깥이 아닌 내면에서 찾기를 열망한다. 마음 깊은 곳에 마련된 고요한 산장 같은 장소, 자기만의 신비로운 도피처는 자신이 다시 새롭게 태어날 소중한 장소이다.

그러다 제2차 세계대전이 발발하자 토마스 만과 같은 정치적 망명자들이 헤세가 사는 몬타뇰라로 피난 왔다. 헤세는 이민자와 망명객들에게 잠자리를 내줄 때 자신이 안락한 생활을 누리고 있는 것에 수치심을 느낀다. 헤세가 그들의 정착을 돕자, 독일에서는 다시금 그를 비난했다. 그의 책들은 금서로 지정되었고,《유리알 유희》는 1943년, 나오자마자 금서가 되었다. 헤세는 전과는 달리 이제 비교적 침묵을 지켰다. 다시 전쟁에 휘둘리기 싫어서였다. 그러자 이번에는 침묵을 지킨다고 비난이 쏟아졌다. 종전 후에도 헤세가 적극적으로 나치에 반대하지 않았다는 비난이 가해졌다.

영원한 평화는 가능한가?

인류 역사를 보건대 전쟁은 끊임없이 있었고, 앞으로도 계속 전쟁이 일어날 것이다. 그러나 인간의 문화는 동물적 충동을 순화하는 데서, 그리고 수치심, 상상력, 인식에 의해 생겨난다. 모든 예술이 우리에게 주는 위안은 누가 뭐래도 인생은 살만한 가치가 있다는 것이다. 헤세에게 예술 향유는 숨 쉬는 공기이자 양식이다.

그는 전쟁을 바라고 준비하면서 앞으로 평화가 찾아올 거라고 막연한 약속을 남발하는 사람, 외부의 침략에 대한 심리적 두려움을 이용해 자신들의 계획에 협력하도록 유도하는 사람이야말로 평화를 위협하는 사람이라고 말한다. 전쟁이 없더라도 우리 마음은 진정한 평화를 얻기 어렵고 늘 불안한 상태에 있다. 이 세상에 존재하는 유일한 평화는 끊임없이 싸워 얻어지는 평화, 나날이 새롭게 쟁취해야만 하는 평화뿐이다. 즉 마음의 평온은 매일 쟁취해야 하는 것이다.

1955년, 헤세는 독일출판협회 평화상 수상 기념 연설에서 작가의 임무는 당면한 현실에 순응하고 그것을 찬미하는 것이 아니라 그 현실을 넘어 미와 사랑, 그리고 평화의 가능성을 보여주는 것이라고 말한다. 그에게 문학의 임무는 새 세대를 위해 영원한 진리를 계속 새롭게 제시하는 것이다. 폭풍우 치는 바다에서 배가 이상적인 진로를 지킬 수 없듯 이상이 완전히 실현되는 것은 불가능하지만, 배는 별을 보고 항로의 방향을 잡아야 한다고 역설한다.

그러면 영원한 평화는 어떻게 가능한가? 각자 자기의 분수를 지키고, 다른 사람에게는 그 사람의 이익을 인정해 주면 되는 것이다.

헤세는 정치적인가?

비정치적이면서 정치적인 헤세

헤세의 시와 소설을 보면 정치적 문제에 관한 언급은 거의 보이지 않는다. 시대 문제는 비유나 암시, 상징으로 미미하게 나타날 뿐이다. 그런 점에서 보면 그는 비정치적이라고 할 수 있다. 그러나 정치적 발언을 강하게 하는 그의 평론을 보면 정치적 평론가의 모습을 띤다. 그런 점에서 그는 비정치적인 동시에 정치적이다.

헤세는 누구보다도 시대병을 앓은 시대의 증인이자 고뇌의 작가다. 동시대인 중 시대적 발언으로 이만큼 비방과 박해를 받아온 작가도 드물다. 그는 평생 여러 이념에 관심을 가졌으나 결코 한 가지 이념에 빠지지 않고 대체로 중도를 지켰다. 그러나 그는 나치즘, 국가주의, 반유대주의, 인종주의에는 저항하고 반대했다.

그는 작가의 사명이란 어느 이념이나 사상을 따르는 것이 아님을 분명히 했다. 그는 투쟁이나 전쟁 대신 평화를 옹호하는 책무를 맡았다. 그러나 어느 정당에 소속되는 것은 부담스러워하며 피했다. 그는 작가가 이념의 노예가 되면 막일꾼으로 떨어지는 것으로 생각했다. 또한 그는 이념과 인간을 분리하여 사상이 아니라 성격으로 인간을 판단하고자 했다. 그래서 그는 반유대주의자이자 국수주의자인 에밀 슈트라우스를 친구로 두었고, 공산주의자인 로맹 롤랑과 사회주의자인 에른스트 블로흐도 그의 친구였다. 그는 블로흐의 저서 《이 시대의 유산》을 높이 평가하는 서평도 써주었다. 젊은 시절 막역한 친구로 헤세가 《페터 카멘친트》를 헌정했던 루트비히 핑크와는 제1, 2차 세계대전 동안 정치적인 견해 차이로 한동안 소원하게 지냈지만, 만년에 가서는 다시 우정을 회복했다. 헤세는 핑크가 나치에 가담한 것에 대해서는 오랫동안 참고 용서해 줄 수 없었다.

인간성을 회복하라

헤세는 이념보다 그 이념이 어떤 모습으로 나타나는가에 관심이 많았다. 이념이 현실 문제를 해결하지 못할 경우 공허한 이론에 지나지 않기 때문이다. 그는 해리 트루먼이나 이오시프 스탈린 같은 정치가를 위해 싸우지 않고 국제적인 안목으로 폭력에 짓밟혀 생존권을 빼앗긴 사람들 편을 들었다. 그는 내면과 인간 그 자체를 정치적 사유의 출발점으로 삼아 정치와 거리를 유지하면서 정치가로서가 아닌 예술가 입장에서 정치를 바라보았다.

또한 그는 일반 시민과는 다른 관점에서 예술을 바라본다. 예술은 새로운 언어, 새로운 소리와 몸짓을 보여준다. 예술은 어제와 그제의 언어로 계속 이야기하는 것에 싫증 낸다. 예술은 한 번쯤 춤추고, 한 번쯤 방탕하게 생활하며, 한 번쯤 삐딱하게 모자를 쓰고 갈지자로 걷고 싶어 한다. 그러면 동시대 시민은 그것에 분개하거나 모욕을 느끼며 자신들의 가치가 뿌리째 의심받았다고 생각한다.

그래서 욕설을 퍼붓고 자신들 교양의 덮개로 귀를 덮어버린다. 자신의 인격이 조금이라도 훼손되었다고 생각하면 즉각 법정에 달려가는 시민이 예술에서 느끼는 모욕에는 제멋대로 대응한다.

세상이 비참한 것은 인간이 내면화 혹은 인간화되지 못하고 외적인 물질문명만을 추구하기 때문이다. 집단을 개선하는 것은 거의 불가능하므로 선의를 가진 개개인에게 희망을 걸어야 한다. 그런 점에서 인간성 회복을 중시하는 헤세는 미래의 새싹인 청소년에게 관심을 갖는다.

나치 시절, 스위스 몬타뇰라 그의 집은 억압받고 박해받는 이주민과 피난민의 피난처이자 구호소였다. 그는 폭력을 악으로 규정하면서도 그에 똑같이 대응하는 것을 반대하고 소크라테스나 예수, 또는 간디처럼 비폭력을 부르짖는다. 이처럼 그의 예술가적 정치관은 얼핏 보아 비정치적으로 보이지만, 실제로는 내적인 가치의 전도(顚倒)를 가져오는 근본적인 혁명이라고 할 수 있다.

내면을 들여다보고 내면세계를 성숙시켜라!

헤세가 이상으로 삼는 정치는 동서양의 고전적 정치사상과 일맥상통한다. 그의 정치관은 고대 그리스의 철인 정치, 공자의 덕치 정치, 노장사상의 뒤를 잇기 때문이다. 양심과 책임의 강조는 윤리적인 측면을 중시하는 것이고, 사랑과 봉사의 강조는 기독교와 불교의 사상을 받아들이는 것이다.

그는 제1차 세계대전이 발발하자 세계와 갈등에 빠져 크게 괴로워했다. 그러면서 내면으로의 길을 걸었다. 세상에 만연하는 살상 욕구, 경박함과 조악한 향락 추구 및 비겁함을 자기 내면에서 다시 발견했기 때문이다. 그 자신 속에 온갖 무질서가 있을 테니 세상의 망상과 야만성을 비난할 권리가 없다고 본 것이다. 그래서 그는 내면의 혼돈을 들여다보며 고집스레 혼자만의 길을 걷게 된다. 어떤 정치제도나 현상의 개선보다 그것을 지배하는 인간의 내면세계를 파헤치는 쪽으로 방향 전환을 한다. 그럼으로써 헤세는 우선 내면 세계의 성숙과 자아의 완성에 기초하여 궁극적으로는 대중의 구원을 목표로 한다.

괴테에게로 가는 길

헤세의 우상, 괴테

1946년 괴테상을 받은 헤세는 토마스 만과 아울러 20세기 독일 작가 중에서 괴테로부터 가장 많은 영향을 받은 작가라고 할 수 있다. 헤세는 일찌감치 정규교육의 틀을 벗어나 거의 독학으로 많은 책을 읽으며 교양을 쌓았다. 그는 젊은 날부터 괴테 전집을 읽으며 이 세계적 지성으로부터 지대한 영향을 받은 것을 〈괴테에게 감사하며〉(1932)라는 글에서 밝히고 있다. 이 글의 서두에서 "많은 독일 작가 중 괴테야말로 내가 가장 많이 감사해야 할 작가이다. 그는 나를 가장 많이 사로잡았고, 괴롭혔으며, 후배 또는 적수가 되도록 자극했다."라고 피력한다. 그에 대한 이끌림은 반발, 존경, 경쟁 등 여러 단계를 거치며 평생 지속된다. 헤세는 괴테를 도의 경지에 들어선 중국의 군자와 같은 인물로 존경한다.

소년 시절 괴테의 시를 즐겨 암송했던 헤세는 헤켄하우어 서점에서 일하던 튀빙겐 시절의 괴테를 본격적으로 읽기 시작했다. 헤세에게 괴테의 모습은 삶의 단계에 따라 변화를 거듭했다. 소년 헤세에게 괴테는 숲과 들의 향기, 민속의 지혜와 재치, 고도의 음악성을 갖춘 순수 시인이자 가인(佳人), 영원히 젊은 소박한 사람이었다. 그러나 청년이 된 헤세는 다른 괴테를 발견한다. 그것은 뛰어난 작가일 뿐 아니라 사상가, 교육자, 잡지 창간자, 비평가로 부단히 활동하는 괴테의 모습이었다. 이러한 활동가 괴테를 통해 헤세는 천재성과 이성의 희귀한 통합, 디오니소스적 충동의 세계와 책임감과 도덕적 의무감의 결합을 목도하게 되었다.

그러다 제1차 세계대전 후 헤세는 노년의 괴테에게서 새로운 모습을 발견한다. 그것은 현자 괴테의 모습이었다. 그는 노년 괴테를 경건성, 경외감, 봉사의 세계, 즉 도의 세계로 보았다. 괴테의 글은 그리스뿐 아니라 고대 중국, 인도, 페르시아의 지혜를 담고 있다. 이러한 지혜를 습득한 사람은 더 이상 현실과 갈등하지 않고, 무언가를 모색하지 않으며, 온갖 삶의 미망에서 벗어나 새로운 순진무구의 상태에 들어가게 된다. 그래서 헤세는 삶을 체념하고 달관한 괴테의 순박한 명랑성을 평생 갈망한다. 헤세는 괴테를 자기식대로 자연과 정신의 양극성을 통합한 작가로 이해했다. 괴테는 들숨과 날숨, 당김과 밀침, 빛과 그림자처럼 대립으로 보이는 양극을 하나로 보았다. 그에게는 두 세계, 즉 밝은 세계와 어두운 세계, 아버지와 어머니, 이성과 감성, 정신과 자연을 하나로 통합하여 단일성의 인식에 도달하는 것이 필생의 과제였다.

밝은 세계와 어두운 세계는 하나다

헤세는 《데미안》에서 싱클레어가 밝은 세계와 어두운 세계를 경험하고 두 세계 사이에서 방황하다가 데미안을 통해 그 두 세계가 결국 하나임을 배우는 과정을 그린다. 《싯다르타》에서는 설법에서 구도의 길을 찾던 싯다르타가 감성의 세계에서 길을 모색하다가 강가에서 운명과의 투쟁을 멈추고 부처와 비슷한 열반의 미소를 띠게 된다. 골드문트는 세속으로 나가 정신의 세계가 아닌 감성의 세계에서 은총의 단계에 도달한다. 그리고 《황야의 늑대》에서 하리 할러는 관능의 세계와 만남을 통해 삶의 지혜를 배우게 된다. 이는 학문의 세계에서 절망한 파우스트가 그레트헨을 통해 삶과 삶의 의미를 배우는 것과 일맥상통한다. 괴테는 하리 할러에게 '긴장을 풀고 유머를 배우라.'고 충고한다. 괴테가 활동을 중시하는 것처럼 《유리알 유희》의 주인공 크네히트는 현실에서 활동하기 위해 바깥세상으로 나간다. 마찬가지로 성숙한 젊은이 싱클레어도 새 질서를 형성하는 현실에 동참하기 위해 전선으로 나간다.

헤세와 괴테에게 인간이란 정지된 존재가 아니라 계속 변화하며 단계적으로 상승 과정에 있는 존재였다. 이 과정에서 절망과 좌절이 따르지만, 진실한 모색일 경우 그 결과는 언제나 긍정적인 것이었다. 괴테가 《빌헬름 마이스터의 수업시대》에서 말하려 했던 것은 인간이란 모든 어리석음과 혼란에도 불구하고 더 높은 손에 이끌려 행복한 목표에 도달한다는 것이다. 마찬가지로 헤세의 소설 주인공도 절망과 고통에서 벗어나 자기실현을 이룬다. 인간의 성숙에 대한 괴테의 생각은 식물변형론에서 출발한 것이며, 이 작품에 문학적으로 형상화되어 있다. 괴테는 식물의 성장에서 유전적인 내적 본성 못지않게 외부의 자극에 의해서도 많은 변형이 이루어질 수 있음을 지적한다.

그러나 지상의 꿈을 현실에서 실현하고자 하는 괴테의 주인공과는 달리 헤세에게 성숙이란 일종의 자기 수양처럼 극히 내면적인 것이었다. 이는 헤세에게는 내부 문제의 해결, 즉 우울증이나 조현병의 치유가 시급했기 때문으로 보인다. 헤세의 주인공은 대개 외부 현실에 대한 실제적 관계를 갖지 않는다. 소설 배경도 중세, 인도나 먼 미래를 배경으로 한다.

명랑함과 유머를 배워라

《황야의 늑대》에서 하리 할러는 괴테를 두 번 만난다. 물론 실제로 만나는 것은 아니고 꿈속에서다. 첫 번째는 괴테의 초상화를 보면서 어느 교수와 괴테에 관해 나누는 대화이고, 두 번째는 꿈에 나타나는 괴테다. 교수의 집에서 본 괴테의 초상화는 소시민의 취향에 맞게 변조된 모습이었다. 거기서 할러는 괴테의 고고한 정신세계가 세속적으로 변조되고 그의 초상화가 소시민의 가정용 장식품으로 전락한 것을 참을 수 없어 교수 집을 박차고 나온다. 그날 저녁, 할러는 꿈속에서 괴테에게 질문한다. 인생의 온갖 덧없음과 절망을 겪고도 삶에 대한 신념과 낙관주의를 보여주는 이유를. 괴테는 이 질문에 모차르트의 오페라 《마술피리》를 예로 들면서 "우리 불멸인(不滅人)은 진지한 것을 좋아하지 않아요."라고 말하고 춤추듯이 사라진다. 이처럼 인간 형성의 최고 단계에 이른 사람은 어린이 같은 천진성과 명랑함을 갖는 것을 볼 수 있다.

《황야의 늑대》 마술극장의 마지막 장면에서는 조화의 완성자인 모차르트가 나타난다. 모차르트는 브람스와 바그너를 할러에게 보여주면서 그들이 악기를 과용했음을, 과욕을 부렸음을 보여준다. 모차르트는 유머만 있으면 형편없는 라디오나 죽음기를 통해서도 삶의 아름다운 멜로디를 들을 수 있다고 한다. 그러면서 그는 웃음을 배워야 하고, 정신을 존중하고, 기만을 웃어넘길 줄 알아야 한다고 가르친다. 이처럼 할러는 불멸인 괴테와 모차르트를 만나 절망적인 현실에서 자살하지 않고 살아가려면 여유를 갖고 이상과 현실의 중개자인 유머를 가져야 함을 배운다. 어리석음에 맞서는 데는 유머가 제격이다. 모든 고차원적인 유머는 자기 자신을 더 이상 진지하게 대하지 않는 것에서 시작된다. 유머 중에서 가장 유쾌한 것은 의도하지 않은 유머이다. 그리고 할러는 정신의 세계는 온갖 물질적인 변조와 세속화에도 불구하고 하늘의 별처럼 빛을 발한다는 것을 알게 된다.

헤세와 토마스 만의 우정

《데미안》을 격찬한 토마스 만

토마스 만과 헤세의 만남과 우정은 개인적으로나 문학사적으로 무척 희귀하고 흥미로운 이야기이다. 1904년 봄, 27세의 헤세는 두 살 연상인 토마스 만을 뮌헨에서 처음 만났다. 두 사람이 피셔 출판사와 관계가 있었기 때문이다. 당시 토마스 만은 여러 단편과 3년 전에 나온《부덴브로크 가의 사람들》로 이미 독일 문학의 거장이었으나,《페터 카멘친트》를 완성한 헤세는 아직 이름이 알려지지 않은 작가 초년생에 불과했다. 당시 헤세는 그를 존경하고 있었다. 그러다가 제1차 세계대전 이후에야 두 사람 간에 우정이 생겼고, 지속적인 편지 교류가 시작되었다. 그들의 관계에는 우정이 넘쳤지만 약간의 긴장도 있었다. 바그너를 보는 시각도 약간의 차이가 있었다.

1919년 발간된《데미안》은 전쟁에 나갔던 군인들 사이에서 선풍적인 인기를 끌었다. 무서울 정도로 시대의 정곡을 찌르는 작품이었기 때문이다. 헤세는 1917년 가을 출판업자인 피셔에게 편지를 보내, 에밀 싱클레어라는 청년의 원고를 가지고 있는데, 그가 중병에 걸려 시한부 생을 살고 있으니 그 작품의 출판을 도와주고 싶다고 했다. 토마스 만은《데미안》을 읽고 그 소설이《젊은 베르터의 고뇌》에 버금가는 영향을 독일 젊은이에게 주었다고 했다. 소설이 '섬뜩하리만치 정확하게 시대정신과 청소년들의 전체'를 건드렸다는 것이다. 토마스 만에 의하면 당시 시대정신이란 산업화 문명에 대한 저항, 낭만적 가치의 부활, 자연과 영성으로의 감성적 회귀였다. 헤세는 젊은이들에게 전후 재건될 새 세상을 위해 기성의 억압과 전통적 제약에서 벗어나라고 충고한다.

토마스 만이 독일의 바로 직전 세대를 위해 발언했다면, 헤세는 당시 젊은이들을 위해 발언한 셈이다. 토마스 만은 피셔 출판사에 편지를 보내 "무한한 감동과 기쁜 마음으로《데미안》을 읽었다."라고 하면서 에밀 싱클레어라는 작가가 누구인지 문의했다. 헤세가 폰타네상을 받은 후 자신이 그 작품을 썼다고 밝히기 전까지 토마스 만은《데미안》의 작가가 에밀 싱클레어라고 알고 있었기 때문이다.

《황야의 늑대》를 높이 평가한 토마스 만

패전 후 독일의 국수주의적인 문화와 정치의 뿌리는 나치스의 국가사회주의로 표면에 등장하기 시작했다. 나치스 신봉자들은 국제주의와 평화주의를 신봉하는 헤세를 다시 비판과 조롱의 표적으로 삼기 시작했다. 토마스 만이 헤세를 옹호했지만 소용없었다. 헤세는 실망하여 독일과의 관계를 끝내기 원했다. 결국 그는 1924년, 독일 국적을 포기하고 스위스 국적을 취득하기에 이른다.

1925~1926년 사이에 완성되어 1927년 헤세의 쉰 번째 생일에 맞춰 나온 《황야의 늑대》에 대해 토마스 만은 '실험적인 과감성' 면에서, 문학적인 초현실주의나 표현주의와 관련해서 그 책이 제임스 조이스의 《율리시즈》나 앙드레 지드의 《사전꾼들》에 비견될 만하다고 칭찬했다. 그 소설이 우리 인간은 모두 주체와 객체, 안과 밖, 정신과 물질 등 이중성에 사로잡혀 있음을 지적하기 때문이다.

헤세는 1925년 뉘른베르크 강연 여행을 마치고 어느 날 저녁 뮌헨의 토마스 만의 저택을 찾아갔다. 그는 토마스 만의 방식에 대한 자신의 옛사랑이 사라지지 않았음을 보여주려고 했다. 그리고 자기 일을 그토록 충실하고 견실하게 수행하면서도 작가라는 직업의 미심쩍은 점과 절망스러운 면을 너무나 깊이 알고 있는 것 같은 '그 사람이 사는 형편이 어떤지 알고 싶은 생각'도 약간 있었다. 헤세는 밤늦도록 오랫동안 그의 멋진 저택 탁자에 앉아 있었다. 토마스 만은 유쾌한 기분으로 일을 멋지고 세련되게 처리했다. 헤세는 그날 저녁의 만남을 고맙게 생각했다.

헤세와 토마스 만의 우정

두 사람의 인간적 관계는 동시대인들의 관심 대상이었다. 1904년 첫 만남 후 토마스 만은 《데미안》을 계기로 헤세에게 존경을 표하기 시작했다. 토마스 만이 노벨문학상을 받고 2년이 지난 1931년부터 헤세는 토마스 만과 무척 가까워졌다. 토마스 만 부부는 딸 엘리자베트와 함께 생모리츠에서 겨울 휴가를 보내면서 헤세 부부를 만났다. 니논은 별거 중인 남편 돌빈에게 자신이 토마스 만의 부인 카트야와 사랑에 빠졌다고 고백했다. 1931년 2월 2일에 헤세는 작가 하인리히 비간트에게 보낸 편지에서 토마스 만의 장녀 엘리자베트에 관한 이야기를 적었다. "그녀는 스키를 처음 타는 초보자라네. 하지만 남다른 재주가 있더군. 카를 마이의 작품을 열심히 읽는 독서광이기도 하다네."

노년의 엘리자베트 만은 후일 위대한 작가들은 으레 스키를 타지 못하는 줄 알았다고 회고했다. 자신의 아버지 토마스 만이 스키를 타지 못했기 때문이다. 열두 살 소녀는 헤세와 함께 산 정상에서 언덕 아래로 내려왔다. 그녀 앞에는 마른 몸매의 헤세가 내달리고 있었다. 토마스 만의 부인은 창작하는 사람과 함께 사는 니논의 고민을 알아차리고 '나는 하고 싶은 것을 해본 적이 없다.'라면서 하고 싶은 것을 포기하지 말라고 조언했다. 그리고 헤세와의 결혼도 서두르라고 말했다. 니논은 그녀의 격려에 힘을 얻었다. 니논은 남편에게 이혼을 재촉하여 그해 9월 돌빈과 정식 이혼하고 11월 14일 헤세와 결혼했다.

나치를 피해 헤세 곁으로 망명 온 토마스 만

1933년 나치스가 정권을 장악하자 당시 많은 독일 작가처럼 토마스 만 부부도 망명하여 취리히 근처 퀴스나흐트에 정착했다. 헤세 부부는 토마스 만 가족을 따뜻하게 맞아주고 집에 초대하여 많은 대화를 나누었다. 그들은 비로소 '개인적으로' 친구가 되었다. 토마스 만은 헤세가 독일의 정치에서 벗어나 안전하게 지내는 것뿐만 아니라 자신을 능가하는 정신적 자유를 누리고 있는 것을 부러워했다. 이후 토마스 만이 남프랑스로 이주한 후에도 두 사람은 지속적으로 서로를 격려했다. 토마스 만은 헤세를 에두아르트 뫼리케 이후 독일어로부터 가장 순수하고 가장 정치(精緻)한 형식을 뽑아 낸 낭만적 서정 시인이라고 평가했다.

헤세는 장편 《유리알 유희》에서 당대 유희(遊戲)의 명인에게 토마스 폰 데어 트라베라는 이름을 부여하며 토마스 만에 대한 존경을 표했다. 그의 고향 뤼베크가 트라베강 강가에 있었기 때문이다. 토마스 만도 이를 고맙게 생각했다. 두 사람은 토마스 만이 사망할 때까지 우정을 나누었다. 그들이 주고받은 편지는 그 자체가 하나의 문학으로, 책으로 묶여 나올 정도로 양이 많았다.

하지만 6년간의 전쟁은 악몽이었다. 1942년 4월, 헤세는 토마스 만에게 편지를 띄웠다. "내 아들 세 명은 3년 전부터 군대에 복무하고 있습니다. 중간에 잠시 휴가를 얻기도 했습니다. 어디서나 시민들의 인간적이고 자연적인 삶이 국가에 의해 위협을 받고 있습니다."

자유로운 정신의 소유자 헤세

토마스 만이 헤세의 멘토 역할을 했을 것으로 알려졌지만, 헤세는 그에 대해 경쟁심을 품었고 비판도 했으며 거리감을 유지했다. 표면적으로는 친분을 유지했지만, 내적으로는 양

가감정이었다. 1926년, 헤세는 토마스 만의 추천으로 프로이센 예술 아카데미의 시(詩) 분과위원회 회원으로 선출되었다. 그러나 현실 정치 참여에 대해서는 일정 거리를 두려고 했다. 그는 1931년 나치가 발호하는 것을 보면서 항의하는 의미에서 거기에서 탈퇴했다. 토마스 만이 재가입하라고 권유했지만 헤세는 고집을 꺾지 않았다. 헤세는 "자유로운 정신의 소유자들을 학술원 내에서 하나로 묶으려는 시도는 종종 까다로운 비평가들을 공식적으로 억제하려는 것."으로 생각했다.

또한 헤세는 토마스 만이 존경한 바그너를 싫어했다. 소설 〈클라인과 바그너〉에서 바그너는 작곡가 바그너를 의미한다. 헤세는 바그너를 비인간적이고 이념적이라고 생각했다. 헤세는 젊은 시절에는 바그너의 장중한 음악을 좋아했으나, 그의 음악에 내적 모순이 담겨 있어 달갑지 않다며, 생각을 바꾸었다. 그렇지만 바그너에 대한 토마스 만의 감정 역시 일방적인 존경과 사랑은 아니었고 거부의 감정도 있었다. 헤세가 우울증으로 《유리알 유희》 집필이 지체되자 토마스 만은 그 작품의 진전 상황과 내용에 대해 매우 궁금해했다. 그 작품이 1943년 출간되자 토마스 만은 경쟁이라도 하듯 《파우스트 박사》를 집필하기 시작했다.

전쟁이 끝나자 금지되었던 헤세의 작품들이 나오기 시작

했고, 1946년 헤세가 인도주의 전통을 대변했다며 프랑크푸르트시에서 수여하는 괴테상을 받자 그동안 헤세를 비판해오던 독일 언론들도 우호적으로 돌아섰다. 초대 대통령 테오도르 호이스가 친구 헤세의 명예 회복에 나선 것도 도움이 되었다. 프랑크푸르트시는 제1차 세계대전 때 헤세에게 정치적 비난을 가하던 도시였다. 속죄의 의미였다. 그러나 헤세는 수상식에 참여하지 않았다.

토마스 만의 추천으로 노벨문학상을 수상한 헤세

이어서 같은 해 11월 토마스 만의 추천을 받아 헤세는 노벨문학상을 수상했다. 수상 이유는 "헤세의 영감을 주는 글은 과감성과 통찰력이 뛰어나며, 고전적인 인도주의적 이상과 높은 형식을 지닌 예술성의 모범이다."라는 것이었다. 토마스 만은 수상을 위해 큰 노력을 기울였다. 그는 헤세를 추천하면서 "노벨상은 구타당하고 학대받은 시대가 용기 있고 개인적인 위대한 사상에 제공해야 할 몇 가지 일 중 하나이다."라고 말했다. 그러나 헤세는 병을 핑계로 시상식에 참석하지 않고 요양원에 머물렀다. 언론과 인터뷰를 할 생각도 없었다.

이제 독일 언론은 스위스 국적인 헤세를 독일 작가로 받아들였다. 남편의 노벨상 수상 소식을 전해 들은 니논이 헤세에게 편지를 띄우자, 그는 냉담한 반응을 보였다. "당신의 편지는 나와 상관없는 세계에서 온 것입니다. 그 세계에서는 굳이 나한테 물어볼 필요 없이 당신이 옳다고 생각하는 것을 하면 됩니다." 그래서 스위스 외교사절이 헤세를 대신하여 노벨상을 받았다. 12월 10일 열린 기념 만찬에서는 헤세가 미리 작성한 메시지가 낭독되었다. 수상 연설문에서 그는 플라톤, 스피노자, 쇼펜하우어, 니체, 부르크하르트, 인도와 중국철학의 영향을 크게 받았음을 밝혔다. 그러나 거기에서 융과 정신분석에 대한 부분은 언급하지 않았다. 그러려면 우울증 이야기를 해야 했기 때문이다. 헤세는 그 후 1947년 2월이 되어서야 우울증에서 회복되었다.

관심의 대상이 된 헤세

노벨상 수상으로 헤세의 작품은 독일의 전후 자기반성을 위한 가이드로 인기가 높아졌다. 헤세는 각종 상을 연이어 받기 시작했다. 수많은 관광객이 호기심과 존경심으로, 몬타뇰라로 쇄도해 그의 사생활을 침해하는 일이 벌어지기도 했다. 그래도 국수주의자들의 비판과 조소는 사라지지 않았다. 친나치 시인이자 의사인 고트프리트 벤은 헤세가 노벨상을 타자 그를 '작은 인물, 독일적 내성인'이라 부르면서 친구 토마스 만의 덕을 봤다고 비아냥거렸다.

혜세는 독자들이 보낸 편지의 답장에서 "어떻게 자기 자신에 이르는 길을 발견하는가.", "대중에 영합하거나 순응하는 인간이 되지 말라.", "돈과 권력을 맹신하지 말라." 같은 내용을 적었다. 그는 교만한 지도자의 의식을 갖지 않고 겸허하게 봉사하는 자세를 취하려고 했다. 독일인들은 보통 독일적인 토마스 만을 동양적인 혜세보다 더 높이 평가하는 경향이 있다. 토마스 만은 "내가 있는 곳이 독일이다."라며 어디에 있든 자신이 독일의 대표임을 내세웠지만, 혜세는 전쟁에 반대하고 전쟁 중 독일에 있지 않고 스위스로 '도피'했다고 생각해서였다.

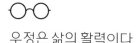

우정은 삶의 활력이다

우정은 질 좋은 포도주와 같다

헤세는 고독한 은둔자 생활을 하는 중에도 많은 친구와 우정을 나누었다. 음악가 오트마 쇠크나 화가 한스 슈투르체네거와는 같이 여행을 다녔고, 슈테판 츠바이크,[7] 한스 카로사,[8] 로맹 롤랑[9] 같은 작가들, 오토 루트비히, 에밀 슈트라우스, 빌헬름 셰퍼 등과 친교를 나누었다. 그의 전기를 쓴 후고 발이나 정신분석 치료를 해준 요제프 랑 박사와도 평생 친밀하게 지냈다. 또한 1904년 봄, 뮌헨에서 처음 만난 두 살 연상의

---

7 슈테판 츠바이크(Stefan Zweig, 1881~1942)는 오스트리아의 유대계 작가다. 전기 작품으로는 《로맹 롤랑(Romain Rolland)》, 소설로는 《낯선 여인의 편지》, 《어제의 세계》, 《광기와 우연의 역사》 등이 있다. 1942년 브라질에서 부인과 함께 약물 과다 복용으로 목숨을 끊었다.

8 한스 카로사(Hans Carossa, 1878~1956)는 독일의 시인 겸 소설가로, 작품으로는 자전적 요소가 엿보이는 《유년 시절》 등이 있다.

9 로맹 롤랑(Romain Rolland, 1866~1944)은 프랑스의 소설가, 극작가, 수필가다. 1915년 《장 크리스토프》로 노벨문학상을 받았다. 제1차 세계대전에 반대해 평화주의를 주창하며 헤세와 우정을 나누었다.

토마스 만과는 평생 수많은 편지를 주고받으며 깊은 우정을 나누었다.

혜세는 많은 소설에서 사랑뿐만 아니라 친구 간의 에로틱한 우정을 다룬다. 페터 카멘친트와 리하르트, 싱클레어와 데미안, 싯다르타와 고빈다, 나르치스와 골드문트의 우정에서 그러한 면모를 엿볼 수 있다. 혜세는 삶을 사랑하면서 사랑과 우정을 위해 삶에 충실하고자 한다. 그에 의하면 질 좋은 포도주처럼 우정은 해가 갈수록 내실과 가치가 커진다. 혜세는 세상을 통찰하고 그것을 경멸하는 것이 아니라 세상과 그 자신, 모든 존재를 사랑과 경탄, 경외심을 가지고 관찰하는 것을 중요하게 여긴다. 그의 모든 책에는 '모두가 혼자이다.'라는 생각과 함께 모든 존재에 대한 사랑 고백이 들어 있다.

작품 속의 우정

《페터 카멘친트》의 주인공, 시골 소년 페터 카멘친트와 세상 물정에 밝은 리하르트는 이탈리아로 여행을 떠나 토스카나와 움브리아 지역을 돌아다닌다. 그리고 '우리가 서로 필요하다는 사실, 각자의 삶에 안정감을 줄 수 있다는 사실을 이전보다 훨씬 더 분명하게' 깨닫는다. 취리히역에서 만난

두 소년은 다시 만날 것을 기약하며 작별 인사를 나눈다. 리하르트는 카멘친트에게 입맞춤하기 위해 두 번이나 기차에서 내려 플랫폼에 서 있는 그에게 다가간다. "그는 창문 밖으로 고개를 내밀고 나를 향해 오래도록 고개를 끄덕인다." 그로부터 2주일 뒤 리하르트는 강물에 빠져 목숨을 잃고 카멘친트는 절망감에 사로잡힌다.

《수레바퀴 밑에》에서 기벤라트와 하일너가 나누는 감정도 우정 이상의 애정이 담겨 있다. 하일너가 천천히 팔을 뻗어 서로의 얼굴이 거의 닿게 하자 한스는 다른 사람의 입술이 자신의 입술에 닿을 때 느껴지는 두렵고도 놀라운 감정에 빠져든다. 두 소년에게는 몇 주 동안 놀라운 일들이 계속되고, 한스는 한층 더 부드럽고 온화하며 다감해지지만, 하일너는 이전보다 더 강인한 남성적인 분위기를 풍긴다. "일찍 성숙해진 두 소년은 우정을 나누며 미지의 세계를 향해 조심스럽게 발을 내디뎠다. 그들은 예감에 찬 수줍음으로 첫사랑의 부드러운 비밀을 미리 맛보았다."

요제프 랑 박사와의 우정

헤세는 1916년 3월 24일에서 4월 7일 사이에 처음으로 정신과 치료를 받았다. 그 후 의사의 충고에 따라 루체른 근교의 존마트 요양소에서 요제프 랑 박사로부터 심리 분석 치료를 받았지만 별 효과를 거두지 못했다. 그러자 1916년 6월부터 다음 해 11월까지 약 일 년 반 동안 매주 루체른의 정신과 의사인 랑 박사를 찾아가 한 번에 세 시간씩 60회에 걸친 치료를 받는다. 정신분석은 그에게 시공의 한계 밖에 있는 무의식이라는 혼란스러운 내면을 들여다볼 수 있게 해주었다. 랑 박사의 도움으로 헤세는 대화와 연상 작용, 꿈의 기록을 통해 무의식의 세계로 들어가는 길을 발견했다. 그에게는 부모의 엄격한 교육과 종교적 양심과의 갈등이 가장 큰 문제였고, 의사에게는 경직된 삶과 고독한 삶을 용해해 주는 것이 중요한 과제였을 것이다. 처음에 헤세는 치료를 위해 랑 박사의 권유로 자신이 꾼 꿈을 그리다가, 1917년부터 수채화로 자연을 그리기 시작하면서 어느 정도 정신적 안정을 되찾기 시작한다.

1916년 6월 말 베른의 집에 돌아온 후에도 그는 일주일에 한 번씩 랑 박사를 만나기 위해 루체른으로 갔다. 그와의 대담으로 정신병을 완치하진 못했지만, 신경증과 긴장감에서 벗어날 수 있었다. 헤세는 랑 박사의 심리 분석과 임상 치료를 적극적으로 받아들였고, 두 사람은 무척 가까워진다. 랑 박사는 환자를 치료하는 의사에서 사랑하는 친구가 되었으며 둘 사이에는 은밀한 에로틱 감정도 있었다.

마리아 베르누이는 남편 헤세의 변화를 감지했지만 제대로 이해하지는 못했다. 1917년 2월, 랑 박사는 "우리 관계를 터놓고 이야기하는 게 좋을 것 같다."라고 했으며, 1918년 1월에도 둘의 관계 때문에 발생하는 어려움을 이야기했으나 헤세는 서로의 관계에 대해 새롭게 이야기할 것은 없다면서, 모호한 태도를 취했다. 1917년 여름, 랑 박사는 일기장에 헤세의 동성애적 성향이 자기에게 전이되었다고 기록했다. 《데미안》에서 랑 박사는 자아의 비밀을 푸는 데 도움을 주는 파이프 오르간 연주자 피스토리우스로 형상화되었다. 헤세는 어려움을 겪을 때 세상과 인생을 사랑하고 햇빛에 감사하며 열려 있는 것, 고통 속에서도 미소를 잃지 않는 것이 중요하고 가치 있다고 생각했다. 이것이 바로 진정한 문학이 주는 가르침이라고 할 수 있다.

후고 발과의 우정

헤세는 《황야의 늑대》(1927)에서 청소년의 사랑은 양성을 포괄할 뿐만 아니라 모든 것, 즉 감각적인 것과 정신적인 것을 포괄한다고 했다. 1927년, 위암으로 사망한 후고 발은 헤세가 신뢰하고 존경하는 몇 안 되는 친구 중 하나였다. 헤세는 힘든 시절 랑 박사, 후고 발과 깊은 우정을 나누면서 삶의 활력을 얻었다. 그는 후고 발을 후고 슈테펜볼프[10]라고 부르며 강렬한 눈빛과 아름다운 모습을 지닌 그를 평생 자신의 가장 내밀한 벗이었다고 말한다. 헤세 전기를 완성한 후고는 귀신 쫓는 의식과 정신분석에 몰두했다. 후고는 자기가 정치적 작가나 종교적 작가로 제대로 인정받지 못하듯 헤세도 주변의 몰이해로 힘들어한다고 생각했다. 그가 위암 수술을 받자 헤세는 거의 매일 병문안을 갔다.

헤세는 《나르치스와 골트문트》에서 후고를 무욕의 고행자, 엄격한 수도사, 자신을 희생하는 양심적인 인간 나르치스로 그렸다. 반면 작가 한스 카로사와 비교할 때는 자신을 고행자로 지칭하고, 카로사는 세상 물정에 밝은 활기 넘치는 삶을 사는 사람이라고 했다. 그는 1928년, "후고와 나의 개인적인 관계는 존경과 경탄에서 시작해 내면적인 우정으로 승화된 사랑"이라고 회상했다. 후고의 부인 에미는 헤세와 후고의 우정이 에로틱한 매력과 지적인 논쟁 사이를 오간다는 사실을 감지했다. 헤세의 거의 모든 작품에는 동성애적 요소가 자리 잡고 있었지만, 헤세 자신은 그 사실을 인정하려 들지 않았다.

---

10 슈테펜볼프(Steppenwolf)는 '황야의 늑대'라는 뜻으로 헤세의 소설 제목이기도 하다. 여기에서 헤세는 후고 발의 성을 재치 있게 슈테펜볼프라고 부르고 있다.

그는 1931년 3월, 미아 엥겔에게 보내는 편지에서 자신이 성적인 면에서 정상이라고 주장하며, 우정에 에로틱한 요소가 있는 것은 무방하다고 강변한다. "나는 성적으로 '정상'이며 한 번도 남자들과 에로틱한 육체관계를 가져본 적이 없습니다. 그렇다고 우정을 전혀 에로틱하지 않게 유지하는 것은 잘못이라고 생각합니다. 그것은 나르치스의 경우 특히 분명합니다. 나르치스에게 골드문트는 단지 친구이고 예술가이기만 한 것이 아닙니다. 골드문트는 나르치스에게 사랑이고 관능의 열기이며, 욕망의 대상이자 금지된 것을 의미하기도 합니다."

너 자신의 길을 가라

너 자신이 되어라!

헤세는 농부처럼 정주(定住)하는 자, 성실하고 덕 있는 자를 존경하고 부러워한다. 그는 그런 정착민의 덕목을 모방하려고 했으나 실제로 그럴 수 없었다. 유목민의 기질을 타고났기 때문이다.

또한 그는 자신이 아닌 것이 되고자 했다. 시인이 되고 싶었지만, 시민이 되려고도 했다. 예술가이자 공상가가 되고자 하면서도, 덕목을 갖추고 고향을 향유하려고도 했다. 오랜 세월이 지나서야 그는 인간이란 그 둘 다 될 수도 없고, 가질 수도 없다는 것을, 자신이 농부가 아니라 유목민이며 지키는 자가 아니라 무언가를 찾는 자임을 알게 되었다. 그래서 그는 오랫동안 신들과 법 앞에서 고행의 시간을 보냈다.

그렇지만 신과 법은 그에게 우상에 지나지 않았다. 그것은 오류이자 고통이었고, 세계의 비참함에 대한 공동책임이었다. 그는 자신에게 폭력을 가하고, 감히 구원의 길을 걷지 않음으로써 세상의 죄와 고통을 더했다. 구원의 길은 왼쪽이나 오른쪽이 아닌 마음속으로 나 있다. 그곳에만 신이 있고, 그곳에만 평화가 있다.

헤세는 시 〈망아(忘我)〉에서 자기 자신이 되기 위해 내면의 지시에 충실히 따를 것을 다짐한다.

> 몽유병자처럼 나는 숲과 협곡을 더듬고 다닌다.
> 마법의 원이 내 주위에서 환상적인 빛을 발한다.
> 구애든 저주든 상관없이
> 난 내면의 지시에 충실히 따른다.

이처럼 헤세는 자신의 주인이 되고자 한다. 주인 도덕의 소유자는 '고통'에 과감히 맞서고, 스스로 가치 창조하는 인간이다. 니체가 말하는 주인은 스스로 가치를 부여할 줄 아는 자이고, 노예나 천민은 타인이 평가하는 대로 존재하는 인간 유형이다. 따라서 강자와 약자, 또는 귀족과 노예는 양적인 구분이 아니라 질적인 구분이다. 사람들은 위대한 '가치 창조' 행위에 대해서는 이해하지 못하고 여전히 기존의 가치 기준에 대한 복종만을 훈련받는다. 자라투스트라가 '신의 죽음'을 전하러 왔을 때 사람들은 목자의 꾐에 빠져 한 무리의 양 떼가 되어 있었고, 이미 무언가를 판단하는 일에 무척 피로감을 느끼고 있었다.

니체는 자신의 주인이 될 것을 강조한다. 그것은 자신을 사랑하고 긍정할 줄 아는 것, 자신에 대해 긍지를 지니는 것이다. 그는 이를 '위대한 건강'이라고 부른다. '창조하는 자'가 되기 위해서는 자신의 몰락마저 감수하고 그 몰락 앞에서 다시 태어날 수 있어야 한다. 그러기 위해서는 우선 '건강'해져야 한다는 것이 니체의 주장이다. 그는 건강한 자로 농부를 꼽는다.

사랑의 기쁨에는 고통이 따른다

사랑의 기쁨에는 사랑의 고통이 따른다. 그러나 가슴속에 존재하는 사랑의 불꽃을 생산성 있는 것으로 만든다면 고통은 기쁨이 될 것이다. 사랑에 빠지기는 쉽지만, 진정으로 사랑하기는 어렵다. 우리는 사랑을 바치는 대상에 대해 과대평가하곤 하는데 바로 거기서 많은 고통이 생긴다. 모든 진정한 가치가 그렇듯 사랑도 돈으로 살 수 없다. 만족은 돈으로 살 수 있지만, 돈으로 살 수 있는 사랑은 없다.

〈연가〉는 헤세가 루트 벵거와 연애하던 1922년에 나온 사랑의 시다.

나는 꽃이기를 바랐다.

그대가 조용히 다가와

그대 손으로 나를 붙잡아

그대의 것으로 만들기를.

또 나는 붉은 포도주이고 싶었다.

그대 입으로 달콤하게 흘러들어

그대와 하나 되기를,

그리하여 나와 그대를 건강하게 만들기를.

그러나 사랑은 우리를 행복하게 해주기 위해 존재하는 것이 아니다. 사랑은 우리가 고통과 인내에 얼마나 강할 수 있는지 보여 주기 위해 존재한다. 대부분 사람은 사랑하면 자신을 잃어버리지만 《데미안》의 주인공 싱클레어는 사랑으로 자기 자신을 발견한다. 스스로 확신에 도달하는 힘을 갖춘 사랑은 더 이상 끌려다니지 않고 이끌게 된다.

어떤 두 사람이 밀접하게 연결되어 있을지라도 그들 사이에는 언제나 심연이 가로놓여 있다. 그 심연에 다리를 놓을 수 있는 것은 사랑뿐이다. 헤세는 우리의 영혼으로 자신을 느끼고 생명을 감지하는 모든 움직임을 사랑이라고 말한다. 따라서 많이 사랑할 수 있는 사람은 행운아다. 사랑과 욕망은 다르다. 사랑은 현명해진 욕망으로 사랑은 소유하려 하지 않고 그저 사랑하려고 할 뿐이다.

가장 소중한 것은 돈으로 살 수 없다

헤세는 에세이 〈어느 속물에게 보내는 편지〉에서 가장 선한 것, 가장 아름다운 것, 가장 소중한 것은 돈으로 살 수 없다고 잘라 말한다. 이것은 오직 영혼으로만 살 수 있다는 것이다. 헤세는 사상과 예술에서는 자신의 장점이 되는 특성이 여성에 대한 사랑과 관련될 때는 종종 짐이 된다는 것을 깨닫는다. 그 특성은 그가 여성에 대한 사랑을 어느 한 대상에 고정할 수 없다는 점이다. 헤세는 인생과 여성 일반을 사랑하기 때문이다. 니체는 "오직 한 사람만을 사랑한다는 것은 일종의 야만 행위이다."라고 한다. 그것은 모든 사람을 희생시키며 행해지는 것이기 때문이다. 신에 대한 사랑도 마찬가지다. 여성 일반에 대한 사랑은 대상을 쉽게 바꾸는 무분별한 사랑으로 이끈다. 〈유혹자〉(1926)에서 헤세는 그와 같은 사랑을 노래한다.

진심으로 얻으려 애쓴 입맞춤이
오랫동안 열렬하게 구애했던 밤이

드디어 내 것이 되었고

그러자 그것은 꺾인 꽃이 되었다.

향기는 사라지고 가장 좋았던 것은

형편없는 것이 되었다.

이제 만족감은 싫증으로 바뀌고 무엇을 소유해도 행복할 수 없게 된다. 향락은 꿈과 동경, 고독을 말살해 버린다.

자기 자신을 사랑하지 않고서는 타인을 사랑할 수 없다

마음속에서 사랑이 죽은 사람은 불행한 사람이다. 언제든지 사랑을 줄 수 있어야 한다. 그러나 사랑을 바치는 대상을 과대평가하면 안 된다. 그로 인해 많은 고통이 생기기 때문이다. 모든 사랑에 비극과 고통이 담겨 있다고 해서 사랑을 하지 말아야 하는 것은 아니다. 어떤 두 사람이 밀접하게 결합해 있다고 해도 그들 사이에는 언제나 심연이 가로놓여 있다. 이 심연에 다리를 놓을 수 있는 것은 결국 사랑뿐이다. 사랑이란 이해하는 것이고, 고통 속에서도 미소 지을 수 있는 것이다.

《황야의 늑대》에서 헤세는 자신을 사랑할 것을 주문한다.

자기 자신을 사랑하지 않고는 타인을 사랑할 수 없다. 자기혐오는 과장된 이기주의와 같은 것이며, 결국에는 지독한 고립과 절망을 낳는다.

　자신에 대한 사랑은 근원적인 충동이므로 타인에 대한 사랑이 제대로 번성할 수 없었다. 그 때문에 사람들은 자기애를 은폐하고 이웃사랑을 생각해 내서 종교 공동체, 민족, 국가를 신성하게 여기도록 했다. 모든 지혜의 근본은 사랑을 통해서만 행복이 온다는 사실이다. 그리고 사랑을 받는 것이 아니라 사랑을 하는 것이 행복을 가져다준다. 그런데 헤세는 "네 이웃을 사랑하라!"라고 말하지 말고 "너 자신을 네 이웃만큼 사랑하라!"라고 말하는 것이 더 올바른 가르침이라고 주장한다. 《자라투스트라는 이렇게 말했다》에도 비슷한 말이 나온다. "그대들의 이웃을 항상 자신처럼 사랑하라. 그러나 먼저 자기 자신을 사랑하는 자가 되어라!"

　세상의 모든 것을 모방하고 위조할 수 있지만, 사랑만은 그럴 수 없다. 사랑은 훔칠 수도, 모방할 수도 없다. 사랑은 예술과 마찬가지다. 사랑은 자신을 완전히 즐길 줄 아는 마음속에서만 산다. 그것은 모든 예술의 원천이기도 하다.

　인생이 살 가치가 있다는 것은 모든 예술의 최후 내용이며 위안이다. 부드러움은 단단함보다 강하고, 사랑은 폭력보다 강하다. 그러기에 세상이 전쟁과 폭력 속에 질식해도 사랑은 계속 몰래 불타고 있다. 최종적인 승자는 언제나 사랑하고 인내하고 용서하는 사람이기 때문이다.

너 자신의 길을 가라!

루 살로메와의 사랑에 실패한 니체는 고통스러운 운명에 스스로 기쁨의 축복을 내리고 자신의 운명을 사랑하는 것으로 아픔과 우울증을 극복한다. 그것은 가장 낯설고 가혹한 삶의 문제들과 직면해 있으면서도 삶을 긍정하는 것이다. 그는 자신의 몰락마저 사랑할 줄 알았다. 그에게 사랑이란 삶을 사랑하는 것이고, 그 핵심은 노래 부르고 춤추며 웃을 줄 아는 것이다. 그는 이 삶을 다시 한번, 그리고 무수히 반복해서 살겠노라고 다짐한다. 운명이란 동일한 것, 자기 삶에 영원히 회귀하는 것, 그것으로부터 탈주할 수 없는 것이다.

니체는 말한다. "네 운명을 사랑하라. 이것이 지금부터 나의 사랑이 될 것이다! 나는 추한 것과 전쟁을 벌이지 않으련다. 나는 비난하지 않으련다. 나를 비난하는 자도 비난하지 않으련다. 눈길을 돌리는 것이 나의 유일한 부정이 될 것이다! 무엇보다 나는 언젠가 긍정하는 자가 될 것이다!"

헤세는 니체의 운명애 개념을 받아들여 자기의 길을 걸으면서 운명을 사랑한다. 니체의 목소리는 헤세에게 운명애의 목소리로 들린다. 니체의 초인도 실은 자연스럽고 소박한 인간, 이원론적 도덕과 가치관에서 자유로운 인간, 자기 관점을 가지고 자기 운명을 사랑하며 자기의 길을 가는 사람을 의미한다. 니체는 인간이 위대한 것은 그가 스스로 그의 운명을 알고 그것을 받아들이기 때문이라고 주장한다. 헤세 또한 지혜의 최고 목표는 운명을 끝까지 철두철미하게 체험하는 것이라고 말했다.

> 지혜의 가장 최고의 목표는 결코 운명을 수정하는 것이 아니라 운명을 끝까지 체험하고, 그 암시를 따르는 것이고, 그 인도와 자기 자신을 운명 속에서 긍정하는 것이다.

헤세는 정치 팸플릿 〈자라투스트라의 귀환〉에서 젊은이들에게 운명을 사랑하고 자기의 길을 가라고 외친다. 이는 우리의 운명을 인식하는 것이며 우리의 고통을 자기의 것으로 만들고 그 쓰라림을 달콤함으로 바꾸며 고통으로 성숙하게 되는 것이다. 일반 독자들은 《데미안》에서 예수와 함께 십자가에 매달린, 회개도 안 하고 아무런 죄책감도 느끼지 않는 도둑에게 카인의 표지를 붙여주는 것을 이해할 수 없을 것이다. 그러나 니체의 운명애 관점에서 보면 이것도 곧 이해가 된다. 비록 도둑이지만 그는 고집스럽게 자기의 길을 가고, 자기의 운명을 받아들이며 자기의 개성을 지킨 것은 니체의 운명애의 헤세적인 변형이다.

헤세는 많은 작품에서 주인공들을 통해 운명을 사랑하는 인간상을 구현한다. 또한 주인공을 둘러싼 주변 인물들은 주인공이 '자기 운명을 인식하여 사랑할 때까지 그의 길잡이 구실'을 한다. 《페터 카멘친트》에서 주인공은 고향 니미콘을 떠나 도시에 가서 많은 체험을 하고 다시 고향에 돌아와 자기 운명을 정확히 인식하기에 이른다. 그는 '물고기는 물에, 농부는 땅에 속해야 하며, 아무리 재주를 부려도 니미콘 출신의 카멘친트가 도시인이나 세계인이 될 수 없다는 것'을 확실히 깨닫고 고향에 머무른다. 《수레바퀴 밑에》의 한스나 《크눌프》에서의 크눌프 모두 생에 애착을 느껴 구차스러운 삶을 계속하고 싶지 않아 자연의 품에 안긴다. 한스는 흐르는 물에, 크눌프는 계속 떨어져 쌓이는 눈 속에 운명의 죽음을 맞이한다. 그들이 산 삶은 구차스러웠지만, 그들은 불평과 불만이 없고, 비난도 하지 않는다. 그들은 그냥 삶의 마지막 축제로 죽음을 받아들이는 것이다.

뭔가를 사랑할 수 있다는 건 구원이다

실패로 끝나는 헤세의 풋사랑

헤세는 크리스토프 블룸하르트 목사가 운영하는 바트 볼 요양원에 있던 무렵 외출을 나갔다가 엘리제를 만나 짝사랑에 빠졌다. 일곱 살 연상의 여인이었다. 침대에 누워 수백 번이나 엘리제의 이름을 속삭였고, 정원에 나가 노래를 만들어 부르기도 했으며, 숲에 가서 큰 소리로 외쳐보기도 했다. 그는 사랑을 거절당하자, 권총 자살을 하겠다고 위협하는 글을 남기기도 했다. 요양원에서는 그런 그를 두고서 '악령에 사로잡혔다'라는 진단을 내렸다.

그곳에서 석 달 만에 퇴원한 헤세는 이후 1892년 11월, 바트 칸슈타트 김나지움에 입학했으나 몇 달 뒤 학업에 흥미를 잃고 두통과 무기력에 시달렸다. 결국 일 년간 그곳에 머무른 것으로 헤세의 학창 시절은 영원히 끝나고 말았다. 이 무렵 그는 자신의 고민을 들어주고 따뜻하게 대해준 20세 연상의 오이게니 콜프에게 사랑을 고백했으나 역시 거절당했다.

20대 초반, 헤세는 '아름다운 룰루'에 대한 사랑의 열정을 겪었다. 그녀의 이름은 율리 헬만이었다. 그녀에게 푹 빠진 헤세는 〈룰루〉라는 시에서 "네 아름다움의 고요한 가까움은 내게 가벼운 아픔으로 와닿는다."라고 썼다. 그 후 헤세는 엘리자베트 라 로슈를 향한 연정에 사로잡혀 시 〈엘리자베트〉를 쓴다.

구름은 흐르며 떠도는데
그대는 늘 무심할 뿐.
그러나 어두운 깊은 밤중에
구름은 그대 꿈속을 지나가지요.

그러나 엘리자베트 라 로슈가 자신에게 별다른 관심을 보이지 않자 헤세는 그녀의 무심함에 마음의 상처를 받는다.

첫 번째 아내 마리아 베르누이

흔히 '성자'나 '현자'로 불리기도 하는 헤르만 헤세는 두 번 이혼했고, 세 번 결혼했다. 그는 소위 '결혼 비관론자'였다. 결혼한 여성들의 나이도 들쭉날쭉했다. 사진작가인 첫 번째 부인은 9세 연상이었고, 성악가인 두 번째 부인은 23세

연하, 고대 미술사가인 세 번째 부인은 18세 연하였다. 다행히 미술사학자인 세 번째 부인과는 헤어지지 않고 끝까지 해로했다.

1904년 《페터 카멘친트》가 크게 성공하여 헤세는 작가로 이름을 얻고 경제적으로도 제법 여유가 생겼다. 그 결과 두 사람은 그해 결혼을 할 수 있게 되었다. 헤세는 이종사촌 파울 군데르트에게 편지를 보내 "어쩌면 결혼이 내 인생에 짐이 될지도 모르지만, 그래도 한번 힘을 내서 잘 버텨보려고 한다."라고 썼다. 그러나 헤세는 곧 결혼생활에 싫증을 느낀다. 그는 시 〈하루하루가 얼마나 힘든지〉(1911)에서 자신의 공허한 내면 상황을 토로한다.

하루하루가 얼마나 힘든지!
불 옆에서도 따뜻해지지 않고,
태양도 더는 나를 웃게 하지 않는다.
모든 게 텅 비어 있고
차가우며 연민조차 없다.
사랑스러운 밝은 별들도
처량하게 나를 바라본다.
마음속에서 사랑이 죽을 수 있음을
내가 알게 된 이래로.

1918년, 마리아는 정신질환으로 결국 정신요양원에 입원해야 했다. 정신분석이 그녀의 질환을 더욱 악화시켰다. 병이 나아져 그녀가 퇴원하고 집에 돌아왔을 때 헤세는 그녀와 같이 살 수 없다고 생각했다. 그래서 사실상 별거에 들어갔다. 아들 삼 형제는 기숙학교나 친지에게 보냈다. 이후 헤세는 구름처럼 쉴 곳 없이 이곳저곳 떠도는 떠돌이 생활을 했다. 1918년부터 별거 상태에 들어간 부부는 1923년 여름, 마침내 법적 이혼을 했다.

두 번째 아내 루트 벵거

헤세는 이제 결혼할 생각이 없었고, 결혼함으로써 속박당하게 될 것을 두려워했다. 그는 어느 한 가지 대상이나 어느 한 사람만을 사랑할 수 없고 삶과 사랑 일반을 사랑했다. 그러나 그는 성악을 전공한 루트 벵거와 다시 사랑에 빠졌다. 1922년에 쓴 시 〈연가〉는 그녀와의 사랑을 노래하고 있다.

나는 꽃이기를 바랐다.
그대가 사뿐히 걸어와
그대 손으로 나를 붙잡아서
그대의 것으로 만들기를.

또 나는 붉은 포도주이고 싶었다.

그대 입으로 달콤하게 흘러들어

그대와 혼연일체가 되기를

그리하여 그대와 나를 건강하게 해주기를.

　1924년 1월, 헤세는 루트 벵거와 두 번째 결혼을 하게 된다. 그러나 그들의 결혼생활은 처음부터 삐걱거렸다. 헤세는 고독한 유희를 즐기며 자신의 길을 가는 데 익숙해져 있었다. 급기야 1924년 말, 두 사람은 별거에 들어갔다. 실제로 같이 산 기간도 석 달 정도밖에 되지 않았다.

　이 무렵 헤세는 진정제를 과다 복용하여 호텔에서 쓰러진 채 발견되기도 했다. 결국 1927년 초, 부부관계가 돌이킬 수 없는 지경에 이르자 루트는 이혼 소송을 제기했다. 둘은 결혼 직후 호텔에 잠시 같이 머물렀을 뿐 그 이후 같이 산 적이 거의 없었다. 판결문에 따르면 헤세는 아침에 대체로 우울하고 흥분된 기분에 빠져 있었다. 나아가 그는 은둔자의 생활에 경도되어 있고, 다른 사람들과 화합할 수 없으며, 사교와 여행을 싫어한다고 되어 있다.

　헤세의 자전적 수기 《요양객》과 낭송 여행기 〈뉘른베르크 기행〉이 소송에서 그에게 불리하게 작용했다. 헤세는 그 글에서 자신을 은둔자, 별종, 노이로제 환자, 불면증 환자, 정신병자 등으로 부르고 있다. 루트 벵거의 소장(訴狀)은 대부분 헤세의 작품 인용으로 이루어져 있었다. 헤세는 루트의 소송 제기를 예견하고 있었고, 어차피 서로가 원하던 이혼이었다.

헤세의 열렬한 소녀 팬, 니논 아우스랜더[11]

1909년, 열네 살 소녀 니논은 헤세의 소설 《페터 카멘친트》를 읽고 그의 열렬한 팬이 되어 헤세에게 편지를 보내곤 했다. 1920년 12월 22일에는 《클링조어의 마지막 여름》을 읽고 헤세에게 편지를 썼다. "이 무슨 놀라운 언어인가요! 집약된, 간결한, 육중한, 다채로운, 그리고 이글거리는. 당신에게 편지를 쓸 수밖에 없었어요. 내 안에 무언가 강렬한 힘을 느꼈답니다. 당신에게 내가 누구인지 큰 소리로 외치고 싶었어요." 헤세가 자기를 '확실하게 인식하도록' 하기 위해 편지 속에는 그녀의 사진이 들어있었다.

---

[11] 그 사이 헤세에게 빼놓을 수 없는 또 다른 여인이 있다. 그녀는 헤세가 1920년 여름에 루트 벵거, 랑 박사 등과 함께 만난 엘리자베트 루프이다. 루프는 경험이 풍부한 데다 세련되고 자존심이 강하며 아름다운 여인이었다. 헤세에게는 창작활동에 관해 함께 이야기를 나눌 수 있는 동료 같은 존재였다. 법학 박사학위를 취득한 루프와 순진하고 세상 물정에 어두운 루트는 성향이 완전히 달랐다. 헤세와 관련된 모든 것에 관심을 가졌던 루프는 생을 마감할 때까지 자신이 헤세의 정부라고 주장했다. 1926년 헤세는 그녀의 시집 《도항(渡航)》을 읽고 카레노의 날들, 밤의 여인 루프에 대한 추억이 떠올랐다. 그중 〈귀환〉은 헤세와의 연애 이야기를 노래한 시였다.

1926년 3월, 니논은 헤세를 만나야겠다고 결심했다. 그녀는 "그동안 충동을 느끼면서도 망설였는데, 얼마 전부터는 두려움 없이 자살할 수도 있겠다."라는 헤세의 말에 화들짝 놀랐다. "하지만 다시 한번 마음을 고쳐먹고 내 인생을 사랑하기로 했습니다."라는 말에 그녀는 놀란 가슴을 쓸어내린다. 이때는 헤세에게 '위기'의 시기였다. 루트 벵거와의 관계가 완전히 파경에 이르지는 않아 아직 그녀에게 미련이 있었기에 헤세와 니논 사이에 별다른 진전은 없었다. 니논은 헤세의 편안한 휴식처가 되고자 했다. 그녀는 '불쌍한 아이' 헤세를 위해 어머니 역할을 자처하고 나섰다. 그러나 그것은 헤세의 두 부인이 모두 실패한 역할이었다. 헤세는 니논의 적극적 구애에 거부감과 부담감을 느꼈다. 이 무렵에 나온 시 〈유혹자〉(1926)에서 그는 자신의 구애를 들어주지 말라고 호소한다.

　나의 모든 만족은 싫증이 되었다.
　나는 향락에서
　꿈과 동경, 고독을 열렬히 갈망했다.
　아, 이 무슨 저주인가,
　무엇을 소유해도 행복할 수 없다니!
　……

저항하라, 그대 아름다운 여인이여,

그대의 옷자락을 여며라!

매료시키고 괴롭혀라,

그러나 내 구애를 들어주지는 말라!

격식을 따지고 질투심이 많은 니논

1931년 11월 14일, 헤세와 니논은 많은 우여곡절 끝에 결혼식을 올렸다. 이때 헤세는 54세였고, 니논은 32세였다. 결혼 전날 헤세는 작가 비간트에게 쓴 편지에서 결혼은 니논이 오래전부터 바라던 일이었고, 앞으로는 자기 마음대로 살 수 없을 거라고 했다. 니논은 헤세와 살면서 행복을 느끼지 못했다. 그래도 그녀는 고통과 번민의 가치를 이해하고 신봉하는 여자였다. 헤세는 니논이 가까이 다가오는 걸 달가워하지 않았다.

헤세와 니논은 여러 가지 면에서 서로 달랐다. 헤세는 정원 일을 좋아했지만 니논은 그렇지 않았다. 병고에 시달리는 그에게는 정원 일이 의미 없는 삶을 견딜 수 있게 해주는 유일한 위안이었다. 그녀는 고대 예술이나 신화를 읽고 공부하는 것을 좋아했다. 헤세는 나이가 들면서 점점 더 부드러워지고 너그러워졌으나 니논은 헤세와 함께 지내면서 학위 논문도 포기하고 점점 더 신경질적으로 변해갔다. 그녀는 주인과 하인 간의 격식을 따지는 북쪽 출신이었다. 그래서 하녀와 하인들은 상하관계가 엄격한 고압적인 니논을 좋아하지 않고 자기들을 친밀하게 대하는 헤세를 좋아했다. 그녀는 동부 유럽과 스위스의 풍속이나 예절이 다르다는 사실을 인정하지 않았다. 니논은 헤세의 옛 친구들에게도 불편함과 거부감을 주었다. 헤세가 호텔 종업원들과 자유분방하게 이야기하는 것도, 휴양객들과 격식을 차리지 않고 어울리는 것도 그녀 마음에 들지 않았다. 질투심이 많은 그녀는 헤세를 사람들로부터 격리하려고 했다.

성자와 에고이스트 사이에서

헤세는 세 명의 아내에게 각기 동화 한 편씩을 헌정했다. 〈붓꽃〉은 마리아에게, 〈픽토르의 변신〉은 루트에게, 그리고 〈새〉는 니논에게 바쳤다. 앞의 두 작품에서는 '어머니와 아이의 융합 관계'가 나타나고 마지막 작품에서는 남녀의 '상호 병렬적인 관계'가 나타난다고 분석되고 있다. 이것으로 보아 헤세의 여성관이 니논을 통해 변했음을 짐작할 수 있다.

헤세는 괴팍한 성격 탓에 부부 사이가 원만하지 못했다. 헤세의 성격을 그런대로 잘 파악한 니논은 그와 해로할 수 있었지만 다른 두 여인은 그렇지 못했다. 그녀는 같이 괴로워해야지 그에게 충고하거나 도움을 주어서는 안 된다는 입장이었다. 헤세에게 일한다는 것은 자기 내면의 소리에 귀기울이고 괴로워하며 또 엿들을 준비가 되어 있다는 의미였다. 헤세는 자신에 대해 '이론적으로는 모든 사람을 사랑하는 성자이지만, 실제로는 결코 방해받고 싶어 하지 않는 에고이스트다.'라고 말한 적이 있다. 그는 자기 세계에 침잠하여 홀로 괴로워하면서 고독하게 지내려 했고, 그럴 때 자신을 방해하는 사람은 아내든 자식이든 용납하지 않았다.

헤세는 말년에 가서 더 밝아지고 원만해졌다. 오랫동안 그를 괴롭혔던 자살 충동도 사라졌고, 건강과 작업에 대한 불평도 수그러들었으며, 더 이상 사소한 문제로 다투려고 하지 않았다. 그야말로 평화로운 공존이었다. 1962년 8월 8일, 헤세와 니논은 여느 때처럼 라디오에서 흘러나오는 모차르트의 피아노 소나타를 함께 들었고, 그녀가 읽어주는 글에 귀를 기울였다.[12] 아침에 가까운 숲으로 산책을 나선 헤세는 부러진 나뭇가지를 집어 들고는 "아직도 싱싱하네."라고 중얼거렸다. 밤에 니논은 헤세의 침대 곁에서 그의 마지막 시 〈부러진 나뭇가지의 삐걱거림〉을 보았다. 그 시의 마지막 시구

---

[12] 니논은 헤세에게 평생 1,400권이 넘는 책을 읽어주었다.

는 한 가닥 희망을 담고 있었다. 다음 날 아침 헤세는 더 이상 잠에서 깨어나지 않았다. 사망 원인은 뇌출혈이었다. 자유로운 삶을 원했던 니논은 홀로 남겨져 이제 자유로운 몸이 되었다. 니논은 그가 죽은 후 그의 유고들을 정리하여 출판했다.

예술가가 좋은 남편인 경우는 드물다

많은 여성은 결혼생활에 만족하고 있는 경우에도 어떤 다른 것, 더 높고 아름다운 것, 이상적 삶과 이상적 사랑에 대한 동경을 품는다. 그리고 상상 속에서 예술가나 작가에게 동경심을 품기도 한다. 그들은 예술가의 작품에 대한 애정에서 그 사람에 대한 애정을 만들어 낸다. 그리고 이러한 이상적 남성을 현실에서 마주치게 되어 사랑할 수 있다면 더 바랄 나위 없는 행복일 것이라고 상상한다. 그러나 현실에서 훌륭한 예술가와 작가는 열정적인 연인인 경우는 많지만 좋은 남편인 경우는 드물다. 그리고 그런 여성이 정말 그들과 산다면 몹시 실망할 것이다. 예술가는 우선 자신의 작품을 위해 살기 때문이다. 예술가에게는 줄 수 있는 사랑이 다른 사람보다 오히려 더 적다. 작품을 만드는 작업이 많은 사랑을 요구하기 때문이다.

예술가는 자신이 파멸하기 직전까지 힘을 쥐어 짜내는 것을 업으로 삼는다. 그것은 매우 냉혹한 혼자만의 전쟁터에서 벌이는 싸움과 비슷하다. 그런 창조의 나날은 사람다운 생활의 평온함과 행복을 희생시켜야 할 정도로 가혹하기 짝이 없는 것이다. 삶을 대가로 치르지 않은 채 창조력을 유지할 수 있을까? 헤세는 《나르치스와 골드문트》에서 그것이 가능할지는 모르지만 그런 사람을 본 적이 없다고 말한다.

> 정절을 지키고 도리를 다하면서 관능적 쾌락을 잃어버리지 않는 남편들이 혹시 있을까? 자유와 위험의 결핍에 심장이 말라비틀어지지 않는 정착민들이 혹시 있을까? 아마 있을지도 모른다. 그러나 나는 아직 그런 사람을 본 적이 없다.

예술가에게, 아니 상상력이 풍부하고 재능 있는 모든 사람에게 결혼은 언제나 환멸에 가깝다. 최선의 경우에 그것은 견딜 만한 것으로 여겨 그 환멸과 타협하게 된다. 그러나 그때 영혼과 생명력의 한 부분은 큰 고통을 느끼지도 못한 채 말라 죽어 간다. 그리고 나중에는 더 초라해진다. 이에 반해 고귀하고 위대한 고통을 체험한 후 우리의 삶은 오히려 더 풍부해진다. 그래서 헤세는 결혼을 성스러운 일이라고 생각하지 않으며, 결혼에 엄청난 요구를 하지 않는다. 그는 인내하는 가운데 부서지기 쉬운 세상에서 고요하고 영속적인 것을 구해내기 위해 최선을 다하고자 한다.

사랑할 수 있다는 것이 구원이다

사랑은 우월함이고 이해하는 것이며 고통 속에서도 미소 지을 수 있는 것이다. 사랑은 위조하거나 모방하거나 훔칠 수 없다. 사랑은 오직 자신을 완전히 즐길 줄 아는 마음속에만 깃들어 있다. 헤세는 더 많이 알고 혹평하는 사람이 아니라 사랑하고 인내하고 용서할 수 있는 사람이 언제나 이겼다고 말한다. 사랑은 또한 모든 예술의 원천이기도 하다. 헤세의 소설 〈클라인과 바그너〉에서 주인공 클라인은 "사랑할 수 있다는 것 — 그게 구원이 아니던가!"라고 말한다.

남국에서 그가 사랑에 빠진 무희도 "사랑받는 건 행복한 게 아니에요. 누구나 자신을 사랑하지만 수많은 사람은 일평생 괴로워하지요. 그래요, 사랑받는 건 행복한 게 아니에요. 사랑하는 게 행복한 겁니다!"라면서 사랑하는 것의 중요성을 지적한다. '사랑하였으므로 진정 나는 행복하였네'라는 시구처럼 사랑받는 것은 행복이 아니다. 누구나 자기 자신을 사랑하듯, 사랑하는 것이 행복이다. 행복은 사랑을 통해서만 온다는 것, 이것이 모든 지혜의 근본이다. 사랑을 현명하게 욕망으로 소유하려 하지 않고 그저 사랑하려고 할 뿐이다. 하지만 편애의 감정은 악을 초래할 수 있다.

사랑이란 오직 현재의 활동이다. 장래의 사랑이라는 것은 존재하지 않는다. 현재 사랑을 나타내 보이지 않는 사람은 결국 사랑을 가지고 있지 않은 것이다.

성서의 가장 근본적인 가르침은 '네 이웃을 사랑하라.'이다. "새 계명을 너희에게 주노니 서로 사랑하라. 내가 너희를 사랑한 것 같이 너희도 서로 사랑하라."[13] 성서에서는 당신이 당신을 사랑하는 사람을 사랑한다 해도 그것은 사랑이 아니라면서 "당신의 원수를 사랑하고 당신을 미워하는 사람을 사랑해야 한다."라고 가르친다. 그런데 헤세는 "너 자신을 네 이웃만큼 사랑하라."라며 이웃사랑에 앞서 자기 사랑을 앞세운다. 사랑을 자신이 아니라 이웃에게서 시작하려는 것이 근본 오류라는 것이다.

고대 그리스 철학자 엠페도클레스는 사물의 근본 질서를 사랑(필리아)과 미움(네이코스)이라고 보았다. 그는 '사랑'과 '미움(투쟁)'이라는 두 힘이 상호작용을 하여 공기·불·흙·물이라는 4원소를 결합·분리한다고 생각했다. 그는 사물의 질서를 지성(누스)이 아닌 의지, 즉 사랑과 미움에 맡긴다. 처음에는

---

13 〈요한복음〉 13장 34절.

사랑이 지배했으므로 4원소는 모두 함께 혼합되어 있었는데, 우주가 형성되는 동안 싸움이 개입하여 그 원소들이 서로 떨어져 나왔다는 것이다. 만년의 헤세는 평생 세상과 투쟁하고 불화를 겪었지만, 자신으로 인해 세상에 싸움보다 사랑이 더 많이 나오게 된 것에 뿌듯해한다.

이성으로 본능을 억누르지 마라

헤세는 이성과 본능의 싸움에서 일방적으로 이성의 편을 들지 않는다. 그는 육체적 사랑, 관능적 사랑, 성적 사랑을 옹호하는 입장이다. 여동생 마룰라에게 보낸 편지에서 그는 육체적 사랑을 인정하지 못하는 것은 대부분 노이로제 환자가 만들어 냈다고 썼다. 어떤 독자가 헤세에게《나르치스와 골드문트》에서 민망한 성적 사랑을 그린 것을 비난하자, 그가 자신의 책을 읽은 것이 잘못이라고 말한다. 부모들은 자녀가 성적인 것에 노출되고 접촉하는 것을 우려하고 두려워한다. 부모들은 성적인 것이 존재하지 않는 것처럼 시치미를 떼고, 그런 것이 없다고 거짓말을 한다. 헤세는 이에 대해 그들이 청소년을 이성과 본능의 싸움 속에 가련하게 방치하고 있다고 비난한다.

헤세는 청소년이 정숙을 강요하는 엄격한 교육을 받으면

서 행복을 빼앗기고 있다고 본다. 그런데 젊은이들의 사랑 윤리는 이제 부모 세대의 그것과는 달라진다. 만약 젊은이들이 사랑하는 사람과 자유롭게 행복한 시간을 보낼 수 있다면 그것은 좋은 것이다. 그래서 헤세는 말한다.

자신의 본능적 삶을 본능에 적대적인 정신의 지배 밑에 두는 것은 치명적이다. 왜냐하면 우리의 본능적 삶의 모든 부분이 완전하게 승화될 수는 없으며 본능을 억제하는 과정에서 힘든 고통을 겪게 되기 때문이다.

헤세는 우리 안에 본능, 즉 동물적 욕구가 없으면 거세된 천사라고 한다. 본능적 삶을 지나치게 구속하고 억압하면 행복을 망칠 수 있다는 것이다. 그래서 헤세는 억압된 본능적 삶의 옹호자이자 원조자로 나선다. 그렇다고 현자나 종교가 요구하는 고차원적인 요구에 대한 경외심을 무시하지는 않는다. 자비와 사랑, 인간성을 희생하고, 할 수 있는 한 제멋대로 거칠게 살아가는 것 또한 우리의 목표는 아니다. 오히려 우리는 자연적 본능의 요구와 정신의 요구 사이에서 우리 자신의 길을 추구해야 한다. 그러나 그 길은 경직된 중간의 길이 아니라 자유와 구속이 들숨과 날숨처럼 교대로 나타나는 자기만의 유연한 것이어야 한다.

획일화에 저항하라

개성과 정신을 지켜라

제1차 세계대전 당시 헤세는 전쟁에 반대하는 글을 발표했다가 매국노, 둥지를 더럽힌 자로 매도당한다. 전쟁은 그에게서 거의 모든 걸 앗아갔다. 특히 그의 인생과 행위의 의미에 관해서는 남겨진 게 거의 없었다. 그는 공기 대신 독을 호흡하고 있었고, 물 대신 고통과 두려움을 마셨으며, 빵 대신 비탄을 먹었다. 그는 전쟁의 광포함을 옹호하는 국수주의와 획일적 사고에 몸서리쳤다.

전쟁이 끝난 후 독일에는 쇼비니즘과 패권주의가 팽배했다. 세상은 서류와 문서가 판을 치고 허가증이 없이는 살지도 죽지도 못하고 꼼짝달싹할 수 없는 지옥처럼 변해 있었다. 헤세는 단편 〈남쪽의 낯선 도시〉(1925)에서 자연뿐만 아니라 도시와 도시 건물까지 획일화한 것을 비판한다. '어딜가든 보이는 것이라곤 똑같은 도시, 똑같은 호수, 똑같은 부두, 그림처럼 재미난 옛 마을, 똑같이 유리 벽에 둘러싸인 호

텔들뿐이다.' 현대 정신은 이처럼 자연성을 획일적으로 문명
화해 개성과 정신을 훼손하고 있다. 모든 삶의 깨달음, 즉 삶
의 조화와 존엄성에 대한 깨달음이 추구하는 목표는 이기심
의 즐거운 극복이다. 헤세에 의하면 개성의 포기가 아니라
개성을 최고조로 발현하는 데서 이기심을 극복할 수 있다.
또한 개성 없이는 진정한 깊은 사랑도 존재하지 않는다.

획일화에 저항하라

1946년 12월, 헤세는 노벨문학상을 수상했다. '대담함과
침투성이 커지는 가운데 고전적인 인도주의 이상과 질 높은
문체를 통해 영감을 일으키는 글을 쓴 공로'로 수여되었다.
그는 1924년 5월, 스위스 국적을 취득했으므로 수상 당시 스
위스 국민이었다. 헤세는 토마스 만의 추천으로 1931년 처음
으로 노벨문학상 후보에 올랐고, 이후 여덟 번이나 후보에
올랐다.

1946년 8월, 헤세가 프랑크푸르트에서 수여하는 괴테상을
받은 데 이어서 노벨문학상을 받자 그때까지 헤세와 그의 작
품을 달갑지 않게 여기던 독일인들은 그를 독일 작가로 받아
들였다. 그러나 헤세는 스톡홀름에서 개최되는 노벨상 시상
식에 참석할 생각도, 인터뷰에 응할 의향도 없었다. 취리히

에 머물다가 헤세의 수상 소식을 전해 들은 니논은 남편에게 편지를 띄웠다. 하지만 헤세는 그녀의 편지가 자기와 상관없는 세계에서 온 거라며 매몰차게 선을 그었다. "그 세계에서는 당신이 옳다고 생각하는 것을 하면 됩니다. 굳이 나한테 물어볼 필요는 없어요."

헤세는 스톡홀름으로 떠나지 않고 건강을 핑계로 요양소에 들어갔다. 스위스 외교사절이 헤세를 대신해 상을 받았다. 1946년에 열린 기념 만찬에서는 헤세가 미리 작성한 메시지가 낭독되었다. 니논은 취리히에서 축하 인사를 받느라 여념이 없었다. 헤세는 획일화에 반대한다는 메시지를 보냈다.

저는 인류 전체가 정신적으로 획일화하는 것을 절대 원치 않습니다. 민족의 특성이 사라지는 상태는 바람직하지 않기 때문입니다. 세상에는 다양성과 차이점이 존재해야 합니다! 수많은 인종과 민족, 수많은 언어, 온갖 종류의 심성과 세계관이 있다는 것은 훌륭한 일입니다. 저는 전쟁과 정복, 국가의 합병을 매우 증오하며 반대합니다. 그 이유는 무엇보다도 개성과 다양성을 띠며 역사적으로 형성되어 온 인류 문화가 이러한 사악한 세력의 제물이 되기 때문입니다. 저는 '획일화를 추구하는 무리'에게 적극적으로 반대하며, 고유한 특질과 다양성, 그리고 독자성을 키워 나가는 이들을 사랑합니다.

교사들은 보통 젊은 영혼의 규범화와 획일화를 추구한다. 이는 어느 정도 당연하고 충분히 이해할 수 있는 일이다. 개인주의로 이끄는 헤세의 지향과 규범화하는 학교의 지향은 모두 필요하며 서로 보완해야 한다. 이 두 기능은 숨을 들이마시고 내쉬는 것과 같은, 모든 양극단의 과정들처럼 짝을 이루고 있다. 헤세는 이러한 사실을 통찰해서, 적에게 저항해야 하는 경우조차도 적과 사랑 속에서 하나임을 아는 것, 여기에는 어느 정도의 지혜와 경외심, 경건함이 필요하다고 말한다.

다양성을 받아들여라

오늘날, 사람들은 점점 더 획일화하고 전형화, 집단화를 지향한다. 반면에 나무들은 종류가 극히 다양하고 몸통과 우듬지의 구조, 나뭇잎들의 형태와 질서, 껍질의 구조 등이 판이하다. 헤세는 이런 점을 눈여겨보고 나무들의 다양성을 기뻐한다. 예술과 문학에서 무언가 좋은 것을 보여주려는 우리의 시도는 값싼 적응력을 발휘하거나 행복하게 살려는 본능에서 나오는 것이 아니다. 그것은 개성과 궁핍함에서 생겨난다. 그중 대부분은 일상적으로 평준화하려는 요구에 저항하고 투쟁하는 가운데 생겨난다.

그뿐만 아니라 헤세는 여러 민족의 다양성도 중요하게 생각한다. 그는 1911년 인도 여행을 하면서 어떤 민족의 획일적인 모습에 대해 생각하게 되었다. 그는 중국인에게서 어떤 민족 본성의 통일이 절대적으로 우세해서 모든 개별 현상은 그 속에 완전히 묻히는 것을 본다. 그리고 말레이인, 힌두인 또는 흑인에게서도 똑같은 인상을 받는다. 피부색이나 의상, 생활 방식이 이 모든 민족을 획일화해서 금방 눈에 띄게 통일시키기 때문이다. 그는 문화가 저급해서 그렇다고 여긴다. 그러나 중국인에게서 그는 처음부터 문화 민족이라는 인상을 받는다. 오랜 역사를 거치며 형성된 중국 민족은 자신의 문화 의식 속에서 과거를 바라보지 않고 활동적인 미래를 들여다봐서 그렇다는 것이다.

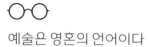

예술은 영혼의 언어이다

음악은 우리의 영혼을 요구한다

음악의 비밀은 우리의 영혼만을 요구한다는 점이다. 음악은 지성도 교양도 요구하지 않는다. 음악은 모든 학문과 언어를 초월하는 많은 뜻이 있지만, 궁극적으로는 오직 인간 정신만을 표현할 뿐이다. 음악을 연주하는 대가가 위대할수록 보고 체험하는 가치와 깊이는 제한을 받지 않으며, 음악 형식이 순수할수록 우리 영혼에 직접적인 효과를 미친다. 우리가 알다시피 독일은 음악의 나라다. 그래서 독일은 언어보다 음악에서 더 경건하고 더 현명하며 더 성숙하다.

음악의 거장은 누구도 아닌, 자신의 영혼을 위해 가장 강렬하고 예리한 음악을 연주하기 위해 고군분투한다. 그러다가 예술적 경지에 이르기를 갈망하던 자신에게서 벗어나 음악에 대한 처음의 순수한 마음과 아름다운 꿈을 좇아가고자 한다. 어느 쪽이든 모두 그의 작품에 직접적인 영향을 미칠 것이다. 기술적인 요소는 훨씬 나중에 가서야 중요한 요소가 될 뿐이다.

만약 음악이 없다면 우리 삶은 어떻게 될까? 만약 누군가가 우리에게 바흐의 합창곡이나 오페라 〈마술피리〉에 나오는 아리아나 〈피가로〉를 듣지 못하게 하면 어떻게 될까? 그런 것들을 우리 기억에서 강제로 지우려고 한다면 우리는 마치 내부 기관을 잃어버린 듯한 기분을 느낄 것이고, 우리 감각의 절반, 아니 전부를 잃어버린 듯한 기분에 휩싸일 것이다. 헤세는 막내아들 마르틴에게 보내는 1940년의 편지에서 음악에 관해 이야기한다.

음악은 시간이나 다름없다. 감지할 수 있게 만들어진 시간, 박자로 분할된 시간이다. 음악이 인간을 행복하게 만드는 점은 음악이 시간을 늘 순수한 현재로 체험하게 하는 데 있다. 사람들은 대개 과거와 미래에 사는 경우가 훨씬 많은 데 비해 음악은 과거도 미래도 알지 못한다. 모든 희망과 두려움은 바로 미래에 대한 생각 때문에 생겨난다.

시인은 내면에서 빚어지고 준비된 것을 표현한다

시인은 일반 시민보다 더 고심하며 언어를 취사선택한다. 시인이 생각하기에 그가 사용하는 언어는 늘 부족하고 불충분하다. 시인은 이따금 그 사실에 대해 비난하며 크게 불평을 터뜨리기도 한다. 또는 오히려 이 빈약한 도구를 가지고 작업할 수밖에 없는 자신의 운명을 증오하고 저주하는 것으로도 볼 수 있다.

시인은 화가를 부러워한다. 화가의 언어는 색채이기 때문이다. 화가는 색채를 가지고 모든 사람이 똑같이 이해할 수 있는 말을 만들어 낼 수 있다. 또 시인은 음악가를 부러워하기도 한다. 음악가 역시 자신의 도구인 음을 가지고 모든 사람이 이해할 수 있는 언어를 만들어 내기 때문이다. 시인이 특히 음악가를 부러워하는 이유는 음악가는 오직 자기만을 위한 소리 언어를 가지고 있다는 점 때문이다. 그러나 시인이 쓰는 언어는 학교에서도 시장에서도 쓰이는 언어이다. 전보를 치거나 소송을 걸 때도 역시 시인이 쓰는 언어와 같은 도구인 언어를 사용한다.

이처럼 시인은 자신의 예술을 위해 자기만 쓸 수 있는 고유한 수단을 갖고 있지 않다. 시인은 모든 것을 일상과 공유해야 한다. 또 자기만의 고유한 정원도 집도 소유하고 있지 않다. 달을 바라보기 위한 자기만의 어두운 창문조차 없으니 얼마나 가련한 일인가! 시인은 한 단어가 다른 의미로도 쓰일 수 있다는 것을 늘 염두에 두어야 한다. 하지만 일반인의 언어와 시인의 언어는 다른 점이 있다. 시인이 꿈꾸는 언어가 풍요로움으로 가득 찬 원시림이며 웅장한 오케스트라의 연주와 같다면, 일반인의 언어는 그렇지 않다. 일반인의 언어는 아주 단순해서 마치 전보와 같은 기호 언어이다. 그래서 그것을 힘들게 말할 필요가 없다.

  현시대의 예술가는 자기가 지닌 이상 외에 다른 이상을 가지고 있지 않다. 그래서 그는 전적으로 자기 자신이 되려고 한다. 그는 자기 내면에서 저절로 빚어지고 준비된 것을 실행하고 표현하는 것 외에 다른 어떤 것도 소망하지 않는다. 그래서 예술가는 일반인이 표출하는 적대감으로부터 최대한 멀리 떨어져서, 가능한 한 개인적이고 아름다운 것을 만들어 낸다. 그들은 스스로 분노에 휩싸여 거품을 내지 않는다. 대신 알맞은 표현을 걸러내고 반죽해서 좋은 것을 만들어 낸다. 그는 불편하고 언짢은 느낌을 쾌적하고 아름다운 것으로 변화시키기 위해 새로운 아이러니와 희화(戲畫), 새로운 방법을 만들어 낸다.

  어떤 사람이 특정 시인을 좋아할 때, 그는 그 시인의 언어 취미와 언어 감각에 참여하고 있는 셈이다. 그 시인의 취향과 비슷할 때 그를 좋아하게 된다. 헤세가 어떤 시와 시구를 좋아하는 것은 그 안에 지혜가 담겨 있어서가 아니다. 체험의 내용이 좋거나 선하거나 위대해서도 아니다. 오히려 특정한 운율이 마음에 들어서이다. 즉 그것들은 특정한 리듬을 띠면서 시의 전통적인 구도에서 벗어나기 때문이다.

예술가는 의식과 무의식 사이를 몰래 드나든다

일반 시민은 공상가를 곧잘 광인과 비교한다. 예술가나 종교인, 철학자처럼 내면의 심연을 파고 들어가면 당장 미쳐버리고 말 테니, 일반 시민의 말이 딱히 틀린 것은 아니다. 이 심연을 영혼이라 부르든, 무의식이라 부르든 또는 다른 무엇으로 부르든, 우리 삶의 작은 움직임도 그 심연에서 나온다. 보통 사람은 자신과 자신의 영혼 사이에 하나의 보초병, 즉 하나의 의식이나 도덕 같은 치안 당국을 하나씩 세워둔다. 그래서 그는 먼저 당국의 검열을 받지 않고 그 영혼의 심연에서 직접 나오는 것은 아무것도 인정하지 않는다.

하지만 예술가는 영혼의 세계가 아닌 모든 검열 당국에 늘 불신의 시선을 보낸다. 또 예술가는 마치 두 집 살림하듯 이쪽과 저쪽, 의식과 무의식 사이를 몰래 드나든다. 이성과 마법이 하나 되는 곳에 아마 모든 숭고한 예술의 비밀이 있을 것이다. 예술가에게 중요한 것은 내면에 담긴 것을 진실하게 표현하는 능력이고, 자신의 개성을 옹호하려는 외침이다.

예술가는 이편, 즉 일반 시민이 살아가는 알려진 낮의 세계에 머물 때는 언어의 빈곤에 무한히 짓눌린다. 그는 작가로 사는 것을 가시방석 위의 삶처럼 느낀다. 하지만 저편, 즉 영혼의 세계에 들어서면 말이 마법처럼 온 사방에서 마구 흘러든다. 별들이 노래하고 산봉우리는 미소 짓는다. 세상은 완벽하고 하느님의 말씀 그대로다. 그곳에서는 단어 하나도 철자 하나도 부족함이 없고, 모든 것을 말로 표현할 수 있다. 그곳에서는 모든 것에서 소리가 울려 퍼지고, 모든 것이 구원받는다.

아주 작은 차이도 진지하게 받아들이도록 하자!

작가들은 글을 쓰는 동안 인내심 있고 강인하며, 힘들지만 되레 지칠 줄 모르고 작업에 임한다. 그들은 자신이 쓴 글이 성공을 거두는 데 도움이 되기보다는 오히려 해가 되는 일에 심혈을 기울이곤 한다. 또한 작가들은 동료 문인들을 위해 글을 쓰곤 하며, 그들의 글은 기껏해야 수십 년밖에 수명을 누리지 못한다. 그래서 마치 언어는 어머니이자 인간의 조상이고, 시인들은 그것을 충실히 지키려는 하인이자 파수꾼과 같다.

또한 작가들은 그 언어를 새로 바꿔가면서 그것과 함께 삶을 살아가며 근심도 함께 나누어 가진다. 그들은 그 언어가 잘 보존되는지 아니면 시련을 겪는지 관찰하고 보살피며 늘 새로운 언어를 만들어 사용해 보고 발전시키려고 한다. 언어는 언뜻 보기에 작가들의 도구이자 보조물에 지나지 않는 것 같지만 실은 그들의 주인이다. 수많은 문인은 어쩌면 내일이면 다시 잊어버릴지도 모르는 것을 위해 언어를 가지고 손과 정신을 열심히 놀려댄다.

예술가에게는 늘 최고가 되고자 하는 명예심이 있다. 일반인들이 성공을 거두려는 명예욕과 자기 목표를 이루려는 작가들의 명예욕 사이에는 큰 차이가 없다. 그러나 중요한 것은 바로 미세한 차이에서 온다. 앞으로 아주 작은 차이도 진지하게 받아들이도록 하자!

시인은 언어와 불화(不和)하기도 하고 동맹을 맺기도 한다

사람들은 언어란 늘 부족하며 근본적으로 빈약한 것이라고 여길지 모른다. 시인을 자극하는 것은 바로 언어가 가진 한정된 표현 수단이다. 시인은 한정된 언어를 가지고 열심히 작업하고자 노력하고 언어유희를 한다. 언어는 시대마다 새로 생겼다가 그중 일부는 빠르게 구식이 되기도 한다.

시인은 규범화된 언어를 사용하는 것을 좋아하지 않는다. 그는 언어와 불화하기도 하고 동맹을 맺기도 하며, 언어에 아첨하기도 하고, 그것을 믿거나 불신하기도 한다. 간단히 말해서 시인은 언어 안에서 호흡하며 살아간다.

사람들은 말한다. "우리의 언어는 별로 쓸모가 없어."

이 말은 "인간은 별로 쓸모가 없어."라는 표현과 같다. 이 것은 소름 끼치도록 맞는 말이기도 하고 아주 틀린 말이기도 하다. 언어는 이런 모순과 양면성을 지닌다. 이런 사실에 대해 깊이 생각해 본다고 해서 우리에게 해가 되지는 않을 것이다.

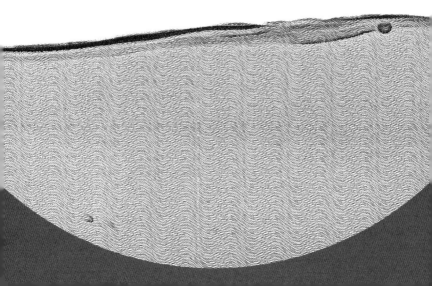

제 3부

Der Weg zur Selbstverwirklichung

가을 - 삶을 관조하기
자기실현의 길(Der Weg zur Selbstverwirklichung)

헤세의 가을 – 더 높은 삶으로 들어가는 계절

가을은 늙어감과 죽음을 떠올려 준다

여름에 태어난 헤세는 따뜻한 여름을 무척 좋아했다. 그는 어린 시절부터 자연의 소리를 받아들이는 감수성이 돌아오는 여름과 가을 사이의 날들을 사랑했다. 온갖 색채가 일시적으로 유희하는 것에 호기심이 일어서다. 그래서 여행도 주로 따뜻한 남쪽 나라도 가곤 했다. 가을은 헤세가 기뻐할 수 없는 계절이다. 인생의 해가 비치지 않고 떨어져 나가기 때문이다. 주희의 〈권학문〉은 가을을 이렇게 읊는다.

젊음은 늙기 쉽고 배움은 이루기 어려우니,
아주 짧은 시간이라도 가볍게 여길 수 없네.
연못의 봄풀이 꿈에서 깨기도 전에
이미 계단 앞 오동나무 잎이 가을 소리를 내는구나.

언제까지나 여름일 수는 없고, 오동나무 잎은 가을 소리를 낸다. 가을에 접어들어 따사로운 온기가 사라지는 것을 느끼게 되면 헤세는 여름이 지나가고 있다는 아쉬움에 젖는다. 그래서 가을이 되면 시 〈구월의 비가〉의 늙어감과 죽음을 떠올린다.

> 오늘 생기 있고 바스락거리며
> 푸르렀던 것들은 모두
> 머지않아 창백해지고 추위에 떨며 사라지고
> 안개와 눈 속에서 죽어가리라.

가을은 슬프면서도 찬란한 계절이다

헤세는 뜨거운 여름의 끄트머리에 이르면 까닭 없이 분노와 짜증에 휩싸여 죽음을 받아들이려는 생각까지도 했다. 을씨년스럽고 쓸쓸한 가을은 부패와 죽음의 냄새를 물씬 풍기기 때문이다. 그러다가 곡식을 수확하는 즐거운 날들이 그의 우울한 기분을 몰아내기도 한다. 그는 밝고 투명하며 부드러운 푸른빛을 띠는 가을날 아침을 보석처럼 느꼈다.

그러니 가을은 우리네 인생과 마찬가지로 슬프면서도 아름답고, 고통스러우면서도 찬란한 계절이다. 헤세는 가을이 되면 유난히 사랑과 고독, 채워지지 않는 그리움을 노래한다. 그는 9월과 10월 사이가 되면 다른 계절보다 더 쉽게 온천 여행을 떠날 결심을 한다. 그러다 겨울의 문턱에 들어서면 죽음과 그것을 넘어서는 더 높은 삶을 희구한다. 헤세는 1921년에 쓴 시 〈11월〉에서 가을을 죽음과 연관 짓는다.

> 만물은 이제 몸을 가리고 퇴색하려 한다.
> 안개 낀 날들이 불안과 근심을 품고 있다.
> 폭풍의 밤이 지나 아침이 오면 얼음의 소리가 들린다.
> 세계는 이별을 슬퍼하고 죽음으로 가득 차 있다.

> 그대 역시 죽는 것과 몸을 맡기는 것을 배우라.
> 죽음을 아는 것은 성스러운 지혜이니.
> 죽음을 준비하라 — 그러면 죽음에 끌려가도
> 그대는 더 높은 삶으로 들어가리라!

가을은 방랑벽을 일깨운다

바람이 잎새에 스치며 사그락거리는 소리를 내면 헤세는 방랑벽을 참지 못한다. 그는 동경과 갈증이 많아 삶에 대해 대체로 만족하지 못한다. 가을이 성큼 다가오면 그의 영혼에 하나의 소원이 자란다. 생존에 너무 집착하지 말고, 나무처

럼 시들어 가려는 소원이, 영혼의 가을에도 기쁨과 색채가
있기를 바라는 소원이. 고독한 존재인 나무는 헤세의 관심을
끄는 설교자다.

나무는 나약하게 현실에서 벗어나 은둔하려는 사람과는
다르다. 마치 베토벤이나 니체처럼 위대하고도 고독하게 삶
을 버텨낸 사람들 같다. 그래서 아름답고 강인한 나무보다
더 성스럽고 모범적인 것도 없다. 나무는 개별적인 일에는
무심하면서도 삶의 근원적인 법칙을 알려준다. 나무의 속삭
임에 귀 기울이는 법을 배운 사람은 더 이상 나무가 되려고
갈망하지 않는다. 나무는 자신의 모습으로 있지, 다른 존재
가 되려고 하지 않는다. 바로 그것이 고향이고 행복이다. 고
향은 여기저기에 있는 게 아니라 자기 내면에 있거나 어디에
도 없다. 방랑과 젊음, 그리고 사랑하는 일은 그 시기와 끝이
있다.

헤세에게 사랑의 열매는 고통이었고, 믿음의 열매는 미움
이었다. 바람이 삶을 휘젓듯 잎들을 떨어트리려 가지들을 흔
드는 가을에 그는 시 〈늦가을의 산책〉에서 삶의 목적을 성찰
한다.

내 열매는 무엇인가? 내 목적은 무엇인가!
나는 꽃피웠다. 꽃피움이 내 목적이었다.

이제 나는 시든다. 그리고 바로 시듦이 내 목적이다.
마음이 간직하는 것은 짧은 것이다.

신이 내 안에서 살고 죽는다. 신은 고뇌한다,
내 가슴속에서. 그것으로 내 목적은 충분하다.
길이든 미로든, 꽃이든 열매든
모든 건 하나고, 이름일 뿐이다.

노화

시간과 늙어감은 되돌릴 수 없다

괴테의 《파우스트》에서처럼 청춘 회복제인 마법의 물약을 마셔서 억지로 젊어지지 않는 한 시간과 늙어감은 되돌릴 수 없다. 노화와 죽음은 쉽게 받아들일 수 없지만, 현실로 받아들여야만 하는 것이기도 하다. 인간은 늙어가면서 제대로 이해받지 못하는 데서 고독과 실망을 느끼고, 신체적인 노화에서도 좌절과 고통을 겪는다. 당송팔대가의 한 명인 한유(768~824)는 시 〈두동치활(頭童齒豁)〉에서 머리는 벗겨지고, 이가 자꾸 빠진다고 아쉬워한다.

　　어떤 사람은 말하네, 이가 빠지는 건 수명이 다한 거라고.
　　나는 말한다, 인생은 유한한 것.
　　장수하든 단명하든 죽는 건 마찬가지.

그러나 그는 어차피 죽는 건 마찬가지라고 차분히 위안한다. 다산 정약용은 시 〈노인일쾌사(老人一快事)〉에서 노인이 되니 머리가 없어지고 치아가 없어져 좋다며, 짐짓 낙관적인 태도를 보인다. 또한 머리를 가꾸지 않아도 되고 치통에서도 해방되었다고 늙음을 예찬한다. 게다가 눈이 어두워 책을 보거나 학문 연구를 하지 않아도 되고, 귀가 먹어 세상의 온갖 소음을 듣지 않아도 되고, 마음 내키는 대로 미친 듯 시를 쓸 수 있으니 좋다는 것이다.

헤세의 시 〈노화〉는 그가 50대 중반인 1931년에 발표한 시다.

늙는다는 건 한때의 기쁨이었던 것이 곤혹스러워지고

그 원천이 더 희미해지며

고통마저 별 의미 없어지는 것―

사람들은 고통이 곧 사라지리라는 것으로 위안 삼는다.

한때 맹렬히 저항했던 것,

속박과 짐, 부과된 의무들이

도피처와 위안으로 바뀌었나니.

아직 사람들은 일상의 일을 처리하고 싶어 한다.

하지만 아직은 그런 세속적 위안이 멀리 미치지 못하고,

영혼은 힘찬 날갯짓을 갈망한다.

영혼은 자아와 시간의 훨씬 뒤에서 죽음을 예감하고,

탐욕스럽게 죽음을 깊이 들이마신다.

자연의 요구에 귀 기울여라

늙으면 젊었을 때의 세속 책무가 오히려 도피처와 위안이 되고, 그 속에서 일상의 일을 처리하고 싶어 한다. 육체는 노화하지만, 영혼은 힘찬 비상을 할 수 있으니 좋은 점도 있다. 삶에 대한 갈망은 부질없어지고 모든 존재를 넘어서는 죽음에 대한 예감만 할 뿐이다. 그래서 달관 속에서 죽음을 깊이 들이마신다.

반면 성호 이익은 〈노인의 열 가지 좌절〉을 노래한다.

대낮에는 꾸벅꾸벅 졸음이 오고 밤에는 잠이 오지 않으며,

곡할 때는 눈물이 없고, 웃을 때는 눈물이 흐르며,

30년 전 일은 다 기억해도 눈앞의 일은 문득 잊어버리며,

고기를 먹으면 뱃속에 들어가는 것은 없이 모두 이 사이에 끼며,

흰 얼굴은 되레 검어지고, 검은 머리는 되레 하얘진다.

백발의 노년은 오래 살아남은 사람의 특권으로 우리 인생

의 한 과정이다. 노년에는 다른 모든 과정처럼 독특한 성격, 분위기, 열정, 희열 그리고 난관이 있다. 노인도 젊은이처럼 자신의 고유한 존재 의미가 있다. 침대에 누워 사경을 헤매는 사람도 필요한 과제를 달성할 의무를 갖는다. 노인이 되는 것도 뜻있는 일이며 성스러운 과제를 부여받는 일이다. 삶의 의미에 대한 경외감과 그 성스러움을 완성하려는 것이라고 전제한다면, 죽음을 배우고, 죽어가는 것도 다른 모든 것처럼 대단히 뜻깊은 과업이다.

죽음이 임박한 머리가 허연 노년을 증오하고 두려워하는 노인은 믿음직하지 못하다. 이는 젊고 활기찬 젊은이가 자신의 일상적인 일과 책임을 포기하고 거기에서 벗어나려는 것과 같은 태도다. 노인은 삶의 의미를 충족시키고 자신에게 부여된 임무를 올바로 달성하기 위해서 제 나이를 흔쾌히 받아들일 수 있어야 한다. 자연의 요구에 귀 기울이지 않는다면 젊었든 늙었든 삶의 가치와 의미를 잃어버리고, 결국 삶을 속이게 된다. 노인이 되어 할 일을 다 하면 조용한 시각에 죽음과 친구가 될 수 있다. 더 이상 사람들이 필요하지 않다. 이미 그들을 익히 알고 있고, 충분히 보아왔기 때문이다.

노년에 희생하고 포기하는 것은 자연스러운 일이다

물론 노인에게 어려움이 많아지고, 해가 갈수록 희생하고 포기해야 하는 것은 자연스러운 일이다. 얼마 전까지만 해도 짧은 산책길이 멀고 힘겹게 느껴지기도 하고, 어느 날 갑자기 그 길을 걷지 못할 수도 있다. 좋아했던 음식도 포기해야한다. 육체적인 기쁨과 쾌락을 맛보지 못하게 된다. 질병과 결함이 나타나고 사고력이 떨어지며 육신이 굳어져 많은 고통을 겪어야 한다. 더구나 이 모든 걸 지루한 밤에 겪어야 한다는 것은 숨길 수 없는 씁쓸한 현실이다. 헤세의 시 〈노인과 늙은 손〉은 늙어서 손이 뻣뻣하지만 웃으면서 달관한 모습을 보여준다.

힘겹게 몸을 끌며 남은 길을 간다.
기나긴 밤
기다리고 귀 기울여 듣고 경계하는 밤
이불 위에 가지런히 포개진 손
왼손 오른손, 늙은 손,
뻣뻣한 나무토막 같은 손, 지친 하인들
그리고 그가 웃는다.
하인들을 깨우지 않으려 소리 없이.

노년에도 좋은 점이 있다

그러나 노년에도 좋은 점, 기쁨, 위안이 있다. 이를 알지 못하고 스러져 가는 과정에 자신을 내맡긴다면 애처롭고 슬픈 일일 것이다. 노인들은 악화하는 관절염이나 계단을 오를 때 숨이 가빠지는 것을 얘기할 것이 아니라, 고통과 분노, 좌절보다는 기쁨과 위안이 되는 경험을 나누어야 한다.

노년기 삶의 긍정적이고 아름다운 면을 생각하고, 젊은 시절에는 의미가 없었던 인내와 기쁨을 아는 것이 필요하다. 노인에게 주어지는 힘의 원천은 그러한 것에 있다. 사람들 대부분은 평생 성취감에 들떠 흥분하거나 실망감으로 긴장하며 초조하게 살아간다. 노인이 되어 지난날을 되돌아보면서 그 숨 가쁜 경주에서 벗어나 관조하며 살 수 있다면 무척 다행스럽고 아름다운 일이다.

노년의 정원에 고귀한 인내의 꽃이 만발하면 우리는 더 여유로워지고 더 관대해질 것이다. 직접 행동으로 옮기라는 요구가 줄어들수록 자연과 더불어 살아가는 이들의 인생을 더욱 관심 있게 지켜볼 수 있다.

그러면 신선한 충격을 느끼며 다양성에 놀라워하고 가끔은 조용히 반성도 하고, 때로는 큰 소리로 웃고 즐거워하며 경청하는 능력을 더 많이 가질 것이다. 노인이 되어 젊은 시절 저지른 잘못들을 기억하면, 그러한 삶의 과정에서 벗어났다는 것과 이제 좀 더 현명해졌고 좀 더 참을성이 많아졌다는 것에 기뻐할 수 있다.

의미 있는 삶을 살아라

삶에 의미가 있는가?

삶에 의미가 있을까? 과거 중세 시대는 허무하거나 공허함을 느끼면 신에게 기도하고, 예배하면 해결되었다. 그냥 신을 믿으면 되기 때문에 삶의 의미를 잃어버릴 염려가 전혀 없었다. 하지만 신이 죽은 현대에는 종교가 더 이상 힘을 발휘하지 못하고 인간은 다른 곳에서 삶의 의미를 찾아야만 한다.

1980년대부터 1990년대에 경험했던 한국의 고성장 시대에는 돈, 사회적 지위, 명예가 신의 역할을 대신했다. 그러나 이 시대가 끝나가면서 믿음은 깨지기 시작했다. 열심히 일한다고 부자가 될 수 있을까, 편안한 노후를 보장받을 수 있을까 하는 불안 섞인 생각을 하게 된 것이다. 이런 삶의 무의미에 대해 부처, 카뮈, 니체는 인생은 원래 의미도 목적도 없다는 것에 동의했다.

한 독자가 헤세에게 삶에 의미가 있는지 물어본다. 어떻게 보면 어리석고 모호한 질문이다. 언뜻 보기에 대답할 말도 별로 없어 보인다. "삶에 의미가 없으니 이렇게 저렇게 해보는 편이 더 낫겠지요."라든가 "삶에는 의미가 있으니, 권총으로 도망치려는 것은 말도 안 되는 일이지요." 또는 "비록 인생이 무의미하다고 해서 스스로 자살을 할 필요는 없겠지요." 등 여러 가지 대답을 할 수 있겠다. 누군가는 자유로 향할 수 있는 해결책만이 그를 궁지에서 벗어나게 할 수 있다고 답할지도 모른다.

혜세는 편지를 읽으면서 섬광 같은 것이 번쩍하는 것을 느낀다. 스스로 몸을 낮추거나 침묵하는 것, 또는 진실의 부름을 받아들이거나 순종하는 것 말이다. 결국 중요한 것은 그 자신의 삶이다. 고민에 대한 답은 남이 아니라 결국 자신이 해줘야 하는데 그 답을 다른 사람의 입을 통해 듣고 싶은 것이다. 그가 혜세로부터 실제로 어떤 교훈이나 삶의 의미를 부여하는 가르침을 받고자 하는 것은 아니다. 유명 작가의 주목을 받고 이를 통해 난관을 극복하려는 것일 테다. 하지만 그를 도와줄 수 있는 것은, 혜세가 아니라 엄연한 진실을 마주하게 한 그 자신의 괴로운 처지일 것이다. 그때 살그머니 도와주는 것이 성서와 철학이다.

인생이란 무의미한 가운데 삶의 의미를 찾는 작업이다

삶의 무의미와 의미를 가르는 것은 그 사람의 기질에 달려 있다. 인생은 의미가 있기도 하고 없기도 하다. 그러나 삶이 무의미하다고 해서 살아갈 가치조차 없는 것은 아니다. 카뮈는 삶의 의미가 없더라도 그것이 오늘 죽어야 할 이유가 되지는 않는다고 말한다. 오히려 삶의 무의미함과 목적이 없다는 것은 결론이 아니라 삶을 어떻게 살아야 할까에 대해 알려주는 시작점이 된다. 삶이 무의미할 수도 있다는 사실을 받아들여야 한다는 것이다.

부처에 의하면 무상한 삶이 영원할 것이라고 착각하면서 집착하는 것에서 온갖 고통이 시작된다고 한다. 인생은 본래 자기 마음대로 되지 않으니 받아들여야만 한다는 것이다. 니체는 신도 없고 사후 생도 없으며 의미도 목적도 없는 세상에서 필요한 것은 자신의 가치를 스스로 만들어 내는 것이라고 했다. 내가 믿지 않는 가치는 부정하고 나만의 세상을 창조해야 한다. 자기 자신을 긍정하며, 이 세상의 가치는 누군가 주는 것이 아니라 스스로 만든다는 사실을 깨달아야 하는 것이다. 더없이 낯설고 가혹한 삶의 문제들에 직면해 있으면서도 삶에 대한 긍정적인 태도를 지녀야 한다는 게 바로 니체가 말하는 디오니소스적 긍정이다.

플라톤은 《크리톤》에서 "중요한 것은 그저 사는 것이 아니라 잘 사는 것이다."라고 말한다. 여기서 잘 산다는 것은 올바르고, 의미 있으며, 가치 있게 사는 것을 뜻할 것이다. 파우스트는 온 세상을 두루 돌아다니며 삶의 의미를 추구했다. 심리학자 아들러 역시 삶에는 의미가 있어야 한다고 역설한다. 그 말은 삶이 무의미하다는 반증일 수도 있다. 특히 과학적으로 볼 때 삶은 의미가 없다고 주장하는 사람이 있다. 프랑스 철학자 장 폴 사르트르는 "삶에는 어떤 고정된 의미가 없어서 우리에게 그 의미를 부여할 자유가 주어질 뿐이다."라고 말한다. 불교에서는 무상을 말하고, 실존주의 철학자들은 삶의 무의미와 부조리를 말한다. 그러나 인생이란 무의미한 가운데 삶의 의미를 찾는 작업이다. 그러기에 삶의 의미를 찾으며 살아가는 것이 가치 있다고 할 수 있다.

아들러는 타인을 위해 기꺼이 헌신하려는 공동체 감정(공동체 의식)의 진정한 의미와 사회 구성원으로서 개인의 역할을 중시한다. 우리는 타인과 함께 살아야지 누구도 혼자 살아갈 수 없다. 그런 점에서 아들러는 공동체 감정을 삶의 과제로 꼽는다. 개인이 겪는 심리적인 문제, 즉 열등감, 고독감, 우울, 신경증, 정신병, 중독이나 범죄 같은 문제도 이 공동체 감정의 육성이라는 과제에 직면한 개인이 보이는 부적응 현상일 뿐이다. 타인의 삶에 대한 유대감, 협력과 공생 능력 등이 결여된 경우, 온갖 형태의 열등감과 현실을 외면하는 반응 양식이 발달하기 때문이다. 공동체 안에서 생각하는 삶의 의미가 '진정한' 까닭은 인간이 외톨이로 살도록 태어나지 않았기 때문이다.

카를 융은 인생이 스스로에 질문이 있다는 것에 존재 의미를 둔다. 세계를 향해 던지는 내 물음에 나 자신이 대답을 제시해야 한다. 나는 세계가 주는 대답에 의지할 뿐이다. 인간이 가치 있으려면 본질적인 것을 소유해야 한다. 그렇지 않으면 인생은 헛된 것이다. 융에 의하면 우리가 인식할 수 있는 한 인간 실존의 유일한 의미는 존재 그 자체의 어둠 속에 빛을 밝혀 의식되지 않는 무의식을 의식화하는 것이다.

나를 죽이지 못하는 것은 나를 더욱 강하게 만들 것이다

헤세 역시 의미 있는 삶을 살 것을 조언한다. 그는 인간이 지상을 정복했지만 훌륭한 지배자는 아니며, 천국이 우리를 기다리는 것은 아니라면서 의미 있게 살라고 말한다. "깨달은 사람, 고결한 사람들은 가르침이나 설교보다는 자신이 있는 자리에서 의미 있게 살려고 노력하면서 자신이 맡은 직분을 다한다."

삶에 의미가 있어야 하는 것은 분명하다. 그러나 삶에는 자신이 부여할 수 있는 만큼의 의미만 있을 뿐이다. 우리가 종교나 철학에서 답을 찾으려는 것은 이마저도 제대로 할 수 없기 때문이다. 그러나 헤세는 답은 언제나 똑같다고 한다. "삶은 사랑을 통해서만 의미를 얻을 수 있습니다. 다시 말해 사랑을 많이 할수록, 헌신을 많이 할수록 삶의 의미는 더욱더 풍부해집니다."

신경정신학자 빅터 프랭클은 《죽음의 수용소에서》라는 유명한 책에 수용소에서 살아남은 체험을 이야기한다. 이 책은 나치 수용소에서 겪은 생사의 갈림길에서 삶의 의미를 잃지 않고, 인간 존엄성의 승리를 보여준 프랭클 박사의 자전적인 체험 수기이다. 수용소 죄수들은 삶에서 기대할 것이 없는 사람들이다. 이처럼 갈가리 찢긴 삶의 가느다란 실오라기를 의미와 책임으로 짜맞추는 것이 그가 창안한 현대 실존 분석의 목적이자 그가 추구하는 바다. 그는 죽음이 난무하는 처절한 강제수용소에서 기나긴 죄수 생활을 하며 자신의 벌거벗은 실존을 체험한다. 부모, 형제, 아내가 모두 수용소에서 죽고, 가진 것을 모두 빼앗기고, 굶주림과 혹독한 추위와 핍박 속에서 그는 죽음의 공포를 이겨내고 의미 있는 삶을 발견하고 유지할 수 있었다.

그에게 산다는 것은 곧 시련을 감내하는 것이며, 살아남기 위해서는 시련 속에서 어떤 의미를 찾아야 한다. 왜 살아야 하는지를 아는 사람은 어떤 상황도 견뎌낼 수 있다. 모든 걸 철저히 박탈당한 상태에서 남은 것이라고는 '주어진 상황에서 자신의 태도를 정할 자유'뿐이다. 그것이 '인간이 가진 자유 중에서 가장 마지막 자유'이다. 인간은 굴복과 저항 중 하나를 선택할 수 있는 존재다.

인간에게는 참담한 조건과 상황을 초월할 수 있는 능력이 잠재되어 있다. "나를 죽이지 못하는 것은 나를 더 강하게 만들 것이다."라는 니체의 말이 우리에게 힘과 위로가 될 수 있다. 살아남으면 빼앗긴 것을 다시 가질 수 있다. 그런데 자신의 내적 경험은 그 누구도 빼앗지 못한다. 그리고 고통스러운 감정은 우리가 그것을 명확하고 확실하게 묘사하는 순간 고통이기를 멈춘다.

시련 속에도 기회가 있다. 그래서 릴케는 '우리가 완수해야 할 시련이 그 얼마인고'라는 내용의 시를 썼는지도 모른다. 〈시편〉에 인간의 극단적인 고통을 위한 구절이 있다. "너희가 흘린 눈물을 내가 다 알고 있노라."

책은 자신에게 돌아가는 길을 알려준다

책이 우리를 행복하게 해주지는 않는다

아르헨티나의 작가 호르헤 루이스 보르헤스는 인간이 만든 다양한 도구 중에서 가장 놀랍고 굉장한 것은 책이라고 말한다. 그 나머지는 인간의 육체를 확장한 것에 지나지 않는다. 현미경과 망원경은 시력을 확장한 것이고, 전화는 목소리를 확장한 것이다. 그리고 쟁기와 칼은 팔을 확장한 것이다. 그러나 책은 다르다. 책은 기억과 상상력을 확장한 것이다. 보르헤스는 만년에 시력을 거의 잃어 책을 읽을 수 없는 상태였지만 그토록 좋아하는 책의 바다에서 단 한 줄의 글도 읽을 수 없는 극단적 불행을 '신의 경이로운 아이러니이자 축복'이라고 노래한다. 헤세는 시 〈책〉에서 책은 우리에게 빛과 지혜를 준다고 말한다.

이 세상 모든 책이
그대를 행복하게 해주지는 않아.

하지만 몰래 알려주지.

그대 자신 속으로 되돌아가는 길을

그대에게 필요한 모든 게 거기에 있지.

해와 달과 별.

그대가 찾던 빛이

그대 자신 속에 있기 때문이지.

오랫동안 책에서 구하던 지혜.

이제 펼치는 책장마다

환히 빛나리.

이제 그대 것이니까.

헤세는 책이 우리를 행복하게 해주지는 않지만, 자기에게 돌아가는 길을 알려주며, 필요한 모든 건 책 속에 있다고 말한다. 주희는 〈권학문〉에서 "배우지 않고 내일이 있다고 말하지 말라."라고 했고, 왕안석 역시 동명의 시에서 책이 군자의 지혜를 더해준다고 했다.

책을 읽으면 비용이 들지 않고

책을 읽으면 만 배의 이득이 생기네.

책은 관리 되려는 사람의 재능을 밝혀주고

책은 군자의 지혜를 더해주네.

쓸데없이 다독하지 말라

헤세는 눈병이 날 정도로 책을 많이 읽었지만 그러면서도 사람들이 책을 지나치게 많이 읽는다고 생각한다. 그에 의하면 아무 책이나 마구 읽는 사람이 책을 무시하는 사람보다 더 나쁘다. 또한 다독으로 인해 부당한 일이 벌어지기도 하는데 그것은 책이 의존적인 사람을 더 의존적으로 만들기 때문이다. 이런 점에서 그는 양서나 좋은 취향의 진정한 적은 문맹 혹은 책을 경멸하는 사람이 아니라 오히려 다독가라고 주장하는 쇼펜하우어의 견해를 따른다.

그는 아이들에게도 비슷한 입장을 취한다. 아이들에게 많은 책을 선물하는 일은 좋지만 그렇다고 읽을거리를 잔뜩 줘서는 안 되고, 필요나 욕구가 생길 때만 줘야 한다고 조언한다. 헤세에게 최대한 많이 읽고 많이 아는 것은 중요하지 않다. 또한 좋은 작품들을 자유롭게 골라 틈날 때마다 읽으면서, 남들이 생각하고 추구했던 깊고 넓은 세계를 감지하고, 인류의 삶과 맥, 아니 그 전체와 활발히 공명하는 관계를 맺는 일이 중요하다고 강조한다. 이때 아는 것보다는 좋아하는 것이, 좋아하는 것보다는 즐기는 것이 중요하다는 논어의 가르침이 설득력을 얻는다.

책 읽기의 세 가지 유형

헤세는 책 읽기를 세 가지 유형으로 나눈다. 그러나 독자들을 이러한 유형 중의 하나로만 한정할 필요는 없다.

첫 번째, 순진한 독자다. 이런 독자는 밥을 먹는 사람이 음식을 집어 들 듯 책을 집어 든다. 그는 단순히 집어 드는 자다.

두 번째 유형의 독자는 어린이다움과 천재적인 놀이 본능을 보여준다. 이들은 세상의 모든 사물을 대할 때와 마찬가지로 책에 대해서도 완전히 다른 입장을 취한다. 이러한 유형의 독자는 마부를 따르는 말처럼 작가를 따르는 것이 아니라, 짐승의 발자국을 좇는 사냥꾼처럼 작가를 좇는다.

세 번째 유형의 독자는 너무나 개성적이고 주관적이어서 자신의 읽을거리에 완전히 자유로운 태도를 갖는다. 그런 독자는 교양을 쌓거나 재미를 얻기 위해 책을 읽지 않는다. 그들은 멋진 구절, 지혜나 진리가 표현된 문장을 보면 시험 삼아 일단 뒤집어 본다. 모든 진리는 그 역도 진리임을 그는 진즉에 알고 있었다.

인생은 짧다. 그러므로 무가치한 독서로 시간을 보내는 것은 어리석고 해로운 일이다. 독서로부터 무언가를 기대하고, 보다 풍부한 힘을 얻기 위해 애쓰는 과정이 필요하다.

책에 다가가는 자세는 어떠해야 하는가?

헤세는 책에 다가가는 자세를 이렇게 기술한다. 생각 없는 산만한 독서는 눈에 붕대를 감고 아름다운 풍경 속을 산책하는 것과 같다. 우리는 우리 자신과 일상생활을 잊기 위해서가 아니라 반대로 우리의 삶을 보다 의식적이고 성숙한 태도로 다시 단단히 손에 쥐기 위해 독서해야 한다. 우리는 냉담한 선생님에게 다가가는 소심한 학생이나 술병에 다가가는 건달처럼 할 것이 아니라, 알프스에 오르는 등산객처럼, 무기고로 들어가는 전사처럼 책에 다가가야 한다.

또한 피난민이나 삶에 불만을 품은 사람처럼 할 것이 아니라 호의를 품고 친구나 조력자에게 다가가는 사람처럼 책에 다가가야 한다. 그냥 시간이나 때우려고 책을 읽는 사람은 아무리 많은 책을 읽더라도 돌아서면 곧 잊어버리니, 그의 정신은 책을 읽기 전이나 후도 여전히 빈곤할 것이다. 헤세는 사랑 없는 독서, 경외심 없는 지식, 가슴 없는 교양이 정신에 대한 가장 나쁜 죄악의 하나라고 말한다.

그는 단지 심심풀이로 책을 읽지 말라고 조언한다. 그런 자는 독서를 한 뒤 읽은 내용을 잊어버려, 책을 읽기 전이나 마찬가지로 빈곤한 상태가 되기 때문이다. 물론 아예 책을 안 읽는 사람보다는 그렇게라도 책을 읽는 게 낫다. 그러나 친구 말에 경청하듯 책을 읽는 사람에게 책은 열린 채 그의 것이 된다. 그가 읽는 책은 사라지지 않고 그에게 남아 기쁨과 위안을 준다.

카프카는 '사람을 물고 찌르는 책, 주먹으로 쳐서 정수리를 일깨우는 책'을 읽어야 하고, 책은 우리를 행복하게 해주지는 않지만 '우리 내면의 얼어붙은 바다를 깨는 도끼여야 한다'고 말한다.

꽃을 감상하듯 시인의 책을 읽어라

우리는 꽃을 관찰하거나 꽃향기를 맡을 때 그 꽃을 꺾고 짓이겨 현미경 밑에 대고 연구하면서 왜 그 꽃이 그처럼 싱싱해 보이고 그런 향기를 내는지 알아내려고 하지 않는다.

그저 그 꽃의 색과 형태, 향기, 그 꽃이라는 존재가 지닌 고요함과 수수께끼 같은 신비로움이 우리에게 영향을 미칠 것이고 우리는 이를 받아들인다. 그리하여 우리는 그 꽃을 체험한 만큼 풍요로워지리라. 우리는 그 꽃에 고요히 몰두할 능력이 생기게 된다. 우리는 시인들이 쓴 책을 읽을 때도 꽃을 감상하듯 해야 한다.

　시인의 작품을 진실로 읽을 줄 아는 사람은 작가가 주려는 것을 순순히 받아들일 준비가 되어 있는 독자다. 그런 독자에게 작품 속에 든 언어는 독자가 바라는 대답을 해준다. 그러나 그것으로 예술 작품의 내면에 들어가는 길을 발견할 수는 없다. 내면의 문을 열려고 시도하지만, 실은 문이 이미 열려 있다는 사실을 알지 못하기 때문이다.

책의 세계는 무한하다

　책의 세계는 무한하다. 독자마다 그 세계는 다르게 보인다. 독자는 각기 그 세계에서 자기 자신을 추구하고 체험한다. 어떤 이는 어린이 동화와 인디언 책에서부터 셰익스피어나 단테로 나아가고, 어떤 이는 별이 총총한 하늘에 대한 학교 작문으로부터 케플러나 아인슈타인에 이르기도 한다. 또 어떤 이는 경건한 어린이 기도문에서부터 성 도마나 성 보나벤투라의 성스럽고 서늘한 성전으로, 탈무드 사상의 숭고한 과장으로, 우파니샤드의 봄날 같은 비유, 하시디즘[14] 신봉자들의

14　'경건한 자'라는 뜻의 히브리어 'hasid'에서 유래. 18세기 동유럽에서 일어난 유대교의 신비주의적 경향의 신앙 부흥 운동. 19세기가 시작되면서 하시드들의 초기 정신

감동적인 지혜로 나아간다. 또는 간결하면서도 너무나 친근하고, 너무나 온순하며 명랑한 고대 중국의 가르침으로 나아간다. 원시림을 가로질러 수천의 길이 수천의 목적지로 나 있다. 그런데 어떤 목적지도 최종적인 목적지는 아니며, 그 배후에는 새로운 광활한 세계가 펼쳐진다.

자신의 독서 체험이 진정으로 체험 혹은 삶에 도움이 되는 길을 찾을지는 아무도 모른다. 그것은 지혜나 행운에 달려 있다. 책 세계의 마법을 알지 못하는 이들은 음악의 문외한이 음악에 대해 생각하는 것처럼, 독서란 살아가는 데 아무 소용이 없는 병적이고 위험한 열정이라고 비난하기도 한다. 물론 어느 정도는 맞는 말이다. 아무튼 책의 세계에는 나름의 위험성이 있다.

그렇지만 우리는 여러 민족의 수많은 목소리가 동일한 목표를 추구하고, 이름만 다를 뿐 같은 신을 부르고, 동일한 소망을 꿈꾸며, 똑같은 고통에 시달린다는 것을 점점 분명히 깨닫게 된다. 깨달음을 얻은 독자라면 수천 년 동안 생겨난 무수히 많은 언어와 책들로 짜인 천 겹의 직물에서 놀랍도록 숭고하고 초현실적인 모습의 키메라를[15] 볼 수 있으리라. 그것

이 크게 타락하여 이들은 극보수적인 성향을 띠기 시작했고, 유대 공동체 내의 어떠한 근대성의 표현도 용납하지 않았다. 제2차 세계대전 동안 수많은 유대인이 처형당하면서 하시디즘은 큰 타격을 받았다.

은 수천의 모순되는 특성을 마법의 힘으로 통일시키려는 인간의 모습이다.

일을 통한 자기실현이 가능한가?

개성화 과정은 불신받기 쉽다

청소년에서 성년으로 가는 길에는 두 가지 중요한 단계가 있다. 자신의 자아를 깨닫고 의식하는 단계와 이 자아를 공동체 속에 편입시키는 단계가 그것이다. 단순하고 문제가 없는 청소년일수록 두 가지 과제가 덜 고통스럽게 다가올 것이다. 매우 세심하고 재능 있는 청소년들은 좀 더 어려움을 겪는다.

어려움을 가장 많이 겪는 경우는 특별한 재능이 있지만, 앞길이 불투명한 청소년들이다. 그러나 모든 인생은 개인적 재능과 충동, 그리고 사회적 요구 사이에서 언제나 새롭게 균형을 찾아야 한다. 단연코 희생 없이, 실수 없이 이루어지는 것은 없다. 겉보기에는 출세하고 확고하게 자리 잡은 것처럼 보이는 노인들도 회의와 실수를 다 넘어선 것이 아니라 그 한가운데 있다.

평범하지 않은 취향과 영혼을 지닌 재능 있는 젊은이에게는 보헤미안의 위험성이 존재한다. 그들에게는 재능이 성격보다 더 강하다. 보헤미안은 매혹적이긴 하지만 내면적으로는 불가능하게 된, 시대에 뒤떨어진 길 잃은 예술가의 한 형태이다. 거기에 머물러 있는 사람은 천재도 혁명가도 아니며, 현명하지도 못하고, 자기 나름의 가치 있는 삶을 만들어 갈 수 있을 정도로 강하지도 못한 그저 불쌍한 녀석일 뿐이다.

'인식', 그러니까 정신의 각성이 성경에서 (천국의 뱀으로 대변되는) 죄악으로 묘사되듯 인간이 된다는 것, 즉 다수의 무리에서 떨어져 나와 독립적인 개인이 되기 위해 힘겹게 투쟁하는 개성화 과정은 언제나 윤리와 관습 속에서 불신의 눈길을 받기 쉽다. 마찬가지로 청소년과 가족, 아버지와 아들 간의 마찰 역시 오랜 옛날부터 있었던 자연스러운 현상이지만 아버지들은 모두 그것을 늘 유례 없는 반역이라고 느낀다.

일은 신이 내린 징벌이었다

진정한 의미에서의 일이란 무엇인가? 인류 역사상 엄격하게 규정된 고된 노동은 6천~8천 년 전 농경이 도입되면서 시작되었고, 강제성을 띤 규칙적인 일은 문화의 생성과 함께 시작되었다. 고대 사회에서 일은 무언가 지저분하고 천한 것이었고, 중세에도 일은 부담스러운 짐이었다. 고대 그리스

철학자들의 철학적 사유는 노예가 일을 대신 해 주었기에 가능한 일이었다.

기독교에서 일이란 에덴동산에서 쫓겨난 아담에게 신이 내린 징벌의 의미를 지녔고, 중세의 수도사들은 일을 속죄의 의미로 생각했다. 그러나 16세기에 들어와 마르틴 루터가 일에 대해 '소명, 사명'이란 뜻을 지닌 '직업(Beruf)'이란 단어를 선택하고, 일에 신적인 의무이행이라는 고상한 의무를 부여하면서 모든 것이 뒤바뀌게 되었다.

거기에다가 칼뱅은 일을 가장 고귀한 삶의 내용으로 끌어올렸고, 프랑스의 공상적 사회주의자 샤를 푸리에는 19세기 초 '노동의 권리'라는 대담한 주장을 내세웠으며, 카를 마르크스는 '만인에 대한 동일한 노동의 강요'를 요구했다. 그렇지만 농업의 발견 이후 일은 인류의 멍에가 되었고, 산업혁명 이후에는 그 멍에가 더 커져, 일부 지역에서는 부녀자는 물론 심지어 어린아이까지 종일 고된 노동을 감당해야만 했다.

일을 통한 자기실현이 가능한가?

현대인은 직업을 가져야 가정을 꾸리고 살아갈 수 있다. 그런데 일은 꼭 해야 하는 것이지만 하기 싫은 것이기도 한

양면적 성격을 지니고 있다. 전통적으로 일은 가장인 남자의 몫이라고 생각했지만, 오늘날은 여성도 직업을 갖고 일을 하게 되었고, 이제 대다수의 사람이 생계를 위해 일하는 것만으로는 삶에 만족할 수 없게 되었다. 그 결과 사람들은 생존을 위한 수단으로 일을 해야 할 뿐만 아니라 일을 통해 자기실현을 해야 한다는 요구가 대세로 자리 잡았다. 그리하여 현대의 직장인들은 성과 달성과 자기실현이라는 이중 강박에 사로잡히게 되었다.

젊은이는 어떤 직업이든 직업을 가짐과 동시에 청춘의 꿈이라는 생기발랄한 혼돈에서 나와 조직되고 경직된 세계로 들어가게 된다. 그리고 늘 실망하게 될 것이다. 직업이란 언제나 불행이고 제한이며, 체념이기 때문이다. 인간은 직업을 갖게 되면 이기적이고 안락한 본능에 젖게 된다. 젊은이가 융통성 있게 머리를 숙이고 상사의 말을 그대로 따르면 쉽게 살아갈 수 있다.

그런데 그가 직업에 종속되지 않고 책임감을 추구하고 또 사랑한다면 큰 어려움을 겪을 것이다. 그리고 직업을 갖기 전에 결혼했거나 안락한 생활에 익숙해진 사람은 직업을 통해 단련될 수 없다. 그는 직업을 통해 단단해지지도, 충분히 유연해지지도 않고 오히려 순응하고 녹슬게 될 것이다. 우리를 적당히 만족시키는 직업이 아니라 우리 안에 꿈의 이미지를 깨워 생명을 불어넣어 주는 직업을 발견하는 것, 단순히 먹여 살리기만 하는 것이 아니라 우리를 고양하고 실현해 주는 직업을 발견하기란 쉽지 않다. 그러기에 일을 통한 자기실현은 사실상 요원한 이야기가 되고 있다.

융이 처음 사용하기 시작한 자기실현이라는 용어는 에리히 프롬에 의해 유행어가 되었다. 프롬은《정신분석과 윤리》에서 인간의 핵심적인 과제란 "자신의 본질이 터져 나오도록 하고, 자신 속에 잠재된 것을 실현하는 것"이라고 주장했다. 물론 자기실현은 누구에게나 바람직하다. 그러나 어떤 방법으로 자기실현을 해야 하는지가 더욱 중요하다. 다른 사람과의 경쟁을 통해 자기실현을 하려는 사람은 통계적으로 볼 때 실패할 확률이 아주 높고, 무수히 많은 자아와의 경쟁에서 탈진한 사람은 대체로 우울증에 시달리기 쉽다.

성과 강제와 성공 강박에 시달리는 직장인

최근 조사에 의하면 독일 직장인의 90%는 직장에 전혀 유대감이 없거나 아주 조금 느낀다고 한다. 신자유주의가 직장 환경을 악화시켰다. 그렇지만 어디서 무슨 일을 하든, 누구에게나 불만은 있기 마련이고, 완전히 만족할 수 있는 근무 환경은 드물다. 불평과 불만은 주로 상대적 비교로 생기므로 자신이 어떻게 생각하고 행동하느냐에 따라 달라질 수도 있다. 그러므로 내가 하는 일에 더욱 큰 의미를 부여하고 그 일을 통해 자기실현을 할 수 있다면 직장에 대한 유대감도 높일 수 있을 것이다.

현대의 직장인은 매년 더 높은 목표를 달성하라는 성과 강제와 성공 강박에 시달리고 있다. 물론 취직하지 못한 사람의 경우, 취직한 후의 배부른 소리라고 치부할 수도 있겠다. 하루의 길이는 그대로지만, 같은 시간에 해야 하는 일의 양은 점점 늘어난다. 결국 일과 시간의 노예가 되는 셈이다. 또한 우리는 성과를 토대로 평가받으며, 늘 타인과 경쟁하고 비교당하며 살아왔기에 도대체 인생의 성공에 대해 정의하지도 않은 채 자신보다 나은 사람과 비교하기만 하면서 성공해야 한다는 강박에 시달린다.

현대인의 소진 현상과 의욕 상실 현상

헤세의 자전적 소설《수레바퀴 밑에》의 주인공 기벤라트는 남독일의 명문 마울브론 신학교에 들어간다. 그러나 경쟁과 성적 위주의 학교에 적응하지 못하고 탑시계 공장에 들어갔다가 야유회에 가서 술을 마시고 귀가하던 중 실족하여 강물에 빠져 죽고 만다. 수재인 그도 성적 강박과 성적의 포기

강박에 사로잡힌 예라 하겠다. '제게 조언을 해주세요(Geben Sie mir Rath)!'라는 뜻을 지닌 '기벤라트'의 이름에서 보듯 그는 아버지와 스승 및 사회의 도움을 구하지만 어디서도 조언을 얻지 못하고 결국 죽음에 이르고 만다.

우리는 번듯한 직업을 갖고 있어야 그 삶이 의미와 가치가 있는 것으로 인정을 받는다. 또한 일을 완벽하게 해야 하는 데서 스트레스를 받는 것은 물론, 남에게 보여주고 인정받아야 하는 일이 되어 버린 여가생활에서도 더욱 스트레스를 받게 되었다. 그 결과 현대인은 지속적이고 반복적으로 수행되는 과도한 업무들에 치여 모든 에너지가 소진되고, 아울러 업무에 대한 의욕이 떨어지는 '소진(burn-out)' 현상이나 직장에서 겪는 지루함과 단조로운 업무로 생기는 '의욕 상실(bore-out)' 현상에 시달리기도 한다. 결국 우리는 다람쥐 쳇바퀴 돌기의 희생자인 셈이다.

매사에 일비일희하지 마라

중국 우화

중국 고서에 밝은 헤세는 〈중국 우화(Chinesische Parabel)〉라는 글을 썼다. 내용은 이렇다.

전쟁이 자주 일어나던 고대 중국 북쪽 변방에 '바위 선생'이라는 뜻의 노인 충랑(Chunglang)이 살고 있었는데, 그는 산에 작은 농토를 가지고 있었다. 어느 날, 이 노인이 기르던 말이 달아났다. 그러자 이웃 사람들이 찾아와 "말이 도망가서 어찌합니까? 정말 안됐습니다."라고 위로했다.

그러자 노인은 "글쎄요, 이게 불행한 일인지 어찌 알겠소?"라고 반문하며 덤덤한 표정을 지었다.

그런데 얼마 뒤 도망갔던 말이 야생마 한 무리를 데리고 왔다. 사람들은 다시 "이제 부자가 되셨구려! 축하합니다!"라고 환호했지만, 노인은 다시 정색하며 반문했다. "글쎄요, 어째서 행운이라고 생각하는 거요? 오히려 재앙이 될지도 모르지요." 그는 기뻐하지 않고 덤덤한 표정을 지었다.

갑자기 말이 많이 생기자, 노인의 아들은 승마하고 싶은 마음에 말을 타다가 떨어져 그만 다리가 부러지고 말았다. 그러자 다시 한번 이웃 사람들이 찾아와 위로의 말을 전했다. "아드님이 다리를 다쳐 저 지경이 되었으니 어떡하지요? 정말 안됐습니다."

그러자 노인은 "글쎄요. 이것이 불행한 일인지 당신들이 어찌 안단 말이오? 이 일이 다시 복이 될지 어찌 알겠소?"라며 또다시 덤덤한 태도를 보였다.

얼마 뒤 북쪽에서 오랑캐들이 쳐들어왔다. 친위대가 황제의 구두 수발을 들고 가마 드는 일을 맡을 튼튼한 장정들을 데려가려고 산속에 나타났다. 많은 남자가 징집되었으나 다친 다리가 완전히 낫지 않은 노인의 아들은 끌려가지 않았다. 전쟁에 나간 대부분 남자가 전사하였고, 그나마 살아남은 이들 역시 상당수가 다쳐서 장애를 안고 돌아왔다. 가족들의 슬픔과 한숨이 뒤섞였다. 그런데 노인의 아들은 다리를 못 쓰게 된 것이 오히려 약이 되어서 징집되지 않고 무사히 살아남은 것이다.

충랑은 슬그머니 미소를 짓지 않을 수 없었다.

인간만사 새옹지마

중국 전한 시대의 고서《회남자》에 나오는 내용으로 '새옹지마(塞翁之馬)'라는 고사성어가 여기서 생겼다. 보통 '인생사 새옹지마', '인간만사 새옹지마'의 형태로 쓰인다. 직역하면 '변방 노인의 말(馬)'이고 풀이하면 "인생의 행복과 불행은 변수가 많으므로 예측하거나 단정하기 어렵다."라는 뜻이다. 쉽게 말하자면 길흉화복, 즉 인생의 화와 복, 행복과 불행이 어떻게 변할지 알 수 없으니, 매사에 일희일비(一喜一悲)하지 말라는 뜻이다. 그러니 작은 일 하나하나에 일일이 기뻐하거나 슬퍼하지 말고, 화무십일홍(花無十日紅), 즉 열흘 붉은 꽃은 없으니, 좋은 일이 있어도 취하지 말며 나쁜 일이 있어도 낙담할 일이 아니다.

사소한 일을 진지하게 생각하라

사물을 다르게 보고 생각하라

헤세는 다르게 보고 생각하는 것, 뒤집어 보는 것을 중시한다. 이른바 니체적 가치의 전환이라 할 수 있다. 그는 "작가의 임무는 단순한 것을 의미심장하게 말하는 것이 아니라, 의미심장한 것을 단순하게 말하는 것이다."라는 빌헬름 셰퍼의 문장에 감명받는다. 그러나 그는 참되고 올바른 진리라면 뒤집어 놓더라도 끄떡없어야 한다고 생각한다. 참인 것은 그 역도 참일 수 있어야 하니까. 셰퍼의 명제를 뒤집으면 이런 문장이 된다. "작가의 임무는 의미심장한 것을 단순하게 말하는 것이 아니라, 단순한 것을 의미심장하게 말하는 것이다."

셰퍼는 작가의 임무란 임의의 것과 사소한 것을 의미심장한 것처럼 꾸며내는 일이 아니라, 진정으로 가치 있고 중요한 것을 선택해 되도록 단순하게 묘사하는 일이라고 말한 것이다. 그러나 헤세는 작가의 임무란 무엇이 의미심장하고 중요한지 결정하는 일이 아니라 반대로 사소하고 하찮은 것에서 영원하고 어마어마한 것을 인식하고, 신은 어디에나 존재하고 모든 사물에 깃들어 있다는 지식을 발견하고 알려주는 일이라고 한다.

헤세는 학생에게 작문을 시킬 때도 뒤집어서 생각해 보기를 권한다. "얘들아, 우리가 너희들에게 가르치는 것은 매우 좋은 거란다. 하지만 가끔은 우리의 규칙과 진리를 한번 재미 삼아 뒤집어 보렴!"

1947년 헤세는 일본의 젊은 동료에게 보내는 편지에서 자기의 소임을 '빛을 전하는 자'라며 겸허하게 말한다. "시인은 빛도 횃불 드는 자도 아닙니다. 시인은 기껏해야 독자에게 빛을 통과시켜 주는 창문일 뿐입니다. …… 그를 움직이고 이끄는 것은 거만함이나 겸손해지려는 억지 노력이 아니라 오로지 빛에 대한 사랑, 현실에 열린 자세, 참된 것을 통과시키는 능력입니다." 시인은 빛을 알고 믿어야 하며, 그 빛에 열려 있어야 한다는 것이다.

자잘한 것을 우아하고 깔끔하며 세심하게 묘사하라

이름이 알려진 한 젊은 작가가 헤세에게 평을 해달라며 소설 한 권을 보내줬다. 프랑스 대혁명을 배경으로 한 소설이었다. 묘사된 시기는 가뭄과 더위가 기승을 부리는 여름이었다. 땅이 쩍쩍 갈라지고 농작물은 말라붙어 농부들은 절망에 빠졌다. 푸른 줄기라곤 눈을 씻고 봐도 찾아보기 힘들었다. 그런데 몇 페이지 뒤로 가니 남자 주인공인지 여자 주인공인지 같은 여름에 같은 땅을 거니는데, 풍요로운 들판에 활짝 핀 꽃들을 보고 원기를 회복하는 것이 아닌가! 헤세는 그 작가에게 이런 건망증과 날림이 책 전체를 망쳐버렸다고 편지를 썼다.

그런데 그 작가는 이런 문제에 대해서는 논의하려 하지 않았다. 그러기에는 인생이 너무 짧다는 것이다. 그는 급히 해치워야 하는 또 다른 일에 착수하고 있었다. 그는 헤세가 자잘한 데 신경 쓰는 훈장님이며, 예술 작품에서는 그런 자잘한 것보다는 다른 것이 더 중요하다고 답장을 보냈을 뿐이다. 헤세는 편지를 보낸 게 후회스러웠고, 그 이후로는 다시는 그런 편지를 보내지 않았다. 그러나 예술 작품에서 진리, 성실성, 우아함, 깔끔함이 중요하지 않다는 게 말이나 될 법한 일인가! 모든 젊은 작가가 그렇게 생각하지는 않을 것이다. 자잘한 것을 우아하고 깔끔하며 세심하게 묘사할 줄 알고, 우아한 유희 정신을 갖춘 젊은 작가들도 있을 것이다.

현재 맡은 사소한 일에 성심성의를 다하라

헤세는 자신이 예술가의 윤리를 따지는 트집쟁이이자 유행에 뒤진 돈키호테냐고 자문한다. 모든 책의 90%는 날림으로 무책임하게 쓰이고 읽히는 마당에 그것이 무슨 대수냐고 할지도 모른다. 그의 트집을 포함해서 모든 인쇄물이 내일모레면 종이 휴지가 될 것이 뻔한데 사소한 것을 왜 그리 진지하게 생각하느냐고 타박할지도 모른다. 하지만 그는 이 문제에 대한 견해가 확고하다. 그가 볼 때 큰일을 진지하게 여기고 작은 일은 하찮게 여기는 걸 당연시하는 풍조는 몰락의 시작이다.

인류를 존중한다면서 자신이 부리는 하인을 들볶고 괴롭히는 것, 조국이나 교회, 당은 신성하게 받들면서 하루의 일은 형편없이 날림으로 하는 데서 모든 타락이 시작된다. 헤세는 이를 막는 교육 수단을 한 가지로 표현한다. 즉 신조나 세계관, 애국심 같은 소위 진지하고 신성한 것은 자신과 타인에게서 완전히 제쳐두고 사소하고 매우 하찮은 일, 현재 맡은 일에 성심성의를 다하라는 것이다. 가령 자전거나 가스레인지의 수리를 맡길 때 기술자에게 요구하는 것은 인류애도 독일의 위대성에 대한 믿음도 아닌 꼼꼼한 일 처리일 것이다. 기술자는 오로지 그 일 처리에 따라 평가받으며, 또 그러는 것이 당연하다.

그렇다면 정신의 영역은 왜 달라야 한단 말인가? 예술 작품이라고 해서 부정확하고 비양심적인 졸속 처리를 해도 괜찮단 말인가? 신조가 멋지다고 해서 '사소한' 숙련성의 실수는 왜 눈감아줘야 한단 말인가? 헤세는 오히려 창끝을 돌려 똑같은 식으로 공격하고자 한다. 그렇지 않아도 거창한 거동이나 신조 또는 강령은 우리를 깜짝 놀라게 하는 창끝처럼 보이지만, 찬찬히 뜯어보면 그냥 종이호랑이에 불과한 경우가 허다하기 때문이다.

당파심은 삶을 변화시키지 못한다

당파성을 거부하라

괴테는 당파성을 거부한다. 어린 시절 가정이 편들기의 문제로 분란을 겪었기 때문이다. 아이와 여자들은 프랑스 편을 들었고, 괴테의 아버지는 프로이센, 외할아버지는 오스트리아 황제 편을 들었다. 그래서 괴테의 아버지와 외할아버지는 대판 싸움을 벌였고, 서로 어색한 사이가 되었다. 아이와 여자들은 7년 전쟁 당시 괴테의 집을 숙영지로 이용한 토랑 백작의 영향으로 프랑스의 세련된 문화에 반해 프랑스적인 것을 좋아하게 되었다.

헤세도 괴테와 같은 입장이다. 그는 인간이 선을 위해 투쟁하는 것은 이해할 수 있지만, 그것이 정말 옳고 그른가라는 판단은 유보할 수밖에 없다고 한다. 그는 행동, 싸움, 당파를 대단하게 여기지 않는다. 그가 어떤 당파에 가담하지 않는 것은, 세상을 변화시키려는 모든 의지는 결국 전쟁과 폭력으로 이어지기 때문이다. 그는 이 세상의 불의와 악을 고쳐지는 것으로 보지 않는다. 그에 의하면 바꿀 수 있고 바뀌어야 하는 것은 바로 우리 자신이다. 우리의 조바심, 우리의 이기주의, 우리에게 결여된 사랑과 관용 말이다. 아무리 좋은 뜻에서 나온 것이라 해도 이 세상을 변화시키려는 의지는 별 도움이 되지 않는다는 것이다.

문학의 가치는 유용성이 아니라 무용성에 있다

세계사를 살펴보면, 정치의 역사는 추하고 끔찍하며 야만적이다. 그래서 마르크스는 세계를 해석하지 말고 세계를 변혁시키라고 한 것이다. 그러나 헤세는 문학도 철학도 세계의 변혁을 목적으로 할 수 없다고 주장한다. 예술의 역사는 어느 부분이든 아름답고 사랑스러운 모습이 넘쳐난다. 예술 작품이 우리에게 가치 있는 것은 어떤 실용성이나 유용성 때문이 아니다. 문학의 가치는 유용성이 아니라 무용성에 있다.

문학평론가 김현은 "문학은 써먹을 데가 없어 무용하기에 유용하다."라고 했다. 모든 유용한 것은 그 유용성 때문에 인간을 억압하지만, 문학은 무용하므로 인간을 억압하지 않고 대신 억압에 대해 생각하게 하기 때문이다. 인간을 총체적으로 파악하게 만드는 문학은 배고픈 거지를 구하지 못하지만, 그 배고픈 거지가 있다는 것을 추문으로 만들고, 그래서 인간을 억누르는 억압의 정체를 뚜렷하게 보여준다. 그것은 인간의 자기기만을 날카롭게 고발하기도 한다.

노자가 말하는 당무유용(當無有用)도 같은 뜻이다. 사물과 인간 사회를 볼 때, 있음과 없음을 생각하고, 눈에 보이는 것뿐 아니라 눈에 보이지 않는 것도 생각해야 한다는 것이다. 서른 개의 수레바퀴 살이 있고, 그 가운데는 한 속 바퀴통이 있다. 그 비어 있는 '없음' 때문에 수레바퀴는 '쓸모 있는' 것이 된다. 그릇은 빈 부분(없음) 때문에 쓸모가 생기고. 방은 그 빈 부분(없음) 때문에 쓸모가 생긴다.

예술 작품의 실용성을 따지지 마라

예술가는 자신의 창조적 작업 자체에 재미를 느끼고, 사람들은 예술 작품 속에 깃든 인간의 정신적 힘과 기술적 기량에 감탄한다. 문학작품이나 철학자들이 생산하는 논문은 이 사회를 변화시키는 것과 실제로 아무런 관련이 없다. 그리고 꼭 그럴 필요도 없다. 그것은 고도의 지적 유희에 속한다. 고도의 지적 작업에 근거한 이러한 논문들이 어떠한 실용성도 갖지 않고, 결국 우리 삶에 아무런 쓸모도 없다는 사실은 오히려 동물과 구별되는 인간의 위대한 독특성을 반증하는 것이다. 예술의 가치는 그것의 쓸모없음에 있지, 그 어떤 유용성이나 실용성에 있는 것이 아니다.

문학이든 철학이든 자기의 삶 전체를 걸 수 있는 재미가 중요하다. 산악인들이 높은 산을 등반하듯, 연주자가 악기 연습에 몰두하듯, 바둑의 고수가 바둑에 심취하듯, 그 무엇이든 내 삶을 걸 수 있는 재미를 어디선가 발견할 수 있는 사람은 행운아다. 가장 불행한 사람은 주어진 인생에서 어떤 재미도 발견하지 못해 인생이 너무 무료하다고 생각하는 사람일 것이다. 그러나 변혁 의지가 없다 하더라도 현실의 재현이 사회를 변화시키는 동력이 되기도 한다. 토마스 만의 《부덴브로크가의 사람들》이나 헤세의 《수레바퀴 밑에》가 그 예이다. 이 두 작품에서는 억압적인 학교의 모습을 보여주는 것만으로도 학교 현실을 개선하는 데 크게 기여했다.

예술가란 미적인 존재이다

토마스 만은 소설의 사회 비판적 기능을 중요하게 생각한다. 인문학의 생명은 틀에 얽매이지 않는 자유로운 성찰과 탐구, 비판과 질문이기 때문이다. 그러므로 소설 자체가 비판의 대상이 되는 시점에서 '무의식적인 예술 창조'를 할 것이 아니라 창작 과정에서 소설의 가능성과 한계를 탐구하면서 '비판적 의식'을 가지는 것이 필요하다. 하지만 토마스 만은 예술가는 보헤미안적이고 사회적으로 방종(放縱)한 분위기가 있다고 말한다. 예술가란 원래 도덕적인 존재가 아니라 미적인 존재이고, 그의 근본 충동은 유희이지 덕이 아니기 때문이다. 예술가는 문제 제기나 도덕의 이율배반성에 대해 변증법적으로 유희하는 존재이다.

독일의 노벨문학상 수상자(1929) 토마스 만에 의하면 예술은 인간들에게 자주 웃음과 명랑함을 안겨주고 합일시키는 작용을 한다. 예술은 힘이 아니라 하나의 위로일 뿐이지만 깊디깊은 진지함의 유희이며, 완성을 향한 갖은 노력의 본보기라는 것이다. 그는 괴테를 원용(援用)하여 자신의 주장을 뒷받침한다. "어느 좋은 예술 작품이 도덕적인 결과를 낳을 수 있을지도 모른다. 하지만 예술가에게서 도덕적인 의도와 목적을 요구하면 그의 작업을 망치게 된다."

세상의 고통을 함께 느껴라

삶의 본질은 고통이다

사람들은 대개 자신이 받은 고통이 가장 심한 고통이라고 느낀다. 자기에게 닥친 액운이나 병, 사고가 세상에서 가장 가혹하다고 느끼는 이유는 만사를 본인 위주로 생각해 가치를 매기기 때문이다. 그래서 남의 불행은 "그까짓 일로 요란 떤다."라며 경시하고, 실제로도 그렇게 느낀다.

쇼펜하우어는 고통이 삶의 본질이라고 주장한다. 인생은 전체를 보면 비극이고 부분만 보면 희극이다. 그는 고통과 악이 존재하는 원인을 일차적으로는 인간과 동물을 비롯한 모든 사물이 욕망, 즉 맹목적인 의지의 존재라는 데서 찾지만, 궁극적으로는 우주의 근원이 맹목적인 욕망의 성격을 띤다는 데서 찾는다. 그는 인간은 이성적 동물이라는 서양의 전통 철학에 반기를 들고 인간을 욕망하는 존재로 파악한다. 존재 우주의 근원적인 실재가 끊임없이 결핍감에 시달리는 맹목적인 욕망의 성격을 띠고 있기에, 거기서 비롯되는 모든 개체도 맹목적인 욕망에 사로잡혀 서로 반목하고 투쟁할 수밖에 없다.

그래서 쇼펜하우어는 '이 세계는 존재할 수 있는 세계 중 최악의 세계'라고 말한다. 그의 이 말은 '이 세계는 완전하고 자애로운 신이 만든 세계이기 때문에 존재할 수 있는 세계 중 최선의 세계'라는 라이프니츠의 말을 거꾸로 돌려서 표현한 것이다.

우리에게 일어나는 많은 일은 우주의 필연적인 법칙에 따라 일어난다. 이렇게 세상일이 항상 뜻대로 일어나지 않고 고통이 삶의 본질이라는 사실을 인식하게 될 때, 우리는 어지간한 고통도 담담히 받아들이면서 삶과 화해할 수 있다.

인생은 고통과 권태 사이를 오가는 시계추와 같다

19세기 독일의 극작가 겸 소설가 뷔히너는 드라마 〈보이체크〉에서 '결핍과 궁핍이 서민에게 가해지는 채찍이라면, 권태나 지루함은 상류층에 가해지는 형벌'이라고 했다. 귀족의 삶은 권태롭고, 민중의 궁핍한 삶은 고통스럽다는 것이다. 인간에게 빵과 포도주, 서커스가 필요한 것은 허기와 갈증, 지루함 때문이다. 누구나 고통스러운 삶을 살아가는데, 귀족의 고통은 권태고, 민중의 고통은 궁핍인 셈이다.

쇼펜하우어는 "인생은 고통과 권태 사이를 오가는 시계추와 같다."라고 설파한다. 만사가 순조롭게 진행되더라도, 한 가지 일이라도 뜻대로 되지 않으면 아무리 사소한 일이라도 우리를 괴롭힌다. 반면 톨스토이는 고통에 특별한 의미를 부여해서 고통이야말로 인간을 참된 생활로 인도하기 위해 없어서는 안 될 요소라고 설명한다.

남들이 부러워하는 부와 명예를 갖춘 사람도 자신이 이미 가지고 있는 부와 명예는 별로 의식하지 못하지만, 아직 충족시키지 못한 욕망과 그에 따른 결핍감과 고통은 강하게 의식한다. 행복하고 즐거운 시간은 우리가 의식하지 못하는 상태에서 급속도로 사라져 버리지만, 불행하고 괴로운 시간은 우리의 의식을 짓누르면서 느리게 간다.

우리는 우리 자신의 욕망에 부합하는 평온한 상태는 별로 의식하지 못한다. 이에 반해 어떤 장애가 생겨서 자신의 욕망을 순조롭게 실현하지 못하는 불편한 상태는 강하게 느낀다. 어떤 사고가 났을 때 우리는 사고가 일어나지 않은 평온한 상태가 얼마나 행복한 상태였는지 돌이켜 생각해 볼 수 있다.

세상의 모든 고통을 함께 느껴라

 헤세는 삶은 무의미하고 무자비하며 고통스럽지만, 그럼에도 소중하다고 말한다. 삶의 가혹함과 죽음의 불가피성을 한탄하는 대신 이러한 절망을 끝까지 맛봄으로써 받아들여야 한다는 것이다. 어쩔 수 없이 우리에게 주어진 고통은 살이 깎이는 고통스러운 길 위에서만 삶이 되고 기쁨이 되고 가치 있는 것이 된다. 그는 가정적으로나 경제적으로 극심한 어려움에 봉착한 시절, 시 〈가지 잘린 떡갈나무〉(1919)에서 자신의 심정을 밝힌다.

> 나무여, 네 가지를 어떻게 쳐냈는지
> 너는 너무도 낯설고 기이하게 서 있구나!
> 너는 수많은 고통을 겪으며
> 반항과 의지밖에 남지 않았구나!
> 나도 너와 같이 가지가 잘려 나갔고
> 고통받은 삶과 결별하지 못했다.
> ……
> 내 안의 부드러움과 다정함을 세상은 비웃었다.
> 그러나 내 본질은 파괴될 수 없어
> 나는 만족하고 화해했다.

수백 번 가지가 잘려 나가도

나는 참을성 있게 새잎들을 돋아나게 한다.

그리고 아무리 고통스러워도

나는 미친 세상과 사랑에 빠져 있다.

그는 삶이 아무리 고통스러워도 자신은 미친 세상과 사랑에 빠져 있다고 심경을 밝힌다. 우리가 부딪히는 문제들은 '해결되기' 위해 있는 것이 아니라 견디고 체험하기 위해 존재하는지도 모른다. 문제들을 무턱대고 해결하는 것이 중요한 게 아니다. 그보다는 고통과 권태라는 양극단 사이의 긴장을 응시하고 견디는 것이 더 중요하다. 헤세는 세상의 모든 고통을 함께 느끼고 단단해지라고 호소한다. 그러나 힘을 발휘할 수 없는 곳에 힘을 쏟지 말고 도울 수 있고, 사랑할 수 있고, 기쁘게 할 수 있는 가까운 이들에게 쏟아야 한다.

우리는 활동적 삶(Vita activa)에서 관조적 삶(Vita contemplativa)으로 도망쳐서는 안 되며, 그 반대도 안 된다. 그보다 두 가지 삶 사이에서 계속 오가며 두 삶에서 모두 편안히 느끼고 둘 다에 참여해야 한다.

자기실현의 길

자기실현이란?

카를 구스타프 융[16]은 자신의 생애를 무의식의 자기실현 역사라고 말한다. 무의식에 있는 모든 것은 외부로 나타나 사건이 되려 하고, 인간 역시 무의식의 조건에 따라 발달하며 스스로를 전체로 체험하려고 한다는 것이다.[17]

자기실현이란 한 개인의 인격을 실현하는 과정으로 '자아

---

16 카를 융(Carl Gustav Jung, 1875~1961)은 분석심리학의 기초를 세웠고 외향성·내향성 성격, 원형, 개인 무의식, 집단 무의식 등의 개념을 제시하고 발전시켰다. 10대에 접한 철학, 폭넓은 독서, 소년 시절에 느낀 실망 등으로 인해 성직자가 많은 가문의 전통을 버리고 정신과 의사가 된 융은 프로이트의 정신분석학에 영향받아 공동연구를 하기도 했다. 프로이트의 후계자였으나 성격과 견해 차이로 결별했다. 그 후 융은 꿈과 환상 등 자신의 신비한 경험을 기록하고 연구하면서 신화와 역사, 연금술에 심리학적인 의미를 부여했다. 융은 사람들이 가진 공통의 정신 영역을 집단 무의식이라 칭하며 이 개념을 원형 이론과 결합함으로써 종교심리학 연구의 방향을 제시했다. 융의 업적은 정신의학과 종교·문학 관련 분야의 연구에 지대한 영향을 미쳤다.

17 자아에 속하지 않으며 자아와 아직 연관되지 않고 있는 모든 심리적 경향과 내용을 일컫는 말로 개인 무의식과 집단 무의식으로 나뉜다.

(Ich)[18]'가 무의식 밑바닥 중심에 있는 '자기(Selbst)[19]'를 진지하게 들여다보며 그 소리를 듣고 지시를 받는 과정을 의미한다. 이것은 인간 내부에서 우러나오는 필연적 요구로, 자기가 보내는 메시지를 자아가 파악하여 현실 세계에 능동적으로 실천해 나가야만 가능하다. 그런데 그림자(그늘)[20], 아니마[21], 아니무스[22], 집단 무의식 등 무수한 무의식 층이 겹겹이 가로막고 있어 자기의 목소리가 자아에 잘 전달되지 않는다. 즉 자아는 자기의 메시지를 받기에 적합한 상태에 있지 않으므로 자기는 비상 수단을 동원해 자아에 메시지를 보내야 한다. 그 비상 수단이 바로 꿈의 상징과 종교 상징이다.

자기실현을 하려면 페르소나[23]에서 자아를 분리하는 단계가 선행되어야 하며, 그다음 무의식을 의식화하는 단계를 거

---

18 나를 나로서 자각하게 하는 정신 기능의 중심이며, 외적 실재(세계, 집단정신) 및 내적 실재(무의식)와 관계를 맺는 의식의 중심이다.

19 의식과 무의식을 통틀어 사람으로 하여금 전체가 되게 해주는 구심점으로, 인격이 분열하지 않고 전체적인 통일을 이루게 하는 근원적 가능성이다.

20 자기의 일부로 받아들이기 싫은 자아의 어두운 부분으로 무의식 측면에 있는 나의 분신이다. 파우스트가 괴테의 자아라면 메피스토펠레스는 그의 어둡고 음흉하며 잔인한 그림자라고 할 수 있다.

21 남성의 무의식 인격의 여성적 측면으로, 남성이 가지는 미발달의 에로스이기도 해서 이성의 여성에게 투영되기도 한다.

22 여성의 무의식 인격의 남성적 측면으로, 여성이 가지는 미발달의 로고스이기도 해서 이성의 남성에게 투영된다.

23 외부 세계가 요구하는 대로 보여주는 모습으로, 진정한 내가 아닌 가면을 쓴 나라고 할 수 있다.

쳐야 한다. 그동안 의식하지 못하고 있던 그림자를 인식하고, 아니마와 아니무스를 의식화하여 자기의 메시지를 다시 생각함의 과정을 통해 듣고, 자기 전체로의 삶을 구현해야 한다. 이럴 때 진정한 개성화[24]가 이루어진다. 개성화는 자기실현과 동의어로 쓰이는데, 이것이 진정한 인생 목표가 되어야 한다. 그 과정에는 알이 껍데기를 깨고 나오는 고통과 한 알의 밀이 땅에 떨어져 죽는 것과 같은 깨어짐과 아픔이 따른다.

《페터 카멘친트》에서의 자기실현

헤세의 데뷔작이자 출세작 《페터 카멘친트》는 스위스의 두메산골에서 태어난 페터 카멘친트가 니미콘에서 유년기를 보내고 집을 떠나 학교와 사회를 편력한 뒤 귀향하는 구조로 되어 있다. 주인공은 떠남-방랑-귀향이라는 과정을 통해 많은 외적·내적 변화를 겪는다. 그는 낯선 곳으로 떠나 자연을 접하고 새로운 사람들을 사귀며 전인적(全人的) 인격으로 성

---

24 원래 쇼펜하우어 철학에서 개체화(개별화)로 이해되는 용어인데 융은 이를 개성화로 명명한다. 개성화의 과정은 무의식의 의식화를 통한 전체성을 형성해 가면서 획득되는 것으로, 자아와 페르소나가 발달한 이후에는 자신의 그림자 층, 아니마와 아니무스 층, 즉 개인 무의식과 집단 무의식을 의식화하는 과정을 통해 획득되는 것이다.

장하고 발전한다.

카멘친트는 대학에서 첫사랑에 실패하지만, 리하르트라는 소중한 친구를 만난다. 특히 그와 함께한 문화 활동과 이탈리아 여행은 페터의 성장에 결정적인 영향을 끼친다. 안타깝게도 리하르트는 이탈리아 여행에서 돌아온 뒤 얼마 안 있어 강에서 익사하고 만다. 이 소식을 들은 카멘친트는 큰 충격을 받지만, 자살 충동을 극복하고 삶의 의지를 되찾는다. 무엇보다 성 프란치스코에 대한 카멘친트의 흠모는 종교적인 것이라기보다는 자연에 대한 사랑, 무소유의 생활, 아폴로적인 남국에 대한 동경과 더 가까운 것으로 보인다. 그는 삶의 경건성을 회복하고, 구체적인 삶의 현장에 대한 헌신을 다짐한다. 그리고 지식이 많고, 부유하며, 총명한 자의 삶만이 아닌 가난하고 고통받는, 때로는 지극히 못나 보이는 자의 삶 역시 귀중하다는 인식에 도달한다. 카멘친트는 반신불수의 꼽추 보피를 만나 깊은 우정을 쌓으며 '선한 사마리아인의 삶'을 실천한다. 그러나 보피는 지병이 악화해 죽고 만다.

페터 카멘친트의 외적·내적 성장과 문학적 감수성의 근본적인 토대가 되는 것은 자연이다. 그의 자연관은 범신론에 가깝지만 완전히 반기독교적인 입장은 아니다. 그는 그 예로 "피조물이 다 이제까지 함께 탄식하며 함께 고통을 겪고 있는 것을 우리가 아느니라."라고 쓰여 있는 〈로마서〉 8장 22절을 상기한다.

첫사랑 이후 카멘친트는 두 차례 더 사랑을 겪지만 모두 짝사랑으로 끝나고 만다. 화가 에르미니아는 독특한 사랑관을 피력한다. "사랑은 우리가 고통과 아픔 속에서 얼마나 강할 수 있는지를 보여주기 위해서 존재한다고 생각해요." 카멘친트는 이제 많은 경험을 통해 허영심을 어느 정도 치유한다. 또한 행복이란 외적인 소원 충족과는 무관하며, 사랑에 빠진 젊은이의 고뇌는 아무리 고통스럽다고 할지라도 비극적이지 않다는 사실을 깨닫는다. 그는 점차 삶의 유머에 눈뜨고 자기 운명의 별과 화해하게 된다.

그는 자신을 주인 인간으로 생각해 사람들을 경멸하기도 했다. 그러나 이제 확고한 경계란 존재하지 않으며, 보잘것없는 사람, 억압받는 사람, 가난한 자들의 삶도 혜택받은 사람, 호화로운 사람들만큼이나 다양할 뿐 아니라 더 따뜻하고 진실하며 모범적이란 사실을 깨닫게 된다.

카멘친트는 긴 방랑을 마치고 고향으로 돌아와 새로운 삶을 시작한다. 그는 이제 삶의 의미를 새롭게 깨닫고 고향의 삶을 기꺼이 수용한다. 페터 카멘친트는 방랑, 실연, 우정, 죽음을 통해 성장하고 발전하여 미약하나마 자기실현을 이룩한다.

《데미안》에서의 자기실현

《데미안》은 주인공인 에밀 싱클레어가 열 살 때부터 스무 살 정도까지 겪는 내적인 변화와 성장을 다룬다. 줄거리는 외적인 사건보다 내적인 감정에 초점이 맞추어져 있다. 그 동안 싱클레어는 좀 더 높고 가치 있는 삶에 이르는 힘든 길을 걸으며, 자아를 인식하고 세상을 보는 눈이 변해 자기실현을 이룩한다. 싱클레어는 처음에 데미안과 함께 고향에서 보내다가, 데미안과 헤어져 St.라는 시에서 기숙사 학교에 다닌다. 그러다 대학에 다니던 중 전쟁이 터져 전쟁터로 나간다.

데미안은 이미 처음부터 의식을 무의식과 합일시킨 완전한 개인으로 등장한다. 그는 싱클레어의 위대한 모범이고, 싱클레어가 속수무책인 상태에 있을 때, 마치 부름을 받은 것처럼 때맞춰 나타난다. 그는 산속 동굴에서 내려온 니체의 자라투스트라와 다름없다. 그 뒤 바이올린 연주자 피스토리우스가 그들의 길잡이 기능을 맡으며, 순진하고 무분별한 싱클레어는 일련의 성찰과 개성화 과정을 겪는다. 싱클레어는 결국 데미안으로부터 벗어나거나, 그와 합일할 수 있게 되어 스스로를 자신의 인도자로 보는 단계에 이른다.

데미안은 싱클레어 자신, 그의 깊은 자기[25], 우리의 심연에 내재하는 일종의 원형적 인물이다. 다시 말해 데미안은 불변하고 본래의 자기로, 헤세는 그를 통해 인간 본질의 마법적 본질에 관한 메시지를 전하고 있다. 우리 모두의 내면에는 데미안과 같은 존재가 있다고 할 수 있다.

《데미안》은 머리말에서 보듯 자기실현의 문제를 주제로 내세우고 있다. "한 사람 한 사람의 삶은 자기 자신을 향해 가는 길이고, 그런 길을 가려는 시도이며 좁은 길의 암시이다. 일찍이 완전히 자기 자신이 되어본 사람은 아무도 없었다. 그럼에도 누구나 자기 자신이 되려고 노력한다." 그런데 싱클레어는 자신의 내면에서 저절로 우러나오는 삶을 희구(希求)하기 때문에 그가 추구하는 자기실현의 길은 내면적인 성격을 띠고 있다. 그러므로 《데미안》은 자기실현을 주제로 하므로 전형적인 발전소설 내지는 교양소설의 형태를 띠게 된다. 작품을 세 단계로 나눌 수 있다는 점에서도 그런 특징이 보인다.

---

25 카를 융의 분석심리학에서 자기(Selbst, self)란 의식과 무의식을 포괄하는 정신의 정체성, 전체 인격을 말하며 자아(Ich, ego)는 생각, 감정 등을 통해 외부와 접촉하는 행동의 주체로서의 나 자신을 말한다. 자아는 자신의 이익과 관련된 사람 성격의 부정적 측면을 포함하는 역동적 성격인 반면 자기는 사람의 정체성의 안정적이고 다면적인 전체적 측면을 말한다.

《황야의 늑대》- 아이러니와 유머

《황야의 늑대》의 주인공 하리 할러, 그는 오십을 바라보는 선량하지만 철저한 국외자이다. 세월이 흐르면서 직업도 가족도 고향도 없어졌다. 그의 세계관은 지극히 염세적이다. 할러의 자아는 정신성과 동물성으로 극단적으로 분열되어 있다. 그는 내면에 고상하고 교양 있는 지식인과 고향을 잃은 늙고 야성적인 늑대, 시민사회의 고독한 증오자로 분열된 두 자아가 있음을 견디지 못한다. 황야의 늑대는 문명화한 세상에서 자신의 거처와 양식을 찾지 못하는 존재이다. 이 자아분열에 더해 늙어가고 있다는 자각과, 결혼의 실패로 인한 고독한 생활은 중년의 위기로 인한 고통을 더욱 크고 무겁게 한다. 게다가 괴로운 통풍과 지독한 두통에도 시달린다. 외부 세계를 바라보는 할러의 세계관은 염세적이다. 가끔 안정감과 만족감을 느끼기도 하지만 이는 다분히 기만적인 만족감이다. 차라리 그는 강렬한 고통을 원한다.

《황야의 늑대》에서도 자기실현의 세 단계가 형상화되어 있다. '순진무구'의 단계, '죄와 절망'의 단계, '은총과 구원'의 단계가 그것이다. 인생의 유년기에 해당하는 순진무구의 단계는 충동과 욕구에 의해 지배되는 비합리적인 미성숙의 단계이다. 죄와 절망의 단계를 지배하는 것은 이성과 분별력이다. 이 단계에선 문제 해결을 위해 종교, 도덕, 철학 등을 추구하지만, 결국엔 죄를 짓고 절망과 체념으로 끝난다. 대부분의 사람은 이 단계에서 좌절하고 방황하며 헤매게 된다. 그 후 진정한 자기를 만나는 길을 떠나면서 구원의 단계를 추구한다. 이 단계에서는 절망감을 극복하고 조화와 균형을 추구하면서 갈등에서 벗어나 세상과 화해하는 더 높은 정신 영역으로 진입할 수 있게 된다.

《황야의 늑대》에서 구원의 단계는 유머와 웃음을 터득하는 과정으로 제시된다. 그리고 유머를 통한 초월성은 괴테와 모차르트 같은 불멸의 위인들을 통해 구현된다. 사실 유머는 궁극적인 해결책이 아니라 단지 문제 해결을 위한 전 단계일 수도 있다. 헤세의 경우 유머는 아이러니와 함께 기능할 때 더 효과적인 무기가 된다. 헤세는 이 두 개념을 이용하여 인간 내면의 본질을 탐구하고자 한다. 아이러니가 진지함 속의 웃음이라면, 유머는 웃음 속의 진지함이다.

이중적이거나 모순적인 상태가 공존하는 것이 인간의 실제 모습이다. 교수의 숭배 대상인 괴테도 그 점에서는 마찬가지다. 이와 비슷하지만 반대되는 예가 모차르트다. 할러는 모차르트를 자신과 같은 부류로 본다. 모차르트는 그의 본성이 할러처럼 사회의 이해를 받지 못한다는 점에서 아이러니의 존재이다. 문학과 삶의 괴리를 보여주는 괴테의 모습이 아이러니라면, 이 세 사람은 모두 아이러니로 연결될 수 있는 존재이다. 그러므로 이들의 아이러니는 차이와 대립을 넘어 상호 공존 가능성을 열어놓고 있다. 이 차이와 대립을 뛰어넘어 새로운 차원에서 결합할 수 있게 해주는 것이 바로 유머이다.

헤세는 유머가 인간의 가장 독창적이고 천재적인 발명품이라고 말한다. "유머만이 인간 존재의 모든 영역을 망라하면서, 그것을 자신의 프리즘을 통과하는 빛들과 통합할 수 있다. 세상을 부정하면서 세상에 사는 것, 법을 존중하면서도 법을 넘어서는 것, 소유하지 않는 듯이 소유하는 것, 포기하지 않는 듯이 포기하는 것 — 즐겨 표현되는, 고결한 삶의 지혜에 관한 이 모든 요구를 실현하는 것은 오직 유머뿐이다."

이 유머는 융의 의미에서 자신의 그림자를 수용, 통합하여 개성화로 나아가게 함으로써 진정한 의미에서 중년의 위기를 극복하게 해 줄 수 있다. 이 작품에서 아이러니와 유머는 서로 계속 영향을 주어 새로운 차원의 상승을 이룰 수 있게 된다. 그래서 유머는 삶의 기술로 승화한다. "자네는 웃는 법을 알고 있네. 자네에게 요구하는 바네. 자네는 인생의 유머, 억지 유머도 이해해야 하네." 결국 할러는 삶의 놀이성과 유머의 의미를 알게 됨으로써 중년의 위기를 극복하는 인식의 전환을 이룬다. 삶은 놀이이기에 반복될 수 있고, 그래서 심각해지지 않고 웃을 수 있다. 따라서 할러는 놀이를 다시 기꺼이 반복하고자 한다.

《나르치스와 골드문트》에서의 자기실현

《나르치스와 골드문트》에서 나르치스와 골드문트는 인간의 서로 다른 영혼인 정신과 자연을 보여준다.[26] 골드문트의 본능을 일깨워 주는 인물인 나르치스는 충동을 억제하는 금욕적인 삶을 영위하고 리비도를 승화시켜 정신에 헌신하는 사상가이자 고행자이다.

골드문트의 '자기실현'이라는 측면에서 보면 소설을 세 단계로 나눌 수 있다. 1단계는 골드문트가 나르치스의 인도로 자신의 소명을 자각하고, 수도원을 빠져나오는 시기이다. 2단계는 나르치스에게서 떠난 골드문트가 혼자 세상을 두루 돌아다니며 사랑과 연애, 흑사병으로 인한 사람들의 고통, 살인과 학살, 죽음의 공포 등 온갖 경험을 하는 시기이다. 3단계는 성숙한 인간이 되어 수도원으로 다시 돌아와 어머니 품에 안기는 시기이다.

---

26 헤세에게 정신의 세계는 이성, 학문, 종교, 밝은 세계, 아버지의 세계를 의미하며, 자연은 감성, 예술, 관능, 사랑, 내면, 어두운 세계, 대지, 어머니의 세계를 뜻한다.

골드문트는 마지막에 자연의 품, 어머니 대지로 되돌아간다. 반면에 나르치스는 불멸과 정신의 영원함을 상징적으로 이해하기 위해 정신의 세계 속에서 고독하게 머물러야 한다. 나르치스는 인간 개인의 가치를 이야기하며 인간의 삶이 절대적 존재를 향하며 실현되는 과정이라고 설명한다. 감정에 따라 삶에 충실했던 골드문트는 자기 예술의 추진력인 어머니의 형상에서 카를 융이 말하는 남성 무의식 속의 여성적 자아인 아니마를 인식하고, 그 내부에 살아있는 형상과 화해하였기에 만족하며 죽을 수 있었다. 헤세는 1931년 크리스토프 슈렘프에게 보낸 편지에서 "나르치스는 결국 골드문트의 삶 전체를 사랑스럽게 긍정할 수 있다."라고 밝히면서 니체의 운명애 개념을 받아들인다.

골드문트도 여인과의 관능적인 사랑을 나눈 뒤 허무함과 공허감을 느끼고 맹목적인 삶의 의지에서 벗어나 예술을 추구한다는 점에서 쇼펜하우어의 가르침을 따른다. 그런데 그 예술이 음악이 아니라 조각상 제작이라는 점에서는 니체의 《비극의 탄생》에서 말하는 아폴로적 성격을 띤다. 그리고 다시 다음 작품을 창작하고자 하는 디오니소스적 충동을 느낀다. 골드문트의 어머니로의 회귀는 정신이 어린이로 돌아간다는 니체의 생각, 카를 구스타프 융이 말하는 아니마, 인류의 태모이자 원형인 어머니로의 회귀와 연결된다. 《나르치스와 골드문트》에서의 자기실현의 문제는 진정한 자기 자신을 찾아가는 과정을 '자기실현'으로 보는 분석심리학자 카를 구스타프 융의 영향 아래서 쇼펜하우어, 니체의 의지철학과도 연결되고 있다.

《유리알 유희》에서의 자기실현

《유리알 유희》는 헤세의 마지막 소설로 그의 문학 인생을 총결산하는 작품이라고 할 수 있다. 여기에서도 세 단계의 자기실현 과정이 드러난다.

첫 단계는 크네히트가 카스탈리엔의 음악 명인 눈에 띄어 영재 학교에 추천을 받게 되면서 시작한다. 음악에 천부적 재능을 지닌 크네히트가 음악 명인으로부터 소명을 자각하면서 둘 사이에는 깊은 영적 교류가 이루어진다. 그는 자신의 성장을 체험하는 가운데 세계와 자기 사이에 새로운 조화와 긴장이 조성되고 있음을 깨닫는다.

두 번째 단계에서 크네히트는 발트첼 대학에 들어가고 내적·외적 사건을 겪으면서 영혼의 갈등을 겪는다. 외적 사건으로는 플리니오 데시뇨리와 야코부스 신부와의 만남을 들 수 있다. 이들의 우정은 단순히 감정 차원의 교류를 넘어 정신과 자연 양극성의 반영으로써 중요한 의미를 지닌다. 크네히트는 데시뇨리와 논쟁을 벌이면서 자신의 내부에서 들려오는 미지의 목소리, 즉 내부에 잠복해 있는 자연의 목소리에 귀 기울인다. 둘의 외면적 싸움은 크네히트의 내면으로 옮겨지고 그의 마음속에는 바깥세상에 대한 관심이 서서히 싹트기 시작한다.

데시뇨리로 인해 크네히트가 바깥세상에 눈을 돌리게 되었다면, 야코부스 신부는 추상적·관념적인 정신으로부터 역사적 현실에 눈뜨게 한다. 야코부스 신부는 문화사학가 야코프 부르크하르트를 모델로 삼고 있으며, 토마스 폰 데어 트라베 명인은 트라베강 가 뤼베크가 고향인 토마스 만을 모델로 삼고 있다. 야코부스 신부를 통해 크네히트는 현재와 자기 삶을 역사적 현실로 보게 되며, 현실 세계를 보다 긍정적으로 바라보게 된다. 야코부스 신부는 크네히트에게 각성의 새로운 단계라는 중요한 의의를 지닌다.

세 번째 단계에서는 크네히트가 카스탈리엔이라는 이상 세계에 한계를 느끼고 더 높고 큰 정신, 창조적 정신에 봉사하기 위해 카스탈리엔을 떠나는 것으로 시작된다. 이는 도약을 위한 새출발이다. 카스탈리엔에서의 사명이 모두 끝났으므로 그곳에 남아 있을 필요가 없는 것이다. 카스탈리엔, 유리알 유희, 명인직(名人職)은 그가 거치고 통과하여 뛰어넘어야 할 각각의 단계에 불과하기 때문이다. 크네히트는 친구

데시뇨리의 아들인 티토의 가정교사로서 현실 세계에 첫발을 내디딘다. 그러나 그는 카스탈리엔을 떠나고 이틀째 되는 날 티토의 권유로 호수에서 같이 수영하다가 돌연 익사하고 만다.

헤세는 《유리알 유희》에서 니체의 '신은 죽었다.'라는 명제를 '인간도 신이 될 수 있다.'라는 명제로 변환하여 소설을 이끌어간다. 그는 크네히트가 속한 이상세계를 카스탈리엔의 세계라고 명명한다. 이상세계의 명인은 유리알 유희를 통해 신에 가까운 존재, 즉 '초인(Übermensch)'이 되려고 한다. 니체의 말대로 만약 신이 죽었다면 인간은 기독교의 이분법적 선악 논리에서 벗어나 보다 자유로운 존재가 될 수 있다. 헤세가 자기 자신에 이르는 길을 추구하는 것은 이 선악의 논리에서 벗어나고자 하는 모색으로 볼 수 있다.

또한 헤세는 이 작품에서 유리알 명인이 신을 대신하도록 한다. 그러나 헤세는 결국 유희알 유희의 명인을 강물에 익사시킴으로써 인간은 신이 될 수 없음을 역설적으로 보여준다. 크네히트는 데시뇨리의 아들에 의해 카스탈리엔의 이상세계에서 현실 세계로 발을 내디딘다. 그는 친구 아들의 스승이 되어 새로운 운명을 개척하겠다고 마음먹고, 작은 나무피리 하나만을 품에 안고 길동무 삼아 카스탈리엔을 내려온다. 크네히트는 태양이 쏟아지는 '대지'에서 어린 소년 티토와 만난다. 그리고 소년이 아침 일찍 일어나 자기 몸을 돌본다는 사실을 알게 된다. 티토는 지적 유희자인 크네히트와는 달리 새로운 유희자인 셈이다. 크네히트는 이상세계에서 자신의 영혼만을 돌보며 유리알 유희의 명인으로서 자기 삶을 살아왔으나, 어린 소년 티토는 자신의 삶을 긍정하고 매 순간 자기 자신을 극복하고자 하는 자유로운 정신과 강한 의지로 대지에서 춤추고 있다. 크네히트는 제자가 새롭고 낯선 모습을 드러내며 자신과 동등한 가치를 지닌 존재로서 걸어 나오는 것을 보고 경외감에 전율한다. 그래서 크네히트는 소년이 해가 뜨는 아침에 같이 수영하자는 부탁을 거절하지 못한다.

이제 크네히트는 더 이상 그 자신으로서 존재하지 않는다. 이미 티토가 안에서 자신을 채우고 있기 때문이다. 미래를 향하고 있는 젊은 티토는 줄곧 뒤돌아보며 명인이 자기를 뒤따라 차디찬 물에 뛰어든 것을 보고 행복해한다. 그러나 명인은 익사하고 만다. 그의 죽음은 '사람도 신이 될 수 있다.'라고 생각한 명인이 인간임을 역설적으로 보여준 사건이다. '너 자신을 알라.'가 실현된 것이다. 헤세는 명인을 죽임으로써 새로운 초인의 가능성을 제시한다. 명인은 죽었지만 대지를 사랑하고 대지 위에서 춤출 수 있는 새로운 초인이 탄생한 것이다.

행복에 이르는 길

내면의 선한 마음

 사람들은 선한 마음과 이성을 가지고 있다. 그리고 선한 마음과 이성은 우연에 의해 작용한다. 하지만 선한 마음과 이성은 우리 마음이 우연을 능가하도록 만들고 가르칠 수 있다. 그래서 우리는 자연이나 운명보다 강해질 수 있고, 고통스러운 일도 좌절하지 않고 바라볼 수 있다. 또 위기의 순간에 우리는 서로 가까워지고 서로 이해하는 눈길을 주고받을 수 있다.

 인간은 서로 사랑하고 위로하면서 살아간다. 그리고 가끔 침울하고 우울한 감정 상태에 들어가면 더 많은 일을 할 수 있다. 그때 한순간이지만 인간은 신이 될 수 있다. 즉 손을 내밀어 명령하고 전에 없던 것을 만들어 낸다. 만들어진 사물은 일단 완성되면 우리 없이도 계속 존재한다.

 인간은 가슴속에 신을 간직할 수 있다. 만약 인간의 내면이 신으로 충만하면 그 신은 우리 눈과 말을 통해 자신을 드러낸다. 또한 그를 알지 못하거나 알려고 하지 않는 사람들에게 말을 걸기도 한다.

웃는 자가 행복하다

인간은 웃을 수 있는 유일한 동물이다. 동물은 이성이 없어 언어를 구사하지 못하듯 웃지도 못한다. 인간은 고통을 가장 예민하게 느끼는 존재인 동시에 웃을 수 있는 유일한 존재다. 그러나 웃음은 고대 이래 우아함과 반대되는 개념으로, 부정적으로 평가되었다. 우아함을 망쳐놓으면, 몸이 뻣뻣해져 희극적 효과를 낸다는 것이다.

《장미의 이름》의 호르헤 수도사는 "어리석은 자만이 웃음소리를 높인다."라고 말한다. 웃음은 악마의 바람으로 얼굴을 일그러뜨리는 것으로 웃음과 풍자는 해악이자 죄악이라고 여긴 것이다. 호르헤 수도사가 못 보게 하는 금서는 희극과 웃음, 즐거움과 행복을 긍정적으로 서술하는, 말하는 아리스토텔레스의 《시학》 2권이다. 위험하다는 그 책은 지금 원본이 남아 있지 않다. 신의 계율을 조롱하고 풍자하는 희극은 읽어서는 안 될 책이었기 때문에 호르헤 수도사는 이 책을 보려는 젊은 수도사들을 죽이고 자신 또한 책과 함께 산화하고 만다.

이와 달리 아리스토텔레스는 웃음은 인간의 본성으로 동물과 달리 인간을 돋보이게 하는 것이므로 결코 하찮거나 무의미한 것이 아니라고 주장했다. 반면 성서에서는 웃음을 긍정적으로 평가하지 않는다. 예수는 한 번도 웃지 않았고 미소도 짓지 않은 것으로 알려져 있다. 그 당시 웃는 사람은 바보이거나 현명치 못한 자들, 비신앙인이거나 이교도들이다. 그러나 웃음은 사교나 사업상의 거래, 또는 이성을 유혹할 때 중요한 무기가 된다. 쇼펜하우어는 "온전히 진지해질 수 있는 사람일수록 더 유쾌하게 웃을 수 있다."라며 자신의 웃음론을 펼친다. 니체도 웃음과 침착함의 중요성을 역설한다. 우리는 슬플 때도 웃고 즐거울 때는 침착해야 한다. 웃음은 온갖 분노와 잡념을 옅게 하고 침착함은 자만과 질투심으로부터 당신을 지켜줄 것이다.

헤세는 웃음을 좋은 것, 매우 바람직한 것으로 생각한다. 그 때문에 여행 중 뮌헨에 들렀을 때 그곳에 진정한 고전적 희극 배우가 없는지 친구에게 물어보기도 한다. 모든 인간은 얼마나 즐겨 웃는지! 그들은 단지 잠깐 웃기 위해 먼 교외에서 추위를 무릅쓰고 희극 극장으로 달려온다. 헤세는 웃고 즐기면서 자신 안에 어떤 해학가가 숨어 있을지도 모른다고 생각한다. 자기 안의 해학이 완전히 무르익으면 행복하게 살아갈 수 있을 거라면서.

행복이나 불행은 마음 자세에 달려 있다

행복이나 불행은 밖에서 오는 게 아니다. 행복이나 불행이 우리 삶에 어떤 영향을 주는지는 일어난 일을 받아들이는 우리의 마음 자세에 달려 있다. 기쁨은 있는 그대로의 진정한 자기 모습에 만족하는 데 있다. 행복이란 '무엇'이 아니라 '어떻게'이며, 대상이 아니라 재능이다.

마음의 평온과 평정이 어려운 세상이다. 아무리 노력해도 욕망, 욕심의 불을 끄기 어려운 게 인간이기 때문이다. 플라톤이 생각하는 행복의 조건은 완벽하고 만족할 만한 것이 아니라 용모, 체력, 말솜씨, 재산, 명예가 조금은 부족하고 모자란 상태이다. 헤세는 시 〈인생에 주어진 의무〉에서 인생에 주어진 의무는 '행복하라'는 한 가지 의무뿐 다른 의무는 없다고 잘라 말한다. 우리가 이 세상에 온 것은 행복하기 위해서라는 것이다. 하지만 온갖 도덕과 계명을 갖고서도 사람들은 그다지 행복하지 못하다. 그런데 진정한 영혼의 안식을 얻으려면 헛된 기대도 행복도 인위적으로 추구하려 하지 말고 그냥 놓아버려야 한다. 1907년에 쓴 시 〈행복〉에서 헤세는 그렇게 말한다.

행복을 추구하는 한

행복해지지 않는 법

모든 연인이 그대의 연인이라 해도.

잃어버린 것 때문에 안타까워하는 한

목표를 갖고 부단히 노력한다면

평화가 무엇인지 아직 알지 못하리.

온갖 소망을 단념하고

목표도 욕구도 더는 알지 못할 때

행복이라는 말을 더는 입에 올리지 않을 때야 비로소

사건의 밀물이

더는 밀려오지 않아야

그대 영혼은 안식을 얻으리.

추구하는 것과 발견하는 것은 별개의 일이다. 무언가를 추구한다는 것은 목표를 갖는다는 말이다. 무언가를 추구하는 경우 하나의 목표를 향하고 그 목표에 사로잡혀 있기에 아무것도 찾지 못하고 아무것도 들여보낼 수 없게 된다. 그러나 발견은 자유로운 것이고, 열려 있는 것이며, 목표를 갖지 않는 것이다. 인간은 누구나 행복을 추구한다. 그러나 도덕 철학자 칸트는 행복을 추구하거나 그것을 갈구해야 한다고 말하지 않는다. 우리가 처음부터 행복을 추구하는 것은 문제가 있으나 도덕적인 실천의 결과로 행복이 주어지는 것은 반대하지 않는다.

사실 도(道)와 마찬가지로 행복은 얻으려고 한다고 얻어지는 게 아니다. 어떤 일의 결과로 행복이 얻어져야 한다. 그러려면 '행복해야 할 이유'가 있어야 한다. 일단 그 이유를 찾으면 저절로 행복해진다. 인간은 행복을 찾는 존재라기보다는 주어진 상황에 내재해 있는 잠재적인 의미를 실현함으로써 행복할 이유를 찾는 존재다. 목표를 갖고 부단히 노력하면 평화가 무엇인지 알지 못하고, 행복을 추구하는 한 평안을 얻지 못하고 행복해지지 않는다. 마음을 찾지 않을 때만 마음이 존재하듯 행복도 찾지 않을 때만 존재한다.

현자는 고통 없는 상태를 추구한다

우리는 세상에 태어날 때 행복과 즐거움을 누리고자 하는 환상을 갖는다. 그러나 경험은 그것이 허상임을 깨우쳐 준다. 반대로 번민과 고통을 알게 되면 그것을 피하는 데 열중한다. 아리스토텔레스는 《니코마코스 윤리학》에서 "현자는 쾌락이 아니라 고통 없는 상태를 추구한다."라고 했다. 루크

레티우스도 《사물의 본성》에서 "우리에게 소망이 이루어지면 곧 새로운 소망이 나타난다. 애타게 삶을 갈망하는 우리, 그 우리를 사로잡고 있는 것은 언제나 변함없는 갈증이다."라고 설파한다.

고통이 삶의 본질적 요소임을 망각하고 완전한 행복을 추구하면 정서적 우울감에 빠질 수 있다. 어두운 면을 보고 늘 최악의 사태를 우려하는 사람은 매사를 밝게 보는 사람보다 예상이 빗나갈 때가 적다. 그러니 수심에 찬 사람들은 상상 속의 고통을 겪긴 하지만 밝은 사람들보다 고통에 시달릴 일이 적다. 몹시 불행해지기 위한 가장 확실한 방법은 대단히 행복해지기를 갈망하지 않는 것이다. 대단히 행복해지기란 아예 불가능하기 때문이다. 행복에 대한 요구 수준을 낮게 설정해야 큰 불행을 피할 수 있다. 행복은 허상이지만 고통은 현실이기 때문이다.

인격 함양을 위한 끊임없는 자기 수양과 수행은 필요하나 행복이든 뭐든 어떤 목표에 도달하기 위해 집착하는 것은 좋지 않다. 그와 같은 야심도 탐욕과 소유의 한 형태이기 때문이다. 어디까지 도달할 수 있느냐는 운명에 맡기고 성장하는 삶의 과정에서 행복을 느끼면 족하다. 행복한 삶이란 조금이나마 덜 불행한 삶이나 그럭저럭 견딜 만한 삶을 의미할 뿐이다. 그런 점에서 "행복은 망상에 불과하며, 실재하는 것은 고통"이라는 계몽 철학자 볼테르의 말은 일리가 있다.

칸트가 말하는 '행복한 삶의 세 가지 조건'

철학자 칸트는 '행복한 삶의 세 가지 조건'에 대해 다음과 같이 이야기한다.

첫째, 어떤 일에 몰두할 것. 둘째, 어떤 사람을 사랑할 것. 셋째, 어떤 꿈을 가질 것.

이 세 가지 조건을 모두 가진 사람은 최고의 행복한 삶을 살고 있을 것이다. 칸트는 위 세 가지 조건 중 '어떤 일에 몰두할 것'에 가장 큰 의미를 둔다. 여기서 말하는 '일'의 의미는 무작정 열심히 하는 것이 아니라, '내가 하는 일을 어제보다 더 나은 방법을 찾아서 오늘 새로운 시도를 하는 것'이다. 이와 같은 태도로 꾸준히 정진하다 보면, 누구나 탁월함의 경지에 도달할 수 있다. 그럼으로써 자신의 발전은 물론 타인과 나아가서 인류의 발전에도 이바지할 수 있다.

행복을 체험하기 위해서는 시간에서 자유로워지고, 두려움과 희망에서 자유로워지는 것이 필요하다. 행복을 느끼려면 시간의 지배를 받지 않아야 하고, 두려움이나 소망에도 지배받지 않아야 하기 때문이다. 그런 조건을 만족시켰던 것이 우리의 어린 시절이다. 그런데 나이 들면서 이 능력이 줄

어든다. 인간은 대개 다른 사람의 인생을 부러워하며, 자신의 운명이 다른 사람의 그것보다 힘들다고 생각한다.

헤세에게 행복의 원천은 고통의 와중에서 무언가를 창조하는 것이었다. 그는 자신이 그런 식으로 행복을 얻을 소질을 타고났다고 본다. 그의 인생을 아름답고 다채롭고 풍부하게 만들어 주는 것은 일, 즉 창조하고 생산하는 일의 즐거움이었다.

남의 행복을 기뻐하라

인간은 욕망을 추구하는 이기적인 존재다. 남의 이익에는 아랑곳하지 않고 자신의 이익만을 추구하는 사람도 있고, 자신의 이익을 추구하더라도 남의 이익에 반하면 주저하는 사람도 있다. 그런데 타인의 불행을 바라는 잔인한 악의를 지닌 사람도 있다. 또한 자신의 이익에 반하더라도 타인의 행복을 위한 자비심을 지닌 사람도 있다.

타인이 불행하고 아픈 것을 보고 좋아하는 사람은 자신이 아프고 병들어 있다는 반증이다. 이처럼 '남의 고통, 불행, 손실을 보고 느끼는 은근한 기쁨'은 우리말로 '고소' 내지는 '쌤통'이라고 할 수 있다. 경쟁이 치열한 사회에서는 남의 불행이 곧 나의 행복이 되는 일이 왕왕 발생한다. 국가 간의 관계도 이와 비슷하다. 반대로 불교에서 말하는 '무디타'는 '남의 행복을 보고 느끼는 기쁨'을 뜻한다. 좀 더 깊이 들여다보면 무디타는 '평온과 만족으로 가득 찬 기쁨의 상태'로 해석된다. 이처럼 우리는 자신의 행복을 기뻐할 수도 있지만, 만물의 영장이기에 다른 사람이 행복해하는 것을 보고 기쁨을 느낄 수도 있다. 그것이야말로 진정한 기쁨이자 행복일지도 모른다.

먹이를 발견한 사슴은 '울음'으로 다른 사슴을 부른다고 한다. 먹이를 나눠 먹자고 동료들을 부른다니, 세상에서 가장 '아름다운 울음소리'일 것이다. 여기에는 나만 잘 사는 것이 아니라 함께 잘 살고자 하는 마음이 담겨 있다. 《이기적 유전자》의 저자 리처드 도킨스는 "남을 먼저 배려하고 보호하면 남이 결국 내가 될 수 있다."라고 이야기한다. 그는 또한 약육강식의 세계에서 이긴 종(種)이 살아남는 게 일반적이지만, 상부상조를 한 종이 더 우수한 형태로 살아남을 수 있다고 주장한다.

행복은 이성이나 도덕과 무관하다. 그것은 본질상 마법적인 것이며, 인류 초기, 청춘의 단계에 속한다. 소박하게 행복한 사람은 신의 가호를 받은 사람으로, 그런 경우는 이성적인 고찰 대상이 아니다. 그들은 개인적이고 역사적인 것 너머에 있다. 하지만 뛰어난 사람 중 자기 삶이 행복하다고 생각하는 사람들이 있다. 이때 그들이 행복한 것은 너무 일찍, 또는 너무 늦게 태어나지도 않아 자신에게 맞는 사명을 제대로 만났기 때문이다.

행복은 베풀 때 찾아온다

행복은 내일에 아무것도 요구하지 않고 오늘 가져다준 것을 감사하며 받아들일 때만 존재한다. 마법의 시간은 계속해서 다가온다. 그런데 인간은 행복에 대한 갈망으로 가득 차 있지만, 행복을 오래 누리지는 못한다. 그러므로 행복, 불꽃놀이의 즐거움은 오래 지속되지 않는다.

행복만큼 덧없는 것이 없다. 행복을 소유할 수 없는 까닭이다. 불행도 그것을 긍정함으로써 행복이 될 수 있다. 결국 사랑이 고통이긴 하지만 상대를 소유하려 하거나 사랑을 받으려 하지 않고 조건 없이 사랑을 줄 때, 그리고 자기 자신에 대한 사랑을 잃어버리지 않을 때 행복이 된다. 행복은 다른 사람이 나에게 친절을 베풀 때 찾아오는 것이 아니라 내가 먼저 다른 사람을 위해 도움의 손길을 내밀 때 찾아온다.

세상은 영원히 흔들리고 움직인다. 우리의 기분도 그대로 있지 않고 계속 변한다. 같은 태양도 추울 때는 언 몸을 녹여주는 고마운 존재지만, 더운 여름에는 귀찮고 성가신 존재로 바뀐다. 이처럼 객관적 사물도 바라볼 때의 기분에 따라 다르게 느껴진다. 행복한 사람도 있지만, 불행하고 힘들어하는 사람도 있다. 이기주의와 시기심, 오만과 독선은 세상에서 절대 사라지지 않을 것이다. 알베르트 슈바이처는 타인과의 연결, 협동과 상호 의존, 그리고 자연과의 조화를 강조한다. 그러므로 행복을 위해서는 자기 성찰을 통해 타인과 소통하고 삶의 가치를 인식하여 사회적으로 이바지하는 것이 중요하다.

괴테에 의하면 진정한 행복은 기쁨과 즐거움을 느끼고, 자기 능력을 최대한으로 발휘하며, 의미 있는 일을 하는 것이다. 중용(中庸)을 중요시한 그는 너무 지나치게 살거나 너무 부족하게 살면 행복을 느끼지 못한다고 생각한다. 또한 다른 사람의 입장이 되어 생각해 보면 질투나 증오는 사라질 것이고, 타인을 자신의 상황에 놓고 생각해 보면 오만과 독선은 매우 줄어들 것이라고 말한다. 그가 이러한 문제의 해결을 위해 내린 처방은 극히 단순하다. "가장 합리적인 방법은, 각자 자신이 타고난 일이나 배우고 익힌 일에 늘 부지런히 힘쓰고, 자신의 의무를 다하는 타인을 방해하지 않는 것이다."

그것이 바로 너다[27]

서른 무렵, 헤세는 고대의 인도 철학인 우파니샤드 철학을 읽고 받아들인다. 그 철학에 따르면, 나의 가장 가까운 이웃은 단지 '나와 같은 인간'일 뿐만 아니라 나이며, 나와 하나이다. 그와 나, 나와 너를 가르는 것은 미혹, 즉 '마야'이기 때문이다. 이러한 해석으로 이웃사랑의 윤리적 의미 역시 완벽하게 설명된다. 왜냐하면 세계가 하나라는 사실을 통찰한 사람은 이 전체의 개별적인 부분들과 구성원들이 서로에게 아픔을 준다는 것은 무의미함을 곧바로 깨닫기 때문이다.

이러한 점에서 헤세는 쇼펜하우어와도 연결된다. 쇼펜하우어 역시 우파니샤드 철학을 받아들여 연민 철학을 내세우기 때문이다. 그는 이기주의를 극복하기 위해 동고(同苦)와 연민에 근거한 새로운 윤리학을 제시한다. 이기적이지 않은 행동을 하려면 자신과 타자를 동일시해야 한다. 그러면 타인은 '나 아닌 존재'가 아니라, '또 다른 나'가 된다. 타인의 고통은 단지 '그의 고통'만이 아니라 '나의 고통'이기도 한 것이다. 쇼펜하우어는 인간뿐 아니라 동물을 포함한 모든 생명체를 도덕적 고려의 대상으로 삼는 윤리학을 제시한다. 그는

---

27 tat twam asi.

살아 있는 모든 존재의 본질이 동일하다는 이러한 통찰이 '그것이 너다'라는 우파니샤드 철학에 표현되어 있다고 지적한다. 즉 괴롭히는 자와 괴롭힘을 당하는 자 모두 같은 본질을 지닌 하나라는 것이다. 모두가 하나임을 깨달은 자는 모든 생명체를 자기와 같이 여기고, 남을 괴롭히지 않는다. 이러한 인식에서 진정한 연민이 나오고, 이기심 없는 참된 덕인 온정이 나온다는 것이다. 그래서 쇼펜하우어는 동물 권리의 창시자로 간주된다. "아무도 해치지 말고 가능한 한 모든 사람을 도와라."라는 것이 그의 철학 핵심이다.

쇼펜하우어 철학의 영향을 받은 톨스토이는 교양 있고, 부유하며, 한가한 상층 계급 사람들의 주장에서가 아니라 땀 흘려 일하는 단순 소박한 일반 민중이 그들의 인생에 부여하는 의미에서 삶의 깨달음을 얻었다. "이 세상의 삶에서 인간의 사명은 영(靈)을 구하는 일이다. 영을 구하려면 신의 뜻을 좇아 살아야 하며, 신의 뜻을 좇아 살려면 이 세상의 모든 쾌락을 버리고, 땀 흘려 일하며, 처신을 공손히 하고, 인내의 덕을 쌓고 자비로워야 한다."

쇼펜하우어의 행복론

고통의 철학자 쇼펜하우어

어릴 때부터 불교적인 것에 친숙했던 헤세는 약 스물일곱의 나이에 본격적으로 쇼펜하우어를 읽는다. 그러나 스물세 살이던 1900년 5월의 일기에 "쇼펜하우어, 나는 가끔 그가 연극을 하고 있다는 느낌을 받는다."라는 내용이 적힌 것을 보면 이미 그때부터 쇼펜하우어를 읽었음을 알 수 있다. 끝없는 그리움과 욕망, 고통에 시달리는 인간을 노래한 헤세의 시 〈쉼 없음〉에는 쇼펜하우어의 자취가 엿보인다.

불안한 새, 그대 영혼이여
그대는 자꾸만 같은 질문을 할 수밖에.
그토록 힘든 나날을 보냈는데
언제 평화와 휴식이 올까?

아, 나는 알고 있다.

모처럼 평화로운 날이 찾아오면

새로운 그리움으로

날마다 괴로움에 시달린다.

그대는 편히 쉴 겨를도 없이

새로운 고통을 겪을 것이다.

그리고 샛별이 환히 빛날 때

초조함에 휩싸이게 되리라.

비관론자의 행복론

쇼펜하우어의 행복론은 어떠했을까? 소위 비관론자가 행복을 논하다니, 말이 될 법한 일인가? 쇼펜하우어는 욕망을 줄이고 헛된 기대를 버려야 덜 불행해진다고 한다. 일리 있는 말이다. 아리스토텔레스는 삶의 궁극적인 목표를 행복이라고 말한다. 그가 말하는 행복이란 개인의 잠재력을 실현하기 위한 목표를 발견하고, 최고의 자아를 실현하기 위한 노력의 과정을 뜻한다. 또한 그는 외부에서 보이는 객관적인 행복보다 내면의 주관적 행복을 중시한다. 플라톤은 좀 부족한 듯한 데서 행복이 나온다고 말한다.

톨스토이는 《인생론》에서 "인생이란 행복해지려는 욕구이며 그러한 노력 속에 인생의 의의가 있다."라고 전제한다. 그러면서 동물적 개인의 행복은 실현 불가능하다는 것을 증명해 보이고 참된 행복을 설명한다. 참된 행복, 즉 참된 생명은 동물적 자아를 이성적 의식에 종속시키는 활동, 즉 사랑의 활동으로 얻어질 수 있다는 것이다. 그리고 그는 인간의 참된 생명은 죽음에 의해 소멸하지 않는다는 것을 증명한다. 그에 의하면 행복이야말로 인생의 목적이며, 인간은 모두 이 목적을 향해 나아가지 않으면 안 된다.

그렇다면 인생의 이 목적을 어떻게 하면 달성할 수 있는가? 이 의문에 대해 톨스토이는 사랑에 의해 가능하다고 대답한다. 그는 사랑은 이성의 활동이며 인간은 이 이성, 즉 신의 활동인 사랑으로 선한 목적을 향해 노력하는 그것이 인생이라고 말한다.

쇼펜하우어에 의하면 인생살이란 어차피 그다지 행복하지 않고 고통스러울 수밖에 없다. 욕망의 추구는 끝이 없기 때문이다. 인간은 죽어서야 쥔 손을 펴고 모든 욕망을 내려놓는다. 그래서 그는 자기 삶을 비관하는 것이 아니라, 부자든 빈자든 인간의 삶은 결국 누구나 고통스럽다고 말한다. 그러면서 행복을 논하는 것은 난센스가 아닌가? 하지만 그래서 오히려 현재를 즐기고 인생의 향유를 삶의 목적으로 삼는 것이 현명한 지혜일 수 있다. 다시 말해 오직 현실만이 실재하며, 다른 모든 것은 단지 사고의 유희에 불과하다는 것이다. 그래서 쇼펜하우어는 행복의 문제에서는 관념론자가 아닌 현실주의자의 태도를 보인다. 하지만 어찌 보면 행복 추구를 가장 위대한 어리석음이라고 할 수 있을지도 모른다. 다음 순간 더 이상 존재하지 않는 것, 꿈처럼 완전히 사라져 버리는 것은 결코 진지하게 추구할 가치가 없기 때문이다. 그러나 비록 어리석은 일이라 해도 인간은 행복 추구를 할 수밖에 없다.

행복의 세 가지 조건

쇼펜하우어는 대중적 인기를 끈 《소품과 부록(Parerga und Paralipomena)》에서 샹포르의 《성격과 일화》에 나오는 글귀를 인용한다. "행복을 얻기란 쉽지 않다. 우리 자신의 내부에서 행복을 얻기란 매우 어려우며, 다른 곳에서 얻기란 불가능하다."

그래도 그는 외부에서 의지로 가는 길을 구할 수 없듯 행복도 외부에서가 아닌 자신에게서 구할 것을 권한다. 불교에서도 깨달음은 자신의 바깥에서 찾을 수 없으니, 밖에서 찾아 헤매지 말라고 한다. 누구나 다 갖추고 있는 자기 마음자리에서의 깨달음, 즉 진리를 발견하라는 것이다. 달마 어록에서는 자신의 마음이 비어 있고 형태가 없음을 깨닫는 것이 깨침의 길임을 강조한다. 또한 성경에서는 "진리를 알지니 진리가 너희를 자유롭게 하리라."[28]라고 하며, 이 진리를 깨닫는 것이 영적 해방으로 이끈다는 점을 강조한다.

아리스토텔레스는《니코마코스 윤리학》에서 인생의 자산을 외적인 자산, 영혼의 자산, 신체의 자산 세 가지로 나눈다. 쇼펜하우어는 이 세 가지 숫자를 받아들여 행복의 조건을 다음의 세 가지로 나누어 제시한다.

첫째 인간을 이루는 것, 즉 가장 넓은 의미에서의 인격을 말하는 것으로 여기에는 건강, 힘, 미, 기질, 도덕성, 예지가 포함된다.

둘째 인간이 지닌 것, 즉 재산과 소유물을 의미한다.

셋째 인간이 남에게 드러내 보이는 것, 즉 타인의 견해를 말하는 것으로 그것은 명예, 지위, 명성으로 나누어진다.

쇼펜하우어는 이 중에서 인격을 가장 중요하게 생각한다. 아리스토텔레스도 인격이 최고의 행복을 가져다준다고 말한다. 그에게 인격이란 스스로 성실하게 사는 것, 그리고 이웃을 사랑하는 것이다. 이처럼 행복에 가장 중요한 것은 인격과 건강, 명랑함이다. 사실 인간의 행복은 거의 건강에 의해

---

28 〈요한복음〉 8장 32절.

좌우되는 것이 보통이며, 건강하기만 하다면 모든 일은 즐거움과 기쁨의 원천이 된다. 반대로 건강하지 못하면, 외면적 행복도 아무런 즐거움이 되지 않는다. 쇼펜하우어는 명랑함을 최고의 자산으로 치는데, 여기에 가장 큰 도움을 주는 것은 건강이다. 건강하기 위해서는 무절제와 방탕, 격하고 불쾌한 감정의 동요, 정신적 긴장을 피해야 한다.

헤세 역시 명랑함을 최고로 치며, 깊이는 맑고 명랑함 속에 있다고 한다. 명랑함은 최고도의 인식이자 사랑이며 모든 현실을 인정하는 것, 온갖 심연과 몰락의 문턱에서 깨어 있는 것이다. 그는 《유리알 유희》에서 이렇게 말한다.

> 명랑함은 성인과 기사의 미덕이다. 그것은 미의 비밀이며 모든 예술 본연의 실체이다. 시인과 음악가는 빛을 가져오는 사람이며, 지상의 기쁨과 밝음을 더하는 사람이다. 비록 그들이 눈물과 고통스러운 긴장을 통해 우리를 인도할지라도.

부(富)란 바닷물과 같다

소유물에 관한 합리적인 소망의 한계를 정하기란 불가능한 것은 아니지만 어려운 문제다. 소유물에 관한 각자의 만족은 절대적인 양이 아니라 상대적인 양, 즉 요구와 소유물

사이의 관계에 기인하기 때문이다. 어떤 사람은 어느 정도의 재산을 가져야 하는지 절대 생각하지 않는다. 그러므로 재산이 없어도 곤란하지 않으며 완전히 만족스러워한다. 반면 다른 사람은 그보다 백배 많은 재산을 가졌지만 자기가 원하는 한 가지가 없어서 불행하다고 생각한다.

이처럼 인간은 자신이 도달할 수 있는 것에 대한 자신의 지평선을 갖고 있다. 각자의 요구는 이 지평선의 범위 내에서 움직인다. 이 범위 내에 있는 어떤 객체가 획득 가능할 것처럼 보이면 그는 행복하다고 생각하지만, 그럴 가능성이 사라지면 불행하다고 느낀다. 부(富)란 바닷물과 같아서, 마시면 마실수록 갈증을 느끼게 된다. 부자들은 자신의 계획이 실패로 돌아가면 아무리 많은 재산을 소유하고 있어도 위로를 받지 못한다. 재산은 진정한 행복의 원천이 되지 않는다.

명성과 지위도 이와 마찬가지다. 형편없는 자가 명예를 얻으면 우리는 자신의 품위가 떨어졌다고 생각한다. 우리 사회에는 파문을 일으키지 못하는 늪 같은 자들이 너무 많다. 공감 능력이 없는 자가 악이자 악마이다. 자신이 애쓴 보람도 없이 다들 아무 반응이 없다고 슬퍼할 것 없다. 늪에 돌을 던진다고 파문을 일으키지 않으니.

향유의 세 가지 종류

쇼펜하우어는 인간이 누리는 향유도 세 가지로 분류한다.

첫 번째는 재생력과 관련된 향유로 먹고 마시기, 소화, 휴식, 수면 욕구가 여기에 속한다.

두 번째는 육체적 자극과 관련된 향유로 산책, 뜀박질, 레슬링, 무용, 검도, 승마 및 각종 운동 경기와 심지어는 사냥이나 전투와 전쟁이다.

세 번째는 정신적 감수성과 관련된 향유이다. 탐구, 사유, 감상, 시작(詩作), 조각, 음악, 학습, 독서, 명상, 발명, 철학적 사고 등이 여기에 속한다.

이 세 가지 종류의 향유가 지닌 가치, 등급에 대해 그는 독자의 몫으로 남겨 놓는다. 쇼펜하우어의 견해에 의하면 평범한 사람은 인생의 향유와 관련하여 자신의 바깥에 있는 사물, 즉 소유물이나 지위, 여자와 자식, 친구나 사교계 등에 의존한다. 이런 사람은 무게 중심이 그의 바깥에 있고 어디에서든 외부에서 만족을 구한다.

자신의 내부에 무게 중심을 가져라

정신적으로 탁월한 사람의 경우 무게 중심이 완전히 자기 내부에 있다. 따라서 정신적 욕구가 없는 속물은 정신적 향유를 누릴 수 없다고 볼 수 있다. 속물은 무릇 이상적인 것에서 즐거움을 얻지 못하고, 무료함에서 벗어나기 위해서는 항시 현실적인 것이 필요하다. 그런데 현실적인 것은 곧 고갈되어 즐거움 대신 피곤을 안겨 주는 반면, 이상적인 것은 고갈되지 않고 그 자체로 무구하고 무해하다.

쇼펜하우어는 프랑크푸르트에서 홀로 은자로 살면서 점차 고독한 생활을 했다. 고독은 뛰어난 정신을 지닌 사람들의 어찌할 수 없는 숙명 같은 것이다. 극심한 추위에 사람들이 서로 모여 몸을 따뜻하게 하는 것처럼, 사교성이란 사람들이 서로의 정신을 따뜻하게 하는 것이라서, 스스로 정신적 온기를 충분히 지닌 사람은 굳이 무리로 모일 필요가 없다는 것이다. 그는 사람과의 적당한 거리가 필요하다고 생각하며 다음과 같은 취지의 우화를 쓴다.

"어느 추운 겨울날 고슴도치들이 몸이 어는 것을 막으려고 서로의 몸을 밀착했다. 서로의 몸에 있는 가시 때문에 아픔을 느낀 고슴도치들은 곧 다시 몸을 떨어트렸다. 그러나 추운 나머지 다시 서로의 몸을 붙인 고슴도치들은 아픔을 느꼈다. 이처럼 추위와 가시라는 두 가지 고통을 거듭 맛본 끝에 그들은 그런대로 견딜 만한 적당한 거리를 찾아냈다."

마음의 평안을 얻으라

건강 다음으로 우리 행복에 중요한 요소는 마음의 평안이다. 사람과의 교제를 절제하면 마음의 평안을 얻을 수 있다. 볼테르는 이 지상에는 같이 대화할 가치가 없는 사람들로 득실거리고 있다고 했고, 쇼펜하우어는 출세하려면 호의, 친구, 연줄을 얻어야 한다고 말한다. 아무것도 없는 자는 출세하는 데 이런 것이 필요하다고 생각한다. 이들은 예의의 탈을 쓰고 뻔질나게 머리를 조아리며 허리를 90도로 굽힌다. 결국 동서고금을 막론하고 철저히 비열해야 출세할 수 있다는 것이다.

귀족들 틈에서 부대끼며 체념하고 살았던 괴테도 이미 《서동시집》에 나오는 〈나그네의 마음의 평정〉에서 같은 취지의 이야기를 한다. "비열함을 불평해 보아야 아무 소용이 없다. 누가 뭐라든 그런 비열한 자가 세상을 지배하니." 그는 마음의 평안을 누리고, 남이 쌓은 공로를 느낄 줄 알며, 남의 기쁨을 자신의 기쁨처럼 기뻐할 줄 아는 사람이 가장 행복한 사람이라고 한다.

우리의 인생은 행복을 누리기 위해서가 아니라 고통을 인내하기 위한 것이다. 행복하게 산 사람이란 평생 정신적으로나 육체적으로 감당하기 어려운 고통을 겪지 않은 사람이다.

쾌락과 욕망에 빠진 삶을 살아온 사람은 결코 행복할 수 없다. 그들은 끝없는 욕망의 포로이기 때문이다. 만약 그대가 쾌락과 욕망의 망상에 사로잡힌다면 자기 자신에게는 불만을, 다른 사람에게는 질투를 느끼게 될 것이다. 그러니 고통이 없고 동시에 권태가 없는 삶이야말로 가장 행복한 삶이라고 할 수 있다.

쾌락을 늘리기보다 고통을 줄여라

흔히 행복이라고 말하는 것은 뿌리도 잎도 없는 환상에 불과하다. 행복은 어디에나 있는 것 같으면서도 좀처럼 찾을 수 없다. 그러니 우리는 마음을 비우고 행복이라는 환상에서 벗어나고자 애써야 한다. 집착은 우리 삶을 피폐하게 만들기 때문에 집착만큼 우리 삶을 힘들게 하는 것은 없다.

또 고통의 대가를 지불하면서 쾌락을 즐길 필요는 없다. 일시적인 쾌락을 위해 영원한 고통을 감내한다는 것은 어리석은 일이다. 쾌락과 즐거움 대신 고통 없는 상태를 위해 노력하라. 그러나 대부분의 사람은 고통 없는 상태보다 끝없는 쾌락의 삶을 원한다. 쾌락과 방탕은 정신의 궁핍에서 비롯되는 권태의 일종이다. 이런 사람들은 외관상으로 부유한 것처럼 보이더라도 내면적으로는 가난한 부류에 속한다. 행복의 감정은 주관적이기 때문에 사치와 향락은 행복의 척도가 될 수 없다. 검소하고 절제된 삶을 사는 사람도 자신이 행복하다고 느끼면 행복한 것이다.

이러한 행복에 대한 느낌은 욕심을 버릴 때 더욱 가까이 찾아온다. 삶을 더욱 아름답게 만들고자 한다면 행복과 쾌락의 추구를 단념하고 번민과 고뇌의 예방에 힘을 기울여라. 큰 불행과 절망을 피하는 가장 확실한 방법은 너무 큰 행복을 추구하지 않고 너무 큰 기대를 하지 않는 것이다.

제4부

Stirb und werde

겨울 - 삶에서 벗어나기
죽어서 되어라(Stirb und werde)!

헤세의 겨울 – 삶이 또다시 창조의 광채로 빛나는 시기

고독과 방황의 시인 헤세

헤세는 누구보다도 많이 방황하며 무수한 밤을 뜬눈으로 지새운 고독한 시인이다. 그에게는 겨울에 고산의 햇빛보다 더 경이롭고, 더 고상하며, 더 아름다운 것은 없다. 눈과 얼음, 그리고 돌에 반사된 빛과 온기는 투명한 겨울 대기 속에서 놀이에 탐닉한다. 발밑의 작은 웅덩이와 녹은 물방울은 몇 시간만 지나면 얼음이 된다. 그럼에도 이미 봄이 되살아나려고 꿈틀거리는 모습을 보인다. 열아홉 헤세의 상처받은 영혼은 시 〈나는 하나의 별〉에서 자신을 하늘에 뜬 별이라고 서술한다.

나는 저 높은 하늘에 뜬 하나의 별이랍니다.
세상을 내려다보며 비웃기도 하고
자신의 불길 속에 타오르며 흩어지기도 하지요.

방황하는 삶과 문학에서 헤세는 모든 것을 양극 사이에 긴장시키며 합일을 시도한다. 그는 자연과 정신 사이에 놓인 위험한 다리다. 가장 내면적 운명은 그를 정신으로, 신으로 몰아대고, 가장 절실한 동경은 그를 자연으로, 어머니로 이끌어간다. 이 두 힘 사이에서 그의 삶은 불안에 떨며 흔들린다. 피곤하면 잠들어 오래 지고 다닌 짐을 내려놓아도 된다. 그것은 유쾌하면서 경이로운 일이다.

헤세는 고독과 정적 속에 사람도 동물도 없이 홀로 서재에 머물기를 원한다. 고독은 얼어붙은 호수처럼 느껴진다. 집의 굴뚝에 폭풍이 몰아치고 창가에 세찬 비가 휘몰아칠 때 창백한 밤이 감추려 했던 것이 떠오른다. 그때 헤세는 생각에 잠긴다. 왜 그것은 이러한가? 왜 신은 너를 떠났는가? 왜 청춘 시절이 네게서 달아났는가? 너는 왜 이처럼 죽어있는가?

혹독한 겨울이 지나면 봄이 올 것이다

1914년, 전쟁을 맞은 해의 겨울은 더 혹독했다. 어디를 둘러봐도 고통과 어둠뿐이다. 그래도 헐벗은 관목의 가지들 속에서 지빠귀가 날갯짓하고, 피로에 지친 세상은 깨어날 것이며, 우리를 위해 피 흘린 목숨이 헛되지 않도록 봄은 올 것이다. 잿빛 겨울날, 헤세에게는 충동과 격정에 차 흘러가는 강물, 그 참을성 없는 힘이 주제넘고 헛된 것으로 생각된다. 하염없이 눈이 내리는 겨울날, 중요하다고 떠벌리는 그 모든 요란함이 우습다.

《크눌프》에서 크눌프가 다시 한번 눈을 뜨자 태양이 비쳤지만, 너무 눈이 부셔 곧 눈꺼풀을 내려야 했다. 그는 손 위에 수북이 쌓인 눈을 느끼고 털어내고 싶었다. 그러나 이내 졸음에 못 이겨 자고 싶은 욕망이 그의 내면에서 다른 욕망보다 더 강해졌다. 〈눈 속의 방랑자〉에서 방랑자는 달빛이 비치는 눈 속으로 자기 그림자와 함께 홀로 걸어간다. 한 번 간 길은 끝까지 가야 한다.

봄의 녹음 속에서 얼마나 많은 길을 걸었고,
작열하는 여름 태양을 얼마나 많이 보았던가!

내 메마른 그림자는 지쳐 멈춰 서지만
한 번 간 길은 끝까지 가야 한다.

나를 화사한 세계로 이끌었던 꿈은 비껴간다.
이제 나는 안다, 그것이 거짓이었음을.

눈이여, 참으로 차갑게 이마와 가슴을 적시는구나!

죽음은 내가 알던 것보다 더 소중하다.

겨울은 삶이 다시 창조의 광채로 빛나는 시기이다

골드문트는 어느 날 아침 첫눈이 내렸을 때 풍경 전체가 푸르스름하고 하얗게 빛나는 것을 본다. 마음속에서 일어나는 불안과 고요한 겨울 세계의 대조가 그를 당황하게 한다. 헤세는 시 〈첫눈〉에서 겨울 씨앗은 눈 속에 잠들어 있지만, 죽은 듯 보이는 자연은 언젠가 깨어나기를 기다리고 있다.

마음은 머뭇거리며 불안한 오솔길로 가고,
눈 속에는 불안하게 겨울 씨앗이 잠들어 있다.
바람은 얼마나 많은 내 나뭇가지를 꺾었는가,
그 상흔들은 이미 내 갑옷이 되었구나!
얼마나 많은 쓰라린 죽음을 맞았던가!
모든 죽음의 보상은 새로운 탄생이었다.

환영한다, 죽음이여, 너 어두운 문이여!
저 너머에 생명의 합창이 밝게 울리누나!

사멸의 계절인 겨울은 죽음의 단계를 상징한다. 그러나 만물의 변화 생성 속에서 영원한 종말이나 완전한 소멸을 뜻하는 것이 아니라 한 단계를 넘어가는 것이다. 헤세에게 겨울은 삶이 또다시 창조의 광채로 빛나는 시기이다. 그러니 크눌프가 눈 이불을 덮고 영원히 잠들어 가듯 우리 인간은 죽음을 기꺼이 받아들이고 언제라도 환영하며 맞아들여야 한다. '모든 죽음의 보상은 새로운 탄생'이며, '어두운 문 저 너머에 생명의 합창이 해맑게 울리기' 때문이다.

신으로 가는 자기 형성의 길

자기 나름의 종교를 추구하는 헤세

헤세는 독실한 기독교 가정에서 태어나 부모의 경건주의 기독교 신앙에 의해 성장한다. 그러나 그는 부모의 바람과는 달리 청소년기에 들어서면서 신앙의 위기와 함께 기독교에 대한 비판적·반항적 태도를 지니게 된다. 헤세는 부모의 종교적 세계 안에서 자신을 발전시키는 데, 즉 그 자신의 방식대로 개성을 잃지 않고 기독교인이 되는 데 실패했다.

그렇지만 그는 일평생 혈통에서 기인하는 기독교를 벗어나 자신의 개성에서 비롯하는 자기 나름의 종교를 추구했다. 자기에게 제공된 경건주의 신앙을 받아들일 수 없었기 때문이다. 부모와 외할아버지가 인도의 신앙 형태에 대해 풍부하고 자세한 지식을 가졌지만, 헤세는 그들이 이를 절반만 인정하고 공감했다고 본다.

반면 헤세는 인도의 정신세계도 기독교와 똑같이 호흡하고 체험하며 인정하려고 했다. 이것이 그가 기독교와 마찰을 빚은 요인이었다. 그것 말고 헤세는 당시의 기독교와 기독교인을 비판적으로 바라보았다. 이로 말미암아 신앙생활에 어려움을 겪으며 청소년기 내내 기독교와 극심한 갈등에 빠진다. 소설 〈청춘은 아름다워〉에서도 어머니는 외지를 떠돌다가 집에 온 주인공에게 요즘 기도는 하고 있느냐고 묻는다. 주인공은 최근까지는 기도했는데 지금은 안 하고 있다고 답한다. 그러자 그의 어머니는 앞으로는 열심히 기도하라고 말하며 간단히 심문을 끝낸다.

신학교를 무단이탈한 헤세

헤세는 마울브론 신학교에 다닐 때 성서의 불만족스러운 부분에 대해 부모님에게 편지를 쓴다. 그리고 신학교 공부도 부분적으로는 너무 조잡하고 무의미하다고 밝힌다. 헤세의 아버지는 아들의 역사적·문학사적 성서 공부가 기독교의 진리 자체를 의심하게 만들지도 모른다고 우려한다. 아버지는 신앙 문제에서 부차적인 것보다 본질적인 것을 중시하는 사람이었다. 헤세는 신학교에서 종교, 역사, 라틴어, 독일어, 작문, 음악 등의 과목에 특히 흥미를 느꼈다. 그렇지만 점차 문학에 관심을 가지며 '작은 문학 박물관'이라는 그룹을 만든다. 열 명의 학생이 역할을 나누어 실러의 작품을 읽고, 자신들이 쓴 시를 낭독하고, 비판적인 발표도 하는 모임이었다. 이런 활동과 함께 헤세는 처음에는 학교생활에 그럭저럭 만족하며 잘해 나가는 듯 보였다.

그러다 문제가 발생한다. 1892년 3월 7일, 헤세가 갑자기 신학교를 무단이탈했다가 학교로 되돌아오는 사건이 일어난다. 장갑도 끼지 않고 외투도 없이 추운 밤을 밖에서 보낸 뒤 하루 만에 돌아온 것이다. 신앙적인 갈등과 장래의 진로에 대한 고민 때문으로 추측된다. 헤세의 아버지는 아들의 신앙적 위기를 감지하고 의심스러운 것은 이해할 때까지 일단 제쳐놓고, 의심할 수 없는 십계명을 충실히 지키라고 충고한다.

그러면서 지금은 씨 뿌리는 나이이니 좋은 씨를 정신에 뿌리라고, 구세주와 함께하는 삶을 살라고 조언한다. 헤세의 부모에게는 하느님을 기쁘게 해드리고 하느님의 나라에서 하느님께 봉사하는 것이 삶의 최고 목적이었다.

하지만 헤세는 부모의 기대와는 달리 사후의 삶은 믿지만, 천국과 지옥은 믿지 않았다. 하느님이 지고한 선이라면 그가 창조한 세계와 피조물이 왜 이토록 불완전하고 부패하고 비참하단 말인가? 헤세는 영혼들이 서로 교제하고, 서로 이해하여 행복해지는 장소를 믿으며, 그러한 것을 기쁨으로 기다린다. 또한 하느님을 믿지만, 하느님과 인간 사이에 어떤 관계가 있다고는 생각하지 않는다.

허무주의자 헤세

사실상 신학교에서 쫓겨난 헤세는 바트 볼, 슈테텐 등의 요양원으로 옮겨 다닌다. 슈테텐에서 헤세는 자기를 감옥에 가두려 한다고 반항하며 차라리 우물에 뛰어들겠다고 소리친다. 하지만 슈테텐 정신병원의 원장 고트로프 아담 샬(Gottlob Adam Schall) 목사와 몇 마디 대화를 나눈 뒤 그곳에 머물기로 한다. 그곳에서 점차 건강이 회복되고 정서적으로 안정된 헤세는 다시 칼프의 부모님 집으로 돌아온다. 그러나 곧 다시 격렬하게 흥분하고 반항하며 욕을 하는 등 거친 태도를 보인 그는 다시 슈테텐으로 보내진다. 그의 생활은 이전보다 더 나빠졌고, 그는 침묵 속에서 신과 세계를 저주하며 보낸다. 그는 편지에 '허무주의자 헤세'라고 서명한다. 그러면서 처음으로 부모의 경건주의 기독교 신앙을 공격하고 부정하며, 그리스도가 하느님의 아들임을 단호히 부정한다. 1892년 9월 4일, 아버지에게 보내는 편지에서 그는 이렇게 쓴다. "사람들은 저에게 '하느님을 향해라, 그리스도를 향해라.'라고 설교합니다. 저는 이 하느님 안에서 망상만을, 이 그리스도 안에서 하나의 인간만을 볼 뿐입니다. 저를 백 번이라도 저주하세요!" 그리스도와 사랑, 하느님과 행복이라는 말이 슈테텐 어디에나 쓰여 있지만, 그 사이에는 온통 증오와 적대감으로 가득 차 있다는 것이다.

시문학에서 구원을 찾는 헤세

헤세의 부모는 그리스도를 통한 개인의 구원을 중시했다. 하지만 자유로운 생각과 개성적 삶을 추구하는 예술가 기질의 헤세는 부모의 경건주의 신앙을 답답하고 편협하게 생각했다. 그는 신앙보다 예술을 우위에 둔 것이다. 헤세의 어머니는 악한 힘에 부딪힌 아들이 무기력한 느낌에 빠졌다고 간주하고 기도를 많이 함으로써 하느님만 도울 수 있다고 생각한다.

1893년, 부활절을 앞두고 헤세는 사랑, 적어도 기독교적 사랑은 참을 수 없다며 자신을 조용히 내버려두라고 한다. 헤세의 외할아버지가 이때쯤 사망했고, 그의 어머니는 "너도 마음을 열고 회개하여 하느님의 자녀가 되어, 너를 치유해 주시도록 하느님, 너의 아버지를 찾고 불러보지 않겠니?"라는 내용의 편지를 쓴다. 어머니는 회개를 통해 믿음, 소망, 사랑으로 나아가는 길 외에는 평화로 통하는 길이 없다고 말한다.

헤세는 기독교 신앙을 떠나 이제 괴테, 실러와 같은 시문학과 범신론, 미를 추구하여 문학과 예술적 아름다움을 신봉하는 쪽으로 나아간다. 그는 자살 시도까지 했던 어렵고 고통스러운 시기를 문학에 대한 열정과 시인이 되고자 하는 꿈으로 극복한다. 그리하여 1895년 10월 17일, 튀빙겐에서 서점 수습생으로 일하게 된다. 그곳에서 헤세는 일요일이면 찬송가를 즐겨 연주했고, 성서, 특히 구약성서를 열심히 읽었지만, 교회에 다니지는 않고 명상에 잠겨 조용히 혼자 예배드리기를 즐겼다. 이제 헤세는 성서를 존경하고 사랑하며 이 위대하고 소박한 언어를 경외감에 차서 바라보면서, 그 외의 다른 것은 하찮고 초라하게 여긴다. 특히 그는 〈전도서〉 마지막 장의 시적인 부분을 높이 평가했다. "편도 나무 꽃피고 모든 즐거움은 사라지리니 — 그러면 사람은 죽고 슬퍼하는 사람들만이 거리를 배회하리라."

이 편지를 받고 힘을 얻은 헤세의 아버지는 자기도 성서를 읽을 때 비슷한 경험을 했다고 아들을 북돋워 준다. 이제 부자간에 비판이 아니라 이해와 사랑으로 가득 찬 새로운 분위기가 형성된다. 또 이 년 동안 뼈가 약해져 고통을 겪던 어머니와의 관계도 좋아진다. 헤세는 부모님께 편지를 쓴다. "매일 밤 저는 자리에 누우면 엄마를 생각하고 엄마가 잠을 잘 수 있도록, 그리고 상태가 나아질 수 있도록 기도합니다. 부모님 사진을 책상 위에 놓아두고, 밤마다 부모님을 기억하고, 밖에 있는 자식들을 위해 기도하는 예배 시간을 기억하며, 부모님께 저지른 많은 잘못에 말할 수 없는 고통을 느낍니다."

신앙의 의미를 긍정적으로 평가하는 헤세

헤세의 소원대로 다행히 어머니의 병은 곧 낫는다. 그러자 깊이 감동한 헤세는 하느님께 영광을 돌린다. "하느님이 우리에게 큰일을 행하셨습니다. 이에 우리는 기뻐하고 있습니다. 어머니의 편지를 읽은 뒤 제 안에서는 봄이 솟아올랐습니다. 저는 걱정에 차서 집으로 돌아왔는데, 이제 모든 게 빛으로 가득 차게 되었습니다." 헤세는 하느님의 위력과 은총에 압도되어 다시 어린애가 된 것처럼 언제까지나 집안에 밝은 햇살이 가득하기를 희구(希求)한다.

이제 헤세는 괴테의 글보다 성서를 더 많이 읽게 되었다. 하지만 그의 신앙은 교회 안에서의 공개적인 신앙이 아니라 방 안에서의 개인적인 신앙이었다. 그는 그리스도를 무시하거나 외면할 수 없음을 자각하고 시 〈십자가상의 예수〉에서 그리스도의 고통과 사랑을 노래한다. 그는 이 시에서 '이 사람을 보라!', '이 신을 보라'라며 그리스도의 인간적인 속성과 함께 신적인 속성을 지적한다. 교회와 같은 종교 단체에서는 자신의 높은 정신적·영적 요구를 충족시킬 수 없다고 생각해서였다.

그는 자신의 이상이었던 별들을 추구하며, 시적인 범신론을 통과하여 평화와 건강의 신비로 나아가고자 한다. 그리고 기독교 신앙이 형식이나 비유가 아니라 살아있는 강한 힘임을 인정하면서도 성서 속의 계시보다 시인들의 계시에 더욱 귀 기울인다. 그래도 기독교와 그 신앙의 의미를 긍정적으로 평가한다. 그러면서 모든 신앙에 대해서도 무척 관대해진다. 예술과 문학에 대한 믿음을 자신의 종교로 여기고, 이를 바탕으로 이제 보다 높은 삶의 단계에 서 있는 자신을 확고하게 믿기 때문이다.

아들의 시를 비판하는 어머니

1898년, 헤세는 첫 시집 《낭만적인 노래》를, 이듬해에는 산문집 《한밤중 뒤의 한 시간》을 출간한다. 그러나 헤세의 어머니는 고독과 우수를 노래하는 애상적이고 감상주의적인 시와 글을 경건주의 기독교 입장에서 신랄하게 비판한다. 어머니는 하느님의 영광을 위하고 또 다른 이들에게 유익하도록 문학 창작을 해야 한다는 입장이었다. 헤세는 어머니의 이러한 부정적인 비판에 큰 실망과 고통을 느꼈다.

1899년, 헤세가 바젤에서 향수와 고독, 우울증을 겪음에도 불구하고 내적으로 더 조용하고 더 건강해졌음을 알리는 편지를 하자, 아버지 역시 무척 기뻐하며 내적으로 서로 가까워졌음을 느낀다고 답했다. "사랑하는 애야, 네가 그토록 정상적으로 되고, 또 즐거워하고 만족한다니 진심으로 하느님께 감사드린다. 내가 얼마나 위로받고 기쁜지 모르겠구나."

이처럼 헤세와 부모 사이에 점차 이해와 사랑이 커지지만, 서로의 신앙관과 종교적 태도 자체는 끝내 일치될 수 없었다. 이 무렵 헤세는 자신이 올바른 길을 가고 있는지 아닌지, 이 쉼 없는 성찰이 자신의 별 무리에 가까이 간 것인지 혹은 잘못된 것인지 생각한다.

성서를 비판적 시각에서 수용하다

1904년에 발표한 《페터 카멘친트》가 성공하자 헤세는 사진작가 마리아 베르누이와 결혼한다. 1908년, 그는 칼프의 가족에게 보낸 편지에서 불교와 힌두교 등 동양의 신비주의 사상과 접하면서 오히려 기독교 신앙을 더욱 긍정적으로 평가하게 된다. 그는 특정 종교만이 유일하게 옳다고 하는 배타적이고 독단적인 태도를 거부한다. 그는 현실에서 기독교가 잘못 변질되었으며, 진실로 순수하고 훌륭한 기독교인이 너무 드물다고 지적한다.

그러면서 성서에서부터 전설, 코란에 이르기까지 여러 천국의 문에 귀 기울인다. 《데미안》에는 동서양의 신비주의로부터 영향을 받은 사실이 잘 드러난다. 작품에서 데미안은 힘과 용기가 있는 개성적이고 탁월한 인물로서 카인을 높이 평가한다. 이처럼 헤세는 성서를 그대로 받아들이지 않고 자신의 시각에서 비판적으로 또는 독자적으로 수용한다.

한편, 헤세는 50세를 전후하여 다시 삶의 위기를 겪으며 세상은 구세주가 아니라 악마에 의해 지배되고 있으며, 인생이란 신의 선물이 아니라 참을 수 없는 고통이자 더러운 것이라고 말한다. 이러한 총체적 위기 상황에서 나온 시 〈예수와 가난한 사람들〉에서 "당신은 죽었습니다. 사랑하는 형제 그리스도여, 그러나 그들은 어디 있나요? 그들을 위해 당신이 죽었는데도요."라며 빈자를 부자나 사제와 대비시키면서 기독교 세계가 잘못되어 있음을 강하게 비판한다. 그는 이 시에서 부자와 사제가 가난하고 불쌍한 사람들을 도와주지 않는다고 질타한다. 그리스도의 진정한 사랑과 종교적 의미가 실제 현실에서 제대로 구현되지 못하고 있다는 것이다.

인간 형성의 세 단계

그 후 헤세는 〈단편 신학〉이라는 글에서 '인간 완성의 단계'라는 논지를 통해 자신의 종교관을 정리한다. 그는 이러한 자신의 견해를 심지어 '진리'라고까지 생각하며, 인간 완성의 세 단계를 이렇게 설명한다.

인간 형성의 길은 무죄[천국, 어린 시절, 책임이 없는 전(前) 단계]에서 시작한다. 여기서 인간 완성의 길은 죄로, 선악을 아는 단계로, 문화와 도덕, 종교와 인류의 이상을 아는 단계로 나아간다. 개별화된 인간으로서 이를 진지하게 체험하는 이에게 그 단계는 누구든 절망으로 끝난다. …… 이 절망은 이제 몰락으로 가거나 또는 정신의 제3세계로, 도덕과 법칙을 초월하는 상태의 체험으로, …… 신앙으로 나아간다. 이 신앙이 어떤 형태와 표현을 취하든 마찬가지다. 그 표현은 모두 똑같다.

여기서 헤세는 인간이 종교적인 관점에서 완성을 향해 나아가는 세 단계의 길을 제시한다. 이는 성서의 내용과 기독교 교리를 나름대로 약간 변형하여 신비주의적 인간 완성의 목표를 피력한 것이다. 그는 이 내용이 기독교적으로 표현된 것이라고 주장한다. 1929년, 헤세는 프란츠 샬에게 보내는 편지에서 자신의 견해가 근본적으로 기독교적이며, 자기 영혼의 근저를 볼 때 자신이 늘 기독교인이었다고 고백한다.

사랑과 인내로 성스러운 목표에 도달할 수 있다

이처럼 헤세가 노년에 기독교 신앙으로 나아가는 상황은 1933년의 시 〈숙고〉에 잘 나타나 있다. 그는 이 시에서 자신의 기독교적 혈통에 대해 숙고하기 시작하면서, 필멸의 존재인 인간은 심판과 증오가 아니라 사랑과 인내로 성스러운 목표에 도달할 수 있다고 말한다. 헤세는 시 〈그리스도와 가난한 사람들〉에서 죄지은 자들의 고난을 대신해 죽은 예수 그리스도의 희생을 높이 평가한다. 그러나 성스러운 빵이 된 그의 몸이 성직자와 부자들을 위한 빵이 된 것을 비판한다. 배고픈 사람들이 원하는 것은 그저 예수를 사랑하는 것밖에 없다.

우리는 당신의 용서 빵을 먹지 못한다.
그 빵은 살찐 성직자들이 배부른 이를 위해 나누는 것,
그런 다음 그들은 가서 돈을 벌고 전쟁을 수행하고 살인을 한다.
아무도 당신을 통해 축복받지 못했다.

우리 가난한 이들은 당신이 간 길,
비참과 치욕, 십자가를 향해 간다.
다른 이들은 성찬을 끝내고 집으로 가서

성직자를 초대해 구운 고기와 케이크를 대접한다.

구세주가 오고 있다

그 후 1940년에 쓴 시 〈구세주〉에서 헤세는 그리스도의 종교적 의미를 한층 심도 있게 이해, 젊은 날 기독교에 반항했던 태도와는 현저히 달라진 모습을 보인다.

요즈음에도 구세주는 축복하려고
자꾸만 오는 중이다.
우리의 불안, 눈물, 물음, 탄식에
고요한 눈길로 응답하려고.
그러나 어린이의 눈만이
그 눈길을 감당할 수 있기에
우리는 감히 그 눈길을 마주 보지 못한다.

구세주는 오늘날에도 매번 축복을 주려고 다가오지만, 우리는 그 시선을 감히 대하지 못하며, 어린이의 눈만이 그 시선을 감당할 수 있다는 것이다. 헤세는 이 시에서 그리스도는 죽음과 부활로 인류에게 구원의 길을 열어주었지만, 기독교 신자는 매번 다시 좌절하고 방황하며 구세주를 멀리한다고 지적한다. 그는 그리스도를 구세주로 인식하고, 그리스도의 종교적 의미와 상황을 현재의 시각에서 고찰한다.

그리스도와 우리의 관계는 일회적인 관계가 아니라 반복적이고 영속적이다. 그리스도의 종교적 의미는 현실 상황에 비추어 볼 때 이 땅에 완결된 의미로 구현된 것이 아니라 아직 그 의미가 실현되어야 한다. 이렇게 볼 때 헤세가 그리스도를 떠나 다른 신을 좇으며 산 것은 아니다. 그는 여러 번 그리스도에게로 돌아갔다. 사망한 해인 1962년에도 헤세는 노령에 오히려 기독교와 다시 더욱 가까워졌다고 고백한다.

이처럼 헤세는 부모의 훌륭한 기독교 신앙과 본가의 비 국수주의적인 기독교 정신으로 인해 자신을 기독교인으로 생각하며 기독교에 대해 점차 긍정적인 태도를 갖게 된다. 평생 종교에 대한 경외심을 잃지 않고, 신비주의적 종교관을 지닌 헤세는 독단적이고 배타적인 태도를 거부함으로써 당시의 전통적인 기독교와 다소 마찰을 빚었다고 할 수 있다. 말년에 그는 자신이 어떤 종교 신자가 아니라 시인이고 화가이며 정원사라고 말한다. 간단히 말해 들과 숲의 범신론자, 초원의 범신론자라는 것이다.

늙는다는 것에는 나름의 고유한 가치가 있다

생명체는 모두 늙어 죽을 운명에 처해 있다

세네카는《짧은 인생에 대하여》에서 인생의 짧음에 대한 탄식을 비판한다. 그의 생각에 우리 인생은 짧은 것이 아니라 우리가 인생을 짧게 만든다. 인생의 시간을 노력할 가치가 없는 일들로 마구 써버리기 때문이다. 16세기 인문학자 몽테뉴는 인간의 늙고 죽어감을 이야기하면서 신이 생명을 조금씩 앗아감으로써 인간에게 베푸는 은총이 노화의 유일한 미덕이라고 했다. 노화를 겪으며 조금씩 죽어온 덕분에 마지막 순간에 죽음이 덜 고통스럽다는 것이다.

인간은 '왜'라는 물음 없이 해마다 자신의 생일을 축하한다. 다른 이들은 생일을 맞은 사람을 기쁘게 북돋아 주고 행운을 빌어 준다. 나이 드는 것을 싫어하면서도 생일 축하를 하는 것은 모순이고 아이러니다. 어찌 보면 나이 드는 것을 축하하는 것은 터무니없어 보인다. 새로운 생일은 매일 거부할 수 없이 조금씩 죽음에 다가서는 것과 같다. 물론 우리는 이러한 축하 인사를 기뻐하면서도 진지하게 받아들이지는 않는다. 생일 축하는 사실상 죽음과 관련이 있다. 표현하지는 않지만 매년 우리는 언젠가 죽을, 그날을 피해 왔다는 것을 상정하고 있다. 왜냐하면 우리는 매년 한 번씩 우리에게 잘 알려진 생일뿐만 아니라 아직 알려지지 않은 죽음의 날을 지나치고 있기 때문이다.

생명체는 시간 속에서 모두 늙어 죽을 운명에 처해 있다. 나이를 먹고 늙어가는 인간이 시간과 자신의 몸을, 사회와 문명을, 그리고 궁극적으로 죽음을 어떤 눈으로 바라보는가 하는 점이 우리의 관심사다. 중장년층은 늙어가는 현실에 직면하기 시작하면서 지나온 삶을 반성하고 남아 있는 생을 성찰해 볼 수 있는 기회를 가질 수 있다. 또한 젊은이는 자신 앞에 놓인 삶의 소중함과 존엄을 생각해 볼 기회를 가질 수 있을 것이다.

늙는다는 것에는 나름의 고유한 가치가 있다

헤세의 시 〈늙는다는 것〉은 전쟁이 끝나던 해인 1918년에 쓰였다. 전쟁으로 사람들은 무수한 죽음을 목도하면서 죽음에 대해 성찰하게 되었다. 이런 잔혹한 전쟁에 반대하고 평화를 호소한 그의 말대로 전쟁은 모든 것을 파괴해 버렸다.

지금의 관점에서 보면 40대 초는 젊은이에 해당한다. 그래서
인지 헤세도 자신을 나이 든 소년이라고 부른다.

청춘은 모든 하찮은 것을 소중히 한다.
나도 그런 청춘을 존중한다.
곱슬머리, 넥타이, 헬멧과 검,
그리고 마지막으로 아가씨도.

그러나 이제야 뚜렷이 보이는구나.
나이 든 소년인 내게는
그 모든 게 더 이상 없다는 것이.
그러나 이제야 뚜렷이 보이는구나.
그런 애씀이 지혜로웠음이.

머리띠와 곱슬머리는 사라지고
모든 마법도 이내 사라져 버린다.
그 외에 내가 얻은 것,
지혜, 미덕, 따스한 양말,
아, 이런 것도 곧 흘러가 버리고
그리고 대지는 차가워진다.

노인에게 근사한 것은

불타오르는 벽난로와 적포도주,

그리고 마지막으로 평온한 죽음 –

그러나 후일, 아직 지금은 아니다.

이 시에서는 사소한 것에 집착하는 젊음, 젊음의 지혜와 마법을 긍정적으로 본다. 보통 젊은이는 젊은 혈기와 이해 부족으로 노인의 구부정한 자세, 힘겨운 몸짓, 주름진 얼굴과 쭈글쭈글한 손을 보고 웃는다. 그러나 헤세는 늙는다는 것은 마냥 시들어 버리는 것이 아니라 고유한 가치와 마력, 지혜, 그리고 고유한 슬픔을 지닌다고 말한다. 노년은 젊음보다 나쁘지 않고, 노자는 부처보다 못하지 않다. 푸른색을 빨간색보다 나쁘다고 할 수 없다. 노인이 젊어 보이려고만 하면 노년은 하찮은 것이 되고 만다. 나이 든 사람에게 더 적합한 것은 유머와 미소, 심각하게 받아들이지 않는 것, 세상을 하나의 비유로 변화시키는 것, 사물을 저녁 구름의 덧없는 유희인 양 바라보는 것이다. 그러니 노인은 젊은이를 속단하면서 반박할 것이 아니라 될 수 있는 한 그들을 인정하고 사랑하는 것이 필요하다.

늙음은 예의 바른 무뢰한이다

젊은이에게 삶은 끝나지 않을 먼 미래까지 이어질 것 같지만 노인에게는 매우 짧은 과거에 지나지 않는다. 젊음은 하찮은 것에도 민감하게 반응하며 소중히 한다. 젊음은 새것에 눈을 반짝이지만 늙음은 이제 모든 것에 시큰둥하다. 노인은 새로운 것에 대한 호기심보다는 지난 시절에 있었던 자기의 경험 세계를 절대화해서 젊은이를 가르치려 드는 경향이 있다. 그래서 메피스토도 《파우스트》에서 모두 늙게 마련이지만 늙음이 현명한지를 묻는다. 괴테는 시 〈늙음〉에서 늙음은 예의 바른 남자지만, 무뢰한이라 불린다고 표현한다.

늙음은 예의 바른 남자,
남의 집 문을 두드려 보지만
들어오라는 이 없고
그도 문 앞에 서 있고 싶지 않아서
문고리 돌려 성큼 들어서자
무뢰한이라고 하는구나.

노인이 되는 것은 시들거나 부서져 없어지는 것이 아니다. 인생의 단계들이 모두 그렇듯 그 나름의 가치가 있다. 옛날 문화가 꽃피던 시절에는 노년에 대한 존경심이 있었는데, 요즘은 젊음에 대한 존중이 요구되고 있다. 그렇다고 젊음의 가치를 깎아내려서도 안 되겠지만 노년이 아무런 의미도 없는 것으로 매도되어서는 안 된다.

사실 노년기에는 고난도 많지만, 축복도 많다. 그 축복의 하나가 망각과 체념이라는 보호막이다. 난관과 고통을 겪는 사이 그 보호막은 두꺼워진다. 언뜻 보기에 망각과 체념이 나태함, 무딤과 느림, 추한 무관심일 수 있지만, 다른 시각에서 보면 평온, 인내, 유머, 지혜이자 도가에서 말하는 무위일 수 있다.

쉰 살의 나이

위기의 나이 쉰 살

우리는 삶에 지쳐 평온해질 때까지 고통을 겪고 쓴맛을 보면서 살아간다. 마흔 살과 쉰 살 사이의 십 년은 감정이 풍부한 사람과 예술가에게는 힘겨운 세월이다. 이 시기에는 마음이 불안하고, 삶과 자기 자신을 적절히 조화시키기 어려워서 종종 불만족에 빠진다. 그러나 가슴앓이를 하는 청춘이 아름다운 것처럼 나이를 먹고 성숙해져 가는 데도 아름다움과 기쁨이 있다.

헤세는 청춘과 노년의 경계로 볼 수 있는 쉰 살을 중요하게 여긴다. 그는 50세 생일을 맞이하면서 그전까지의 삶이 정신에 몰두한 삶이었음을 암시하고, 《황야의 늑대》의 하리 할러처럼 이제 정신이 스스로 지쳐 권좌에서 물러나 자연, 카오스, 동물성에 자리를 내어줄 것이라고 말한다. 그는 1927년 무렵 또다시 위기를 겪으면서 루트 벵거와 이혼하고 니논과 새출발을 한다. 토마스 만의 《베네치아에서의 죽음》

에서 미소년 타치오와 사랑에 빠지는 고전 작가 아셴바흐의 나이 역시 쉰 살이다. 소설 《게르트루트》에서 헤세는 청춘과 노년의 경계를 정확히 그을 수 있다고 생각한다. 그는 이 소설에서 "청춘은 이기주의와 함께 끝나고, 노년은 타인을 위한 삶과 함께 시작된다."라고 주장한다. 노년이 되면 이기주의가 끝나고 타인을 위한 삶이 시작된다는 것이다.

청춘과 노년의 경계는 몇 살인가?

청춘과 노년의 경계는 몇 살인가? 사람에 따라 다르니 딱히 나이로 정할 수 없겠다. 어떤 이는 이미 마흔이나 그 전에 그 경계선을 넘고, 어떤 이는 더 늦게 쉰이나 예순이 되어야 노인이 된다. 노년의 공통점은 삶의 기술 대신 죽음의 기술에 관심이 가고, 인격 형성과 교화 대신 인격의 해체가 우리를 사로잡기 시작한다는 것이다. 그러다 어느 날 거의 하룻밤 새 늙었음을 느끼고 청춘의 생각과 관심, 감정들이 낯설게 느껴지기도 한다. 노년에 몇 년은 후딱 지나가지만, 며칠이나 몇 시간은 매우 더디게 지나가는 것처럼 느껴진다.

만년의 헤세는 아들 브루노에게 스스로 체험하고 다른 사람들에게서 목격한 것을 들려준다. "마흔에서 쉰까지의 십년은 열정이 충만한 사람들, 예컨대 예술가에게는 언제나 위기의 시기이자 불만의 시기이다. 그러나 그다음에는 안정의 시기가 온단다." 청춘이 끓어오름과 싸움의 시간으로 아름다운 만큼, 늙고 성숙해지는 것 역시 나름의 아름다움과 행복을 품고 있다. 노년에도 긍정적인 면이 있다.

괴테에 의하면 고독에 굴복하는 이는 고독에 파묻히게 된다. 헤세는 쉬 늙지 않으려면 늙음에 굴복하지 않아야 한다면서 늙음에 대해서 괴테와 같은 말을 한다. 그러면서 매일 저녁 잿빛 유령이 자기 침대맡에 서 있지만, 그 전에 팔을 몇 번 휘둘러 그 유령을 밀쳐 내고 폭죽을 몇 개 쏘아 올릴 거라고 한다.

사람들은 성숙해지면서 점점 더 젊어진다

나이 든 사람은 늘 젊은이들이 건방지다고 하면서도 그들의 태도와 방식을 자주 흉내 낸다. 나이 든 사람 역시 편파적이며, 자신만이 참이라고 생각하고 쉽게 모욕을 느낀다. 세상의 진로와 일치하지 않을 때 사람들은 쉬 늙는다. 헤세는 1922년 1월 14일, 베르너 쉰들러에게 보내는 편지에서 젊어지는 비법을 알려준다. "사람들은 성숙해지면서 점점 더 젊어집니다. 내게도 마찬가지입니다."

사람들은 나이 들수록 죽음 앞에 어리석고 소심해지며 두려워한다. 쉰 살 남자의 치명적인 삶의 허기를 성가시게 느끼면서 헤세는 노년의 평안함과 원숙함을 희망한다. 그러면서 "삶의 파도가 거세게 일게 하고, 삶의 충동, 최후의 격동이 미친 듯이 날뛰게 하자!"라고 다짐한다. 헤세는 아내 니논의 쉰 살 생일에 남긴 메모에서 쉰 살의 장점을 언급한다. "인간은 쉰 살이 되면 자신의 인생을 담담하게 되돌아보기 시작하지. 그 사람은 기다림과 침묵, 경청을 배운다오. 약간의 노쇠나 허약 대신 이 훌륭한 능력을 얻을 수 있다면 그는 수지맞는다고 생각할 것이오."

죽음은 하나의 지속적인 과정이다

헤세는 시 〈쉰 살의 남자〉에서 머리칼이 없어지고 이도 빠지는 쉰 살에 젊은 아가씨를 끌어안는 대신 괴테의 책을 읽는다고 했다.

요람에서 무덤까지
오십 년 세월.
그다음 죽음이 시작된다.
멍청해지고 우둔해지며
정신이 황량해지고 촌스러워지며

머리칼이 없어지고

이도 하나둘 빠지며

황홀한 기분으로

젊은 아가씨를 끌어안는 대신

괴테의 책을 읽는다.

하지만 끝이 오기 전에 단 한 번

눈이 맑은 곱슬머리 젊은 여자를

살짝 껴안고

입과 가슴, 볼에 입맞춤하고

그녀의 윗도리와 바지를 벗겨주고 싶다.

그런 다음 하느님의 이름으로

죽음이 날 부르러 와도 좋으리라, 아멘.

쉰 살의 나이에 '죽음이 시작된다'라고 표현하는 것으로 보아 헤세에게 죽음은 어떤 순간 혹은 경계가 아니라 하나의 지속적인 과정이다. 그리고 노년은 '서서히 죽어가는' 과정으로 죽음이라는 과정의 일부가 된다. 이제 힘이 떨어졌지만 그래도 헤세는 인생의 끝이 오기 전에 한번 젊은 여자를 껴안고 입맞춤하고 싶다는 희망을 피력한다. 그런 다음에는 죽어도 좋다면서.

늙음에는 좋은 면도 있다

시 〈나이 든다는 것〉(1928)에서 헤세는 청춘의 별과 청춘의 동무들이 모두 세상과 타협하고 맥없이 살아가는 것을 질타한다. 그러면서 자기만이라도 투사로서 세상에 맞서 싸우다가 힘에 부치면 장렬하게 전사하겠다고 목소리를 높인다.

> 우리 노인을 비웃는 젊은이들
> 너희는 얼마나 옳으냐!
> 스스로도 내게
> 참으로 충실하지 못했구나!
>
> 그렇더라도 세상에 맞서
> 계속 싸우겠다.
> 내가 영웅으로서 승리할 수 없다면
> 투사로서 전사하겠다.

쉰 살이 되면 보통 유아기적인 버릇이 없어진다. 명성과 존경을 얻으려는 생각이 차츰 줄어들고, 자신의 지나온 삶을 차분히 되돌아보기 시작한다. 기다림을 배우고, 침묵도 익히며, 귀 기울여 듣는 법도 배운다. 몸과 마음이 약해지는 대신 그런 좋은 점을 갖게 된다면 커다란 이득이라고 할 수 있다.

나이 든 사람에게는 기억의 그림책과 체험이라는 보물이 있다. 늙은 모습은 보잘것없고 비참하겠지만 그러한 것 때문에 매우 풍요롭다. 노인은 종말과 망각을 향해 더 써버린 육체만을 가져가는 존재가 아니라, 숨 쉬는 한 살아서 저 빛나는 보물을 가슴속에 간직한 사람이다. 그리고 새로운 삶의 영역에 들어가면 좋은 점이 있다. 다른 사람들의 판단에서 더 자유로워질 수 있고, 열정에 휘둘리지 않게 되며, 영원한 것에 대해 평온한 마음으로 경외심을 갖게 된다. 그리고 고통과 불행에 대한 민감성이 떨어져 웬만한 일에는 무덤덤해진다.

시대의 두 가지 중병

현대인이 앓고 있는 두 가지 중병

1946년은 헤세에게 뜻깊은 해였다. 괴테상에 이어 노벨문학상을 받은 것이다. 그는 자신이 괴테상을 받을 자격이 있는지 자문한다. 제1차 세계대전 이후 헤세와 독일인의 관계는 과히 좋지 않았다. 헤세가 전쟁에 반대하고 평화를 주장한 것에 대해 많은 독일인이 악담을 퍼붓고 저주했기 때문이다. 애국주의와 독일 정신에 비판을 가한 탓에 헤세는 용서받을 수 없는 자, 둥지를 더럽힌 자, 배신자로 매도당했다. 히틀러가 집권한 후 헤세의 책은 괴벨스와 로젠베르크에 의해 판금 처분을 받았다.

괴테상을 받을 것인지 결정하기 며칠 전 헤세는 또다시 수많은 독일인으로부터 비방 편지를 받았다. 그는 상은 받되 상금을 챙기지 않기로 한다. '괴테'라는 이름이 붙은 상은 수상자들에게 부담감을 준다. 자신이 괴테상을 받을 자격이 없다고 느끼는 것이다. 헤세는 작가로서의 괴테뿐 아니라 인간으로서의 괴테와도 비교될 수 없다고 느꼈다. 그러면서도 괴테가 동시대에 살았다면 어땠을까 상상해 본다.

헤세는 현대인이 앓고 있는 두 가지 중병을 지적한다. 기술에 대한 과대망상과 집단화에 의한 민족주의나 국수주의에 대한 과대망상이다. 이 두 가지 병이야말로 당대의 얼굴이자 문제점이라는 것이다. 그 병은 두 차례의 세계 전쟁을 일으켰고, 치유하지 않으면 앞으로도 비슷한 결과를 초래할 것이라 예상했다. 그러면서 그는 유럽이 자신의 지도적인 역할을 포기하고 동방이라는 신비로운 존재에 더욱 가까워질 것을 촉구한다. 그는 유럽이 철저히 몰락하여 새로운 모습으로 쇄신되기를 바란다. 한편, 쇼펜하우어는 '프로이센의 국가철학자'로 불린 헤겔과는 달리 국가 권력에 아부하지 않았으며, 세계 시민주의를 내세운 괴테와 마찬가지로 민족주의가 위세를 떨치던 당시 독일의 시대적 분위기를 경멸했다. 쇼펜하우어는 개인적으로 자랑할 만한 자질이 없는 자들이 민족적 자부심에 사로잡힌다고 보았다.

기술과 문명에 대한 거부

헤세는 처음부터 기술과 진보, 문명에 대한 망상적 신념에 강한 거부 반응을 보였다. 그가 번잡한 대도시를 떠나 평생

시골의 작은 마을에서 산 것은 자연에 대한 사랑과 기술 문명에 대한 거부와 관계가 있었다. 1920년대 중반의 《뉘른베르크 여행》에서도 그는 급속히 상업화·대형화하는 도시 건축물을 보고 인간적인 도시, 혼이 담긴 건축물의 건설을 도외시하는 현대문명의 기능주의적·몰개성적인 사고방식에 대해 항의한다. 그뿐만 아니라 1920년대에 이미 환경공해의 심각성을 예감하고 있었고, 인간 최고의 발명품이라는 자동차에 의한 인간의 죽음을 걱정했으며, 신문의 철저한 상업주의를 비판적으로 바라보았다.

헤세는 언론의 무책임하고 자극적인 상업주의가 인간 개개인의 자율적인 사고능력을 감퇴시키고, 진실의 왜곡과 사실의 과장을 위해 동원된 언어가 아름다움과 진실성을 파괴한다고 탄식했다. 언론의 최대 피해자가 그 자신이었다. 《유리알 유희》에서 '카스탈리엔'이라는 이상적인 교육주(敎育州)를 건설한 것도 정신의 품위를 회복하고 잡문 문화의 도구로 전락한 언어의 아름다움을 되찾아 주기 위해서였다. 오염된 상업주의로부터 순수예술을 지키기 위해 그는 《싯다르타》, 《황야의 늑대》와 같은 소설의 영화화 제의도 완강히 거부했다.

헤세는 나치당 집권기 건강이 나빠지는 바람에 노벨상 시상식에 직접 참가하지 못하고 연설문만 대신 보낸다. 아마 그 시기에 우울증이 심해진 것으로 보인다. 그는 연설문에서 민족의 개성과 다양성을 중시한다. 수많은 인종과 민족, 수많은 언어와 세계관이 있는 게 중요하기 때문이다. 그는 획일화에 반대하며 다양성과 독립성과 모방할 수 없는 것을 사랑한다.

안주하지 말고 늘 새로 시작하라

누구나 안락함과 행복을 추구한다

안락함과 행복, 이것은 모두가 추구하는 지향점이다. 인간은 대부분 편안함을 좋아하고 고생을 싫어한다. 그러나 그렇지 않은, 아인슈타인 같은 과학자도 있다. 그는 안락함과 행복, 그런 것들은 돼지에게나 어울릴 것이라며 그 자체를 목적으로 삼은 적이 없다고 힘주어 말한다. 자라투스트라도 안락함과 부드러운 잠자리를 경멸하라고 가르친다. 그는 독수리나 눈(雪)을 벗 삼고, 태양을 벗 삼으며 살고자 한다. 보통 사람들은 재산, 외형상의 성공, 사치 따위를 이루고자 애쓰지만, 아인슈타인은 평범한 목표를 늘 경멸했다. 아인슈타인의 삶에 빛이 되고, 힘들 때면 기꺼이 삶을 직면하도록 용기를 준 이상은 진선미였다. 예술이나 과학 연구에 종사하는 사람들은 영원히 도달할 수 없는 목표에 사로잡혀 있다. 그는 이러한 동료들과 유대를 나누지 못했다면 삶이 공허했을 것이라고 말한다.

《시경》에 '행백리자반구십[29]'이라는 구절이 있다. "100리를 가는 사람은 90리를 반으로 생각한다."라는 말로 '끝까지 긴장을 늦출 수 없다'라는 뜻이다. 운동이든 책 읽기든 기본기는 오랜 시간 폭넓게 다지는 것이 좋다. 손웅정 씨가 아들 손흥민에게 7년간 기초만 닦도록 한 것과 같은 맥락이다. 습득이 되지 않은 독서는 의미 없기에 좋은 책은 적어도 세 번 읽는다. 조급함을 이기지 못하면 멀리 가지 못한다. 중요한 것은 얼마나 빨리 가느냐가 아니라, 마지막에 어떤 꿈을 이룰 수 있느냐이다. 나무가 위로 뻗어나갈 것만 생각하면 사소한 태풍에도 무너지지만, 뿌리가 튼튼한 대나무는 하루에 20센티미터에서 30센티미터까지 자란다.

우리 삶은 늘 진행형이며 삶의 단계는 있을지언정 삶에 완성은 없다. 어느 정도 도달했다 하더라도 이제 반을 왔다는 심정으로 안주하지 않고 성장하고자 노력해야 한다. 그러려면 내면을 들여다보고 스스로 주도권을 잡고 마음의 흐름을 조종해야 한다. 이것이 헤세가 말하는 자신의 길을 가는 것, 즉 자기실현의 길이다. 삶을 멀리 보고 욕심을 버리며 마음을 비워야 한다.

---

29 行百里者半九十.

삶의 매 단계에 안주하지 말고 부단히 새로 시작하라

니체가 말하는 낙타, 사자, 어린아이로의 정신의 세 단계 변화에서처럼 헤세의 자기실현도 《데미안》, 《싯다르타》, 《황야의 늑대》, 《나르치스와 골드문트》 그리고 《유리알 유희》에서 보듯이 세 단계의 발전과 변화를 겪는다. 헤세의 작품 주인공은 모두 안주를 거부하고 다시 유목민(노매드)의 생활, 방랑의 길을 떠난다. 정착하여 편하고 안락한 소시민의 생활을 즐기면서는 참다운 예술을 만들어 낼 수 없다는 헤세의 통찰 때문이다. 《유리알 유희》의 주인공 크네히트는 카스탈리엔을 떠나면서 변화된 역사 속에서 거듭나지 않으면 안 된다고 생각하며 명인에게 말한다. "제 삶은 변화하고 한 단계에서 다른 단계로 전진해야 한다고 생각합니다. 마치 음악이 이 테마에서 저 테마로, 이 템포에서 저 템포로 변하며 진행되어 서로를 완성하고 여운을 남기듯 말입니다."

《유리알 유희》에 수록된 시 〈단계들〉(1941)은 거의 전 유럽이 전쟁의 참화에 휘말려 있을 때 쓴 헤세의 자화상 같은 시다. 그는 삶의 매 단계에 안주하지 말고 부단히 새로 시작할 것을 촉구한다. 고독한 방랑자이자 영혼의 영원한 보헤미안 헤세는 이 시에서 타성에 빠지고 소유에 집착해 안주하는 삶을 경계한다.

꽃이 시들고, 청춘이 세월에 굴복하듯

지혜와 덕, 삶의 모든 단계도

제철에 피어날 뿐, 영원히 지속될 수는 없다.

우리의 마음도 삶의 부름이 있을 때면

늘 작별을 준비하고 새로이 시작해야 한다.

슬퍼하지 말고 용감하게 다른 이들과

새로운 관계를 맺어야 한다.

모든 시작에는 마법이 깃들어 있어

우리를 지켜주고 살아가도록 도와준다.

부단히 변화를 추구하는 헤세에게는 그가 도달한 어떤 목적지도 목적지가 아니었다. 모든 길은 우회로였으며, 모든 휴식은 또 다른 새로운 동경을 낳았다.

죽음은 단계적 삶의 단계적 상승의 결과이다

크네히트의 삶은 잠들지 않고 늘 깬 의식으로 이 공간에서 저 공간으로 건너간다. 결국 그는 카스탈리엔에서 현실의 세계, 세속의 세계로 나가 소년 티토의 가정교사가 되기 위해 바깥세상으로 나온다. 티토는 스승 크네히트를 통해 각성의 순간을 맞이하고, 크네히트는 티토를 따라 차가운 호수 속으로 뛰어들어 죽음을 맞이함으로써 자연과 하나 되는 새로운 세계로 들어간다. 앞서가던 티토는 스승이 뒤에 보이지 않자 찾아보지만, 물이 차가워서 결국 물 밖으로 나온다. 크네히트의 돌연한 죽음은 자포자기, 우연사, 자살 등으로 해석되기도 하지만 그의 죽음은 우연한 사고나 과실이 아니라 그 삶의 단계적 상승 결과이다.

우리는 즐거운 마음으로 공간을 가로질러 가야 하고,
어디서도 고향인 양 눌어붙어서는 안 된다.
세계정신은 우리를 속박하거나 제한하려는 것이 아니라
한 단계씩 높여주고 넓혀주려 한다.
삶의 한 영역에 뿌리내려 정들고 익숙해지는 순간,
나태해질 위험이 있다.
불쑥 떠날 준비가 된 자만이
우리를 마비시키는 습관에서 벗어날 수 있다.
어쩌면 우리는 죽음의 순간에도
젊은 마음으로 새로운 영역을 찾아 나서야 할지도 모른다.
우리를 향한 삶의 부름은 절대 끝나지 않으리라……
자, 그러면 마음이여, 작별을 고하고 건강해져라!

인간은 노력하는 한 방황하기 마련이다

우리는 살면서 어디에서도 눌어붙어서는 안 되고 한 단계씩 높아져야 한다. 삶의 한 영역에 뿌리내려 정들고 익숙해지는 순간, 나태해질 위험이 있기 때문이다. 인간의 단계적 발전에 대한 생각은 식물의 유기적인 성장에 관심이 많았던 괴테의 생각과도 연결되고, '교육자로서의 쇼펜하우어'를 쓴 니체와도 연결된다. "인간은 노력하는 한 방황하기 마련이다."라는 괴테의 말처럼 인간이 방황을 멈추고 현재의 순간에 만족해 안일하게 살아간다면 목숨이 붙어 있어도 죽은 것이나 다름없다. 순간을 향해 "멈추어라, 너무 아름답구나."라고 외치는 순간 파우스트는 메피스토펠레스와의 계약을 통해 지옥에 떨어지게 된다. 이 말은 현재에 안주하지 말고 계속 다음 단계로 나아가라는 의미를 내포한다.

괴테는 자신을 언제나 새로움을 시도하는 허물 벗는 뱀과 같은 존재로 생각했다. 뱀이 허물을 벗어서 과거의 자기를 탈피하면 살아나지만, 그렇지 못하면 허물이 딱딱하게 굳어 끝내 죽어버리고 만다. 그래서 뱀은 부활이나 재탄생을 상징하고 불교에서는 지혜를 상징하기도 한다. 따라서 살아간다는 건 부단히 허물을 벗음으로써 굳어지지 않고 언제나 새롭고 부드러운 지혜를 터득하는 것이라고 할 수 있다. 그런 점에서 세상을 경이와 전율의 눈으로 바라보는 괴테는 쉼 없는 자기 형성의 훌륭한 본보기이다.

작별을 고하고 건강해져라!

시 〈단계들〉은 음악 그 자체로서 음악이 지니는 모든 의미와 상징을 시화한 음악 시이기도 하다. 인간은 완성으로 향하는 도정(道程)에 불과하기에 작별하고 새로운 시작을 준비해야 한다는 말은 음악의 본질을 나타낸다고 할 수 있다. 인간이 형성되어 가는 존재인 것처럼, 음악도 변화와 과정이며, '과거와 미래와의 순간의 조화'인 동시에 형성 속에 있으면서 항상 깨어 있는 영원한 현재다. 그리고 음악은 정신과 의미를 전하는 정신의 운반자로서 용감하고 명랑하게 끊임없이 전진한다. 〈단계들〉은 도덕성으로 대변되는 음악의 정신을 비유한 시다. 헤세도 이 시의 도덕적인 정신이 자기 마음속에서 깨우침과 경고와 삶의 부름이 되었다고 한다.

크네히트는 죽음을 통해 교육자의 임무를 중단한 것이 아니라 완성한 것이며, 결국 카스탈리엔에 봉사한 것이 된다. 크네히트는 죽음으로써 용감하게 희생을 마무리 짓는다. 따라서 크네히트의 죽음은 새로운 공간으로의 도약, 재탄생을 의미한다. 그리고 티토의 삶에 전환점이 되어 그의 사상은 무한한 가능성을 지닌 티토로 이어진다. 마지막 행의 '작별을 고하고 건강해져라!'라는 구절은 괴테의 시 '죽어서 되어라'를 상기시킨다. 이처럼 헤세는 삶과 죽음, 젊음과 늙음, 정신과 자연, 선과 악 등을 상호 배타적인 대립 쌍으로 보지 않고 양자의 조화와 균형을 기한다. 두 요소를 우열 관계로 보게 되면 늙음과 죽음은 부정적인 평가를 받게 된다.

물은 낮은 곳으로 흐른다

불교 철학에서 도가 사상으로

헤세는 어린 시절부터 인도에 선교사로 다녀온 외할아버지, 아버지, 어머니의 영향으로 인도적 본질에 친숙했다. 일찍이 괴테, 니체, 부르크하르트의 영향을 받은 헤세는 약 27세에 쇼펜하우어에게 관심을 가지기 시작하면서 다시 인도의 사상을 접하게 된다. 그는 불교를 체념이자 금욕, 소망 없는 상태로의 도피로 파악한다. 1911년에 인도 여행을 떠난 것도 자신이 동경하는 동양에서 불교적인 것의 진수를 찾아보려는 것이었다. 그러나 인도 여행은 환멸만 안겨주었을 뿐 그가 꿈꾸고 찾고자 한 것을 가져다주지 못했다.

이제 헤세는 인도의 불교 철학에서 중국의 도가 사상으로 넘어간다. 그 여파로 그의 사고에서 체념적인 요소 대신 긍정적인 중국의 사고로 방향 전환이 이루어진다. 인도의 극단적 금욕생활은 헤세에게 자기 체념, 세계 단념과 같은 의미가 되었고, 삶에 더 친근한 중국의 사상은 자기실현을 약속해 주었다. '인도의 시'라는 부제가 붙은 《싯다르타》(1922)에는 불교로부터 도가 사상으로의 방향 전환이 잘 드러난다. 중국의 고전을 두루 섭렵한 헤세는 도교적 요소를 철학적·종교적 의미로 받아들이며 많은 글에서 도(道 Tao)[30]의 개념을 형상화하고 있다. 그런데 헤세는 공맹의 도 개념이 아니라 노장을 중심으로 하는 도가들에게서 도의 개념을 받아들인다.

도 닦는 일이란 무위를 말한다

도는 우주를 생성하고 지금도 우주와 인간을 존재케 하는 영원하고 절대적인 기본 원리다. 도란 언제나 무위하지만 하지 않는 일이 없다는 무의 개념을 잘 보여준다. 이처럼 도 닦는 일은 무위를 말한다. 무위에 대한 해석은 다양한데 인위적이지 않은 것, 또는 작위적이지 않은 것이 그중 한 가지다. 천지 만물이 생성·성장·쇠퇴·소멸을 반복하는 것은 인위적으로 주재해서 그렇게 되는 것이 아니라 저절로 그렇게 되는데 이것이 천도(天道)이며, 그 천도를 따르는 것이 무위라는 말이다.

---

30 고대 주나라 때 도(道, Tao)라는 말은 '길을 걷다' 또는 '길을 가다'의 뜻이었다.

무위의 도를 따르면 천성에 순응할 수 있고, 평정을 얻을 수 있으며, 치우치지 않게 듣게 된다. 장자는 버리고 또 버리면 무위의 경지에 이르며, 무위의 경지에 이르면 못 할 일이 없다고 했다. 노자도 "도는 항상 하는 것이 없으면서 하지 않는 것이 없다."라고 말한다. 사람이 살아 있을 때는 부드럽고 약하지만, 죽고 나면 굳고 강해진다. 초목도 살아 있을 때는 부드럽고 여리지만 죽고 나서는 말라서 뻣뻣해진다. 굳고 강한 것을 공격하는 데는 부드러운 물을 대신할 만한 것이 없다. 노자는 "약한 것이 강한 것을 이기고 부드러운 것이 억센 것을 이긴다. 이를 모르는 사람은 없으나 그 도리대로 행동하는 사람은 없다."라고 가르쳤다. 물은 극히 부드럽고 약하며 언제나 낮은 곳으로 흐르지만, 작은 물방울은 바위를 뚫기도 한다. 이처럼 사람은 외부 조건에 맞춰 낮고 약한 듯 처신해야 자신을 보전하고 큰일을 이룰 수 있다는 말이다.

부드러운 것이 단단한 것보다 강하고, 물이 바위보다 강하다

《싯다르타》에서 뱃사공 바수데바는 "세상에서 가장 약하고 부드러운 것이 단단한 것보다 강하고, 물이 바위보다 강하다."라는 도가의 가르침을 전한다. 이 가르침은 《도덕경》의 내용을 떠올리게 한다. 거기서 물은 언제나 낮은 곳을 향해 흐르므로 겸손의 미덕을 보여주는 좋은 상징이 된다. 싯다르타는 말이나 가르침은 유익하다고 생각하지 않는다. 도는 가르칠 수 없고, 도의 진리는 전달해 줄 수 없기 때문이다. 도가 사상에 의하면 절대적 진리에 도달하기 위해 학문과 언어, 이성과 사색은 결정적 요소가 아니다.

이처럼 뱃사공 바수데바와 그의 제자 싯다르타는 선사와 그 제자, 또는 도인들이라고 할 수 있을 정도로 동양적이다. 바수데바는 〈동방순례〉의 레오처럼 하인인 동시에 지도자이다. 그는 사공으로서 인간에게 봉사하고 강물의 제자로서 물, 즉 전체 자연에 봉사함과 동시에 조수이자 친구인 싯다르타를 가르치는 스승 역할을 한다. 낮은 곳으로 흐르는 물처럼 자신을 낮추고 자연에 봉사하는 것이 그의 본질이며 특성이다. 최고의 선은 물과 같다. 물은 만물을 이롭게 하면서 다투지 아니하고, 사람들이 싫어하는 곳에 머무니 도(道)라 할 수 있다. 노자는 《도덕경》에서 인생을 살아가는 데 최상의 방법은 물처럼 사는 것이라고 역설하였다.

늙은 바수데바는 모순도 고통도 없이 자연과 합일하여 세월을 보내다가 결국 도인들처럼 산속으로, 고독 속으로 되돌아간다. 사공의 조수가 되고, 강물의 제자가 된 수도자 싯다르타는 강물의 가르침을 통해 스승 바수데바를 모방함으로써, 그리고 자신의 내면적 자아를 통해 각성하여 도, 즉 조화

를, 세상의 영원한 완전에 대한 지식을, 미소를, 단일성을 깨
닫는다. 그러고서 완성자이자 도인으로서 부처 같은 미소를
짓는다.

노년에 대한 단상

삶의 기술과 죽음의 기술

우리나라의 가장 큰 문제는 출산율 저하와 초고령사회로의 진입이다. 전체 인구 중 65세 이상의 인구가 7%를 차지하면 '고령화사회', 14%에 진입하면 '고령사회', 20% 이상이 되면 '초고령사회'로 정의한다. 우리나라는 2000년에 고령화사회, 2017년에 고령사회가 되었으며, 2027년이면 초고령사회로 진입할 것으로 예상되는데, 그 속도가 무척 빠르다는 것이 더 큰 문제이다. 2050년이 되면 무려 38%에 달할 것으로 전망된다. 그로 인해 기대수명의 연장, 실업문제, 조기 퇴직, 가족 구조의 변동 등은 과거와는 사뭇 다른 양상을 나타낼 것이다. 그런 만큼 노년의 담론은 개인적인 측면뿐 아니라 사회적인 측면을 많이 내포하고 있다.

헤세는 '삶이 우리에게 주는 것을 거부하지 않는 것, 그리고 삶이 허용하지 않는 것은 바라지 않는 것'이 '삶의 기술(Ars Vivendi)'이라고 말한다. 헤세에게 삶의 기술은 아내든 친구든 관계없이 다른 사람에게 매이지 않고 그의 일을 위해 그를 자유롭게 유지하려는 목적에만 봉사한다. 그래서 헤세는 그 대가로 고독이나 원치 않는 많은 희생을 치르기도 한다.

그는 늙어가면서 자기의 죽음을 바라보며 '죽음의 기술(Ars Moriendi)'을 배운다. 그 기술은 '씁쓸해 보이는 많은 것을 달콤하게 받아들이는 것'이다. 그리고 죽음의 필연성에 저항하다가 죽음을 받아들이는 단계에 이르기까지 '배워가는 것'이다. 헤세는 이 '죽음의 기술'을 노년의 생활 덕목으로 받아들인다. 그는 에세이 〈노년에 관하여〉에서 죽음을 배워가는 노년의 바람직한 삶의 방식으로 노년의 덕목을 제시한다.

노년을 긍정하고 수용하라

헤세가 내세우는 첫 번째 노년의 덕목은 노년을 긍정하고 수용하는 것이다. 그는 죽음을 배워가는 이 과정을 '노년의 과제'라고 지칭한다. 노년은 인생의 한 단계이며 다른 모든 단계처럼 고유한 성격, 분위기, 열정, 기쁨 그리고 애로가 있다. 머리가 허연 노인들도 젊은이들처럼 존재의 의미를 부여해 주는 과제가 있다. 노년이라는 존재도 젊은이라는 존재와 똑같이 중요하고 의미가 있다. 죽음을 배우고 죽어가는 것도 다른 과제들과 마찬가지로 가치 있는 것이다.

요컨대, 노년의 의미를 충족시키고 자신의 과제를 감당하기 위해서는 자신이 늙었다는 사실과 노년에 따르는 모든 걸 받아들이고 감수하려는 태도를 지녀야 한다. 이처럼 자연의 요구에 몸을 맡기지 않으면, 젊었든 늙었든 우리에게 주어진 시간의 가치와 의미를 상실하는 것이며 삶을 기만하는 것이다.

육체적 즐거움을 포기하라

노년의 두 번째 덕목은 육체적 즐거움의 포기이다. 헤세는 이 과정 역시 훈련하고 배워야만 한다고 역설한다. 노년에는 누구나 몸이 불편해지고 그 끝에는 죽음이 있다는 사실을 알고 있다. 그러니 해가 더할수록 조금씩 희생하고 포기해야 한다. 감각과 기력이 떨어지는 것을 인정해야 한다. 얼마 전까지만 해도 쉽게 걸어 다녔던 짧은 산책길이 멀고 힘든 길이 될 수 있고, 어느 날에는 아예 그 길을 걷지 못하게 될 수도 있다. 이가 빠지고 부실해져 좋아하던 음식들도 포기해야만 한다. 육체적으로 누리던 기쁨과 쾌락은 점점 줄어들고, 그런 것들을 위해 이제 더 많은 대가를 치러야 한다. 그러다 장애와 질병, 흐릿해지는 생각, 육신이 굳어지는 것, 많은 고통, 더구나 이 모든 걸 길고 지루한 밤에 겪어야만 한다. 숨

길 수 없는 노년의 씁쓸한 현실이다.

기쁨과 위안을 발견하고 인식하라

노년의 세 번째 덕목은 기쁨과 즐거움, 위안을 발견하고 인식하는 일이다. 이 항목은 헤세다운 독특한 항목이다. 앞의 두 가지 덕목이 수동적 입장이라면, 이 덕목은 노년의 상황에 적극적으로 대처하라는 요구이기 때문이다. 이런 것을 보지 못하고 쇠퇴와 와해의 과정에 몸을 완전히 내맡긴다면, 노년에도 장점과 위안, 기쁨이 있음을 깨닫지 못한다면 한없이 가련하고 슬픈 일일 것이다. 노년의 삶이 갖는 이런 긍정적인 면을 떠올린다면, 또 노인들에게 젊은이들의 삶에서는 아무런 역할도 하지 못하는 즐거움과 인내심, 지혜가 있다는 점을 생각한다면, 종교와 교회가 주는 위안 이상이라고 말할 수 있다. 종교가 주는 위안은 목회자가 할 일이다.

헤세는 노년이 주는 선물 몇 가지를 제시한다. 가장 소중한 선물은 '추억'이다. 나이 들어 활동량이 줄어들 때 기억에 떠올리는 추억들 말이다. 50년, 60년 전 이미 고인이 된 사람들의 모습과 얼굴들이 마음속에 계속 살아 숨 쉬고 있다. 그 모습은 우리 자신의 것이 되고 우리의 말벗이 되어 살아있는 눈으로 우리를 지켜본다. 그사이 완전히 사라졌거나 많이 변한 집이나 정원, 도시를 과거의 한때처럼 손상되지 않은 모습으로 볼 수 있다. 수십 년 전 여행길에서 보았던 산과 해변을 추억의 그림책 속에서 신선하고 화려하게 다시 만나 볼 수 있다.

욕망의 삶에서 벗어나라

노년의 네 번째 덕목은 욕망의 삶에서 벗어나는 것이다. 쇼펜하우어가 말하는 삶에의 의지의 부정이 바로 이것이다. 그러한 삶은 곧 젊음에서 멀어지는 것을 의미하지만, 그것이 기쁨일 수 있다는 것이다. 노년의 삶은 이제 활동적인 삶이 아닌 관조적인 삶이 되어야 하며 그것 역시 배우고 연습해야 한다는 것이 헤세의 노년 기술 결말이다. 이 가르침은 사랑과 증오의 기술도 배워야 한다는 에리히 프롬의 주장과도 상통한다. 직시하고, 관찰하며, 관조하는 것은 점점 더 버릇과 연습으로 굳어져 가고, 은연중에 우리가 관찰하는 것의 분위기와 상태가 행동양식 전체에 깊숙이 스며든다.

사람들 대부분이 수년, 수십 년 동안 허겁지겁 달려온 것처럼 우리는 소망과 꿈, 욕망과 열정을 품은 채 쫓기듯 살아왔다. 안절부절못하고, 조바심 내고, 기대에 부풀다가, 성취에 혹은 실망에 극심하게 흥분하곤 했다. 이제 노년의 헤세는 자기 삶의 커다란 그림책을 조심스레 넘기면서, 숨 가쁘게 몰아치고 쫓기는 삶에서 벗어나 '관조적 삶'을 살 수 있게 된 것이 얼마나 멋지고 아름다운 것인지 감탄하고 있다.

노년을 아름답게 가꾸어라

지금 노년의 정원에는 우리가 미처 가꾸지 못한 많은 꽃송이가 곱게 피어나고 있다. 고귀한 인내의 꽃이 활짝 피어나면 우리는 더 여유롭고 너그러워질 것이다. 또한 직접 행동으로 옮기라는 요구가 줄어들수록 자연과 더불어 살아가는 다른 사람들의 삶을 더욱 관심 있게 볼 수 있을 것이다. 아무런 비판도 하지 않고, 늘 신선한 충격을 받으면서 다양성에 놀라워할 것이다. 때로는 혈기 왕성한 젊은이들이 이해 부족으로 우리 뒷모습을 보고 웃거나, 우리의 힘겨운 몸짓, 몇 가닥 남은 흰 머리카락, 힘줄이 튀어나온 목덜미를 우습게 볼 수도 있을 것이다.

하지만 노인도 과거에 그들처럼 혈기 왕성하고 아무것도 알지 못했던 시절에 똑같이 그렇게 행동했다. 이 사실을 기억하면 우리 자신을 열등한 존재나 패배자로 생각하지 않게 되고, 그러한 미숙한 삶의 과정을 벗어났다는 것과 조금 더 현명하고 참을성이 많아졌다는 것에 기뻐할 수 있다.

죽음에 대한 단상

메멘토 모리와 카르페 디엠

우리는 죽으면 어디로 갈까? 어떻게 될까? 만약 인간의 생명이 무한하고 고통이 없다면 이 세상의 존재에 대해 아무도 의문을 품지 않을 것이고, 왜 살아야 하는지조차 의심할 이유가 없을지도 모른다. 우리가 철학과 종교에 관심을 두는 것은 죽은 이후의 영혼과 불멸에 대한 관심 때문이다. 만일 어떤 방식으로든 인간의 영혼불멸설이 입증된다면 신에 대한 인간의 신뢰도 곧 사라지고 말 것이다. 릴케는《두이노의 비가》에서 사후에 우주 공간으로 녹아들어 간다고 생각한 것 같다. 그리고 자신이 녹아든 우주 공간에서도 자신의 맛이 날까, 궁금해한다. 나아가 "가끔 실수로 우리의 본질도 그 우주 공간에 약간 묻어 들어갈까?"라고 생각한다. 그러면서 "천사들은 제 안으로 귀환의 소용돌이 속에서 그것을 알아채지 못하리."라며 기대를 거두지만, 그래도 바라는 마음은 그대로인 것 같다.

'메멘토 모리(memento mori)'와 '카르페 디엠(carpe diem)'이라는 말이 있다. 무작정 즐기는 것이 아니라 죽음을 기억하고, 이 순간을 즐기라는 뜻이다. 쇼펜하우어가 말했듯 "현재만이 모든 삶의 형식이고, 결코 삶에서 빼앗아 갈 수 없는 삶의 확실한 소유물이다." 이보다 더 확실한 삶의 철학은 없다. 우리는 삶의 모퉁이를 돌 때마다 삶의 마지막 단계인 죽음을 기억해야 한다. 로마의 키케로는 "젊은 날 지혜롭게 절제하지 않으면, 늙어서 고통을 겪게 된다."라고 했다. 젊은 시절부터 지혜롭고 절제 있게 삶의 마지막 단계를 생각하며 살아가야 한다는 것이다. 주로 죽음이 횡행하는 전시에 사람들은 메멘토 모리를 외치다가 평화가 돌아오면 현세를 즐기려는 기분에 빠지게 된다. 유럽에서는 17세기 30년 전쟁 때 메멘토 모리라는 말이 유행했고, 우리나라에서는 6.25 전쟁이 끝나자 현실을 즐기려는 퇴폐·쾌락 풍조가 만연하면서 《자유부인》이라는 소설이 인기를 끌기도 했다.

《젊은 베르터의 고뇌》의 주인공 베르터도 처음엔 현실을 즐기겠다고 한다. "지금까지와는 달리 운명이 우리 앞에 펼쳐놓은 사소한 불행을 더 이상 곱씹지 않겠어. 나는 현재를 즐길 생각이야. 과거는 지나간 일로 생각해야지." 그래서 그런지 괴테도 즐겁게 살고 싶다면 이미 지난 일에 연연하지 말고, 어지간한 일에는 화를 내지 말며, 항상 현재를 즐기고 특히 다른 사람을 미워하지 말라고 했다. 그러나 괴테는 죽음이라는 것을 싫어해서 가족은 그의 친구나 가까운 사람들의 죽음을 그에게 알리지 않았고, 그는 친지들의 장례식에도 참석하지 않았다.

죽음은 삶의 욕망을 정지시키는 사건이다

독일의 시인 겸 극작가 베르톨트 브레히트는 시 〈유혹당하지 말게〉에서 죽고 나면 끝이지만 현재의 삶은 위대한 것이니 삶이 하찮다는 말에 기만당하지 말고 마음껏 삶을 들이키라고 외친다.

기만당하지 말게!
삶이 하찮다는 말에.
마음껏 삶을 들이켜게!
삶을 떠나야 할 때면
누구에게도 만족 같은 건 없으니까.

가짜 위안도 받지 말게!
시간이 별로 없다니깐!
구원받았다는 자는 곰팡내나 풍기게 하게!

삶은 지금이 가장 위대한 것.

준비된 어떤 것도 없어.

유혹당하지 말게!

고된 노동과 착취를 견디라는 말에!

무엇이 그대를 불안으로 몰아대는가?

그대도 모든 동물처럼 죽을 텐데.

그다음엔 아무것도 오지 않아.

죽음은 삶을, 삶의 욕망을 정지시키는 사건이다. 죽음 앞에 선 기쁨도 슬픔도, 행복도 불행도 모두 정지한다. 태어나는 모든 사물은 덧없으며 언젠가는 죽음에 이른다. 의학적으로 사망이 선언되면 이제 하나의 생명으로서의 인간은 존재하지 않는다. 따라서 새로운 시작은 없고 실존은 종말에 이른다. 사후에 대한 주장은 누구도 그 진실성을 과학적으로 혹은 객관적으로 입증할 수 없다. 인간의 죽음 이후에 관한 종교적 해명의 전통은 일부 특정한 사람들의 종교적 체험에 근거하여 형성되고 이어졌을 뿐이다.

생자필멸

　생자필멸(生者必滅), 모든 생명체는 태어나면 반드시 죽게
마련이다. 인간도 예외일 수 없다. 시간은 가차 없이 모든 존
재의 소멸을 향해 나아갈 뿐이다. 그리고 죽음은 빈부귀천을
가리지 않고 누구에게나 온다는 점에서는 공평하다. 이는 아
마도 긴 인생 여정 동안 인간에게 주어진 유일한 평등일 것
이다. 모든 인간에게는 한 번의 탄생과 한 번의 죽음이 공평
하게 허락되지만, 죽어가는 과정은 빈부귀천에 따라 다르며,
공평하지 않다. 그런데 사람들은 죽음을 자신의 문제로 인식
하지 않고 언젠가는 올 것이지만 아직은 아닌 것으로 은폐하
고 미루며 회피하는 경향이 있다.

　한편, 죽음은 절대적인 성질을 갖는 것으로 이해되기에 불
안과 공포의 대상이 된다. 스토아 철학자 에픽테토스는 궤변
같은 말을 한다. 이러한 죽음이 왔을 때는 이미 나란 존재가
없을 때이며, 내가 존재하는 동안에는 죽음이 내게 없을 때
이니, 죽음과 나의 삶은 서로 다른 시점에 있으므로 이런 죽
음을 두고 살아있는 시점에서 내가 두려워할 필요는 없다는
것이다. 그러나 이런 합리화는 언제든 들이닥칠 수 있는 죽
음의 공포 앞에서 그저 무기력한 항변으로 들릴 뿐이다.

　그런데 유독 인간은 죽음에 대해 저항하고, 그에 대한 부

정적인 인식이 강한 것 같다. 동서고금을 막론하고 죽지 않기 위해 발버둥을 친 위인들이 적지 않은 것은 그 반증일 것이다. 그렇다면 과연 죽음을 부정적으로만 보고 여기에 저항해야만 하는 것인가 하는 의문이 생긴다. 죽음의 순간, 찰스 다윈은 생의 마지막까지 의식을 잃지 않은 채 "나는 죽음 앞에서 일말의 두려움도 갖고 있지 않다."라고 군건한 자세를 보여주었고, 과학자 아인슈타인은 "이 세상에서 내가 할 일은 다 한 것 같다."라는 담담한 인사를 가족에게 전했으며, 반 고흐는 마지막 순간에 동생 테오에게 "부탁인데 울지 마. 이게 우리를 위한 최선의 방법이야. 슬픔은 영원히 남는 거야. 난 이제 집에 가는 거라고."라고 말했다. 하지만 남은 사람에게는 슬픔이 없을 수 없다. 안타깝게도 그의 동생 역시 6개월 후 형의 뒤를 따라갔다.

죽음은 생태계의 당연한 법칙이자 은총이다

물론 모든 생명체가 살고자 하는 강한 의지를 보이는 것은 당연하다. 그러나 영원히 살 수 있는 생명체는 없기에 죽음은 생명체의 필수 불가결인 운명인 셈이다. 이는 자연과 생태계의 이치이다. 만약 죽음이 없다면 이 생태계에 어떤 일이 벌어지겠는가. 늙고 쭈그러진 모습의 영생이야말로 저주라고 할 수 있다. 죽음이 있기에 이 생태계가 순환되고 유지된다. 이렇게 본다면 죽음이야말로 생태계에 꼭 필요한 것이며 보배인 셈이다.

인간도 생태계의 일원으로 그 죽음은 생태계의 당연한 법칙이자 은총일 수 있다. 그러나 실상은 그렇지 못하다. 인간은 죽음을 당연한 것으로, 은혜로운 것으로 받아들이지 않고 그것을 부정하고 저항한다. 삶과 죽음을 서로 모순적인 것으로 인식하기 때문이다. 어차피 삶과 죽음은 모두 자연의 한 조각일진대, 인간은 삶에서 죽음을 되도록 멀리 떼어놓고 나아가 삶으로부터 아예 밀어내려고 안간힘을 쓴다. 삶이 그토록 당연한 본능적 저항으로 인하여 밀어내어진 것처럼 보이는 죽음은 여전히 언제나 삶 안에 깊숙이 들어와 있다. 다만 우리는 죽음에 대한 본능적 저항으로 인해 그러한 죽음의 가능성을 잊어버리고 살아갈 뿐이다.

웰빙과 웰다잉

삶과 죽음은 인간에게 떼려야 뗄 수 없는 운명이자 고민거리이다. 그래서 고대로부터 수많은 철학자, 신학자를 포함한 선각자들은 삶과 더불어 죽음에 대해 성찰해 왔다. 공자는 죽음 이후를 묻는 제자에게 "삶도 모르는데 죽은 후를 어찌 알겠느냐."라고 솔직하게 답했다.

아우구스티누스는 《신국론》에서 죽음을 아담이 지은 죄에서 비롯한 형벌로 보면서 "영혼이 떠난 육체에 죽음이 오듯 하나님이 떠난 영혼에는 죽음이 다가온다."라면서 육체의 죽음과 영혼의 죽음이라는 이중적 방식으로 인간의 죽음을 이해했다. 죽음을 일종의 징벌이며, 하나님을 떠난 신체에서 일어나는 사건으로 본 것이다. 삶과 죽음은 안과 밖이 선명하게 구분되지 않는 뫼비우스의 띠처럼 모호하다. 가령 죽음에 대한 성찰은 곧 삶을 위한 것이고, 삶에 대한 철학은 죽음을 대비하는 것이다. 삶과 죽음은 동전의 양면처럼 하나의 다른 면이기 때문이다. 따라서 죽음에 대한 인식은 철학뿐만 아니라 종교와 문학, 심리학 등에서도 다뤄왔으며 최근에는 생활 전반에 그 인식의 폭이 넓어지고 있다.

우리는 잘 살기 위해서 살아간다. 이는 곧 품위 있게 죽음을 맞이하기 위한 것이기도 하다. 따라서 최근에는 '잘 살기(Well being)' 위한 것을 넘어서 '품위 있는 죽음(Well dying)'에 대한 관심이 커지며 그에 대한 인식이 보편화되고 있다. 잘 살기 위해서는 죽음에 대한 인식이 그만큼 중요하다는 말이다.

변화한다는 것만이 영원하다

아리스토텔레스는 잘 살기뿐 아니라 품위 있는 죽음에 대해서도 진지하게 고민한 철학자였다. 알렉산더 대왕이 죽은 후 아테네의 정적들이 그에게 불경죄를 뒤집어씌우자, 그는 기원전 323년 아테네를 떠나 망명길에 올랐다. 아테네에서 탈출해 목숨을 건질 기회가 있었으나 순교자의 길을 택한 소크라테스와는 달리 그는 삶을 스스로 포기할 생각은 없었지만 얼마 안 가 망명지 칼키스에서 죽음을 맞이했다. 초기 기독교인들은 아리스토텔레스가 인간 중심적 윤리학과 과학을 포기하고 자살했다고 날조하기도 했다. 아무튼 죽음으로써 그는 쾌락은 물론 고통과 분노, 어리석음의 세계에서 벗어나게 되었다.

죽음 앞에서도 삶은 계속되고 변화는 멈추지 않는다. 영원한 것은 없으며 변화한다는 것만 영원하다. 끊임없이 순환하는 비나 구름과는 달리 인간과 동물은 그들 자신으로 되돌아가지 않는다. 아리스토텔레스는 끊임없는 탄생은 영원에 가장 가까운 접근 방식이고, 탄생 과정은 영원한 존재를 창조하는 문제에 대한 신의 해결책이라고 말한다. 한국의 전통 무속 신앙에서는 삶의 끝인 죽음을 또 다른 삶의 시작으로 본다. 죽음으로 인생이 끝난다고 생각하지 않고 새로운 인생이 시작된다고 믿는 것이다. 그러면 즐겁게 죽음을 맞이할 수 있다. 죽음과 삶 사이를 이어주는 것이 바로 굿이다. 죽음과 삶 사이의 선을 긋는 무당이 있어서 살아 있는 사람들을 달래주고, 가는 이들을 잘 보내준다.

우리에겐 제대로 된 죽음 문화가 없다

최근 들어 경력직 선호 현상이 생겼고, 노동의 유연화 명목으로 비정규직을 대폭 늘렸으며, 평생직장 개념에서 평생직업 개념으로 바뀌면서 실업이 상시화되어 개인은 각자도생의 길로 내몰렸다. 경제적 효용가치만을 위주로 하는 자본주의적 삶의 방식을 취할 때 인간은 어쩔 수 없이 자신의 욕망을 최대한 부풀릴 수밖에 없고 그러면 사회는 삭막하고 황폐해진다. 이런 까닭에 삶의 복지와 안전은 고사하고 제대로 된 죽음 문화는 아직 언감생심(焉敢生心)이라고 할 수 있다. 품위 있는 죽음은 잘 살기 위한 일이기 때문이다. 언젠가 우리는 가루가 되어 먼지처럼 흩어질 것이기에 인생의 목표도 잘 사는 것에서 잘 죽는 것으로 바꿔야 한다. 그러면 많은 것이 명확해진다. 생의 유한함을 깨닫게 될 때 삶에서 군더더기와 욕심은 비우고 본질적인 것에 집중할 수 있게 된다.

능력과 효율을 최우선으로 한 결과 개인은 극단적 이기주의의 길을 향할 수밖에 없다. 물질만능의 이런 사회적 특성을 숭상함에 따라 우리도 모르는 사이에 경제적으로 잘 사는 삶에만 관심을 둘 뿐 자연과 더불어 사는 삶을 외면하게 되었다. 태어나면 성장하고 늙어 죽는 생태계의 순환 법칙을 거스르게 된 것이다. 이는 여러 사회현상에서 확인할 수 있다. '동안 열풍'이나 '외모 가꾸기'에서도 알 수 있듯 '노화'와 '죽음'은 일종의 사회적 금기어에 해당할 정도로 도외시되고 있다.

그러다 보니 당연히 죽음에 대한 인식도 부정적일 수밖에 없고 품위 있는 죽음 문화가 생겨나기도 어렵다. 복지와 기본적인 안전에 신경 쓰지 않는 탓에 당연히 죽음 문화가 없고, 그런 나라에서 고독사는 늘어날 수밖에 없으며, 특히 노인 자살률은 세계 최고라는 불명예를 안을 수밖에 없다.

죽음을 두려워하지 말라

죽음이란 자기가 왔던 곳으로 되돌아가는 것이다

헤세의 집 현관 앞에는 맹자의 글귀가 적혀 있었다고 한다. "사람이 나이가 들어 할 일을 다한 뒤에는 죽음과 친해져야 한다. 이제 그에게 필요한 것은 사람이 아니라 고요함이다." 인간은 다른 동물과 달리 자신이 언젠가 죽을 것임을 알고 있다. 우리를 괴롭히는 것은 사실 죽음 자체보다도 죽음에 대한 불안과 두려움이다. 쇼펜하우어에 의하면 대다수의 사람이 힘겨운 생존 투쟁을 견디는 것은 죽음에 대한 공포 때문이다. 이 죽음이야말로 바로 힘겨운 항해의 최종 목표이며, 인간에게는 자신이 피해 온 어떤 암초보다도 나쁜 것이다. "대다수 사람의 삶은 이 생존 자체를 위한 끊임없는 투쟁에 불과하며, 결국 그 투쟁에서 패배하는 것이 확실하다. 그런데 그들이 이 힘겨운 투쟁을 견디는 것은 삶에 대한 사랑이기보다는 오히려 죽음에 대한 공포 때문이다."

이에 반해 동물은 본능적으로 죽음의 상황을 피하려고 할 뿐 죽음이 무엇인지 알지 못한다. 따라서 동물은 죽음에 대한 불안과 두려움을 갖지 않을 것이다. 그런데 죽음의 공포는 힘과 활력이 넘칠 때 더 클지도 모른다. 힘이 빠지고 의식이 희미해지면 죽음에 대한 두려움도 약해지고 힘을 잃을 것이다. 그리고 먼저 저세상으로 간 그리운 이들을 만난다고 생각하면 두려움이 줄어들 것이다.

세네카는 '죽음을 두려워한다면 살아 있는 동안 가치 있는 일을 하지 못할 것'이라면서 '자기가 왔던 곳으로 되돌아가는 게 왜 그리 어려운가?'라고 반문한다. 따라서 지혜로운 사람은 언젠가 마지막 날이 올지라도 주저함 없이 일정한 걸음으로 죽음을 맞이할 것이다. 쇼펜하우어는 지구상의 어느 곳이든 위쪽인 것처럼 모든 삶의 형식 역시 현재라고 강조한다. 그에게는 죽음이 우리에게서 현재를 빼앗아 간다고 죽음을 두려워하는 것은 우리가 다행히 둥근 지구의 위쪽에 있지만 거기서 아래로 미끄러질지도 모른다고 두려워하는 것처럼 어리석은 생각이다. 헤세에게 죽음은 낯설고 악의적인 대상이 아니라 친밀하고 즐거우며 환영받는 대상이다. 그는 죽음에 대한 두려움을 인정하지만, 운명적 죽음을 긍정함으로써 극복해야 한다고 한다.

죽음 이후의 세계가 있을까?

죽음 이후의 세계가 있을까? 스웨덴의 천재 과학자 스베덴보리는 그 세계가 있다고 주장한다. 1744년, 그리스도의 환상을 본 그는 자만심과 자신을 괴롭혀 온 악령들의 유혹에서 벗어나 잠시 평안을 누린다. 영국 여행 도중 '강력한 빛'을 쐰 후 영계(靈界)를 오갈 수 있게 된 그는 세속 학문을 포기하고 남은 생애 동안 성서를 해석하고 자신이 보고 들은 것을 영(靈)과 천사들의 세계와 관련짓는 일에 몰두했다. 그리고 죽을 때까지 《천상의 비밀》 등 35권가량의 책을 저술했다. 그는 죽은 자들의 영혼과 만났고, 여러 가지 불가사의한 일을 했다고 주장한다. 또한 자기가 본 사후세계가 천국과 중간 영계, 지옥 등 크게 3단계로 구성되어 있고, 천국과 지옥은 각각 3등급으로 구분된다고 전한다.

스베덴보리는 '안내 천사'의 보호를 받으며 지옥을 탐방해서 본 악령의 흉악한 모습과 풍경을 이야기한다. 천국은 빛과 따뜻함으로 가득하고 영인(靈人)은 20대 젊은이들의 모습이며, 그곳에서는 시공을 초월해 모든 게 생각하는 대로 공간 이동이 이뤄진다.

정통 삼위일체 교리를 배척하는 그의 말에 따르면, 삼위일체는 원래 한 인격이었는데 성부는 신의 기원 자체이고, 성자는 그 신적 영혼의 인간적 구현이며, 성령은 예수 또는 신적 인간의 지속적인 활동이다. 그는 정통신앙의 구원 개념도 배척하고, 인류가 악의 지배에서 벗어나는 것을 구원으로 본다. 또한 인간의 구원은 신적 진리를 받아들이고 순종하는데 달렸다는 입장이다. 칸트, 괴테를 비롯해 발자크, 보들레르, 에머슨, 예이츠, 스트린드베리 등의 많은 뛰어난 작가들이 그의 환상과 종교사상에서 영감을 받았다. 시청각 장애자 헬렌 켈러는 그의 저서를 읽고 천국의 존재를 확신함으로써 마음의 안정을 얻을 수 있었다. 그녀는 "스베덴보리의 책을 읽고 죽음의 공포를 완전히 해결했다."라고 고백하며 그의 열렬한 추종자가 되었다.

죽음이란 새 삶의 시작이며 새로운 탄생이다

아우구스티누스는 젊은 날 사랑하는 벗의 죽음을 통해 자기 삶도 끝날 수 있음을 깨닫게 되었다. 우리는 언젠가 자기 죽음과도 직면해야 한다. 그러나 대부분은 자기 죽음과 만날 준비가 충분히 되어 있지 않다. 어느 날 갑자기 췌장암 말기 진단을 받으면 어떻게 될까? 프랑스 철학자 데리다는 췌장암 말기 상태에서 "그동안 살아가는 일에 대해서는 많이 생각했지만 죽어가는 일에 대해서는 거의 생각하지 못했다."라고 고백했다.

그렇다면 죽음 앞에서 어떻게 해야 할까? 병과 자신과 싸우는 것 말고는 어쩔 도리가 없다. 죽음이 다가오면 사람들은 대개 부정, 분노, 타협, 우울, 수용의 과정을 겪는다고 한다. 하지만 사람마다 다를 것이다. 특히 자식이 어리다면 남은 가족에 대한 걱정에 큰 슬픔과 고통을 느낄 것이다. 이런 상황에서 죽어가는 환자가 신께 감사하며 하루하루를 즐거운 마음으로 살아갈 수 있을까? 그 경우 영원한 삶에 대해 확신하고 그다음 삶의 단계로 나아가는 것도 괜찮은 일이라고 자위(自慰)하는 것이 무슨 의미가 있을까? 죽고 나서 나를 아는 사람들이 나를 기억하고 애도해 준다면 생명은 끝나도 관계가 끝나는 것은 아니다.

동양 정신세계에서도 죽음은 부정적인 것이 아니며, 삶과 마찬가지로 긍정적이다. 죽음이란 새 삶의 시작이며 새로운 탄생이다. 죽음은 삶의 품 안에서 삶과 결부되어 삶과 더불어 성장한다. 그래서 도인이나 불자들은 삶과 죽음에 대해 중립적 태도를 지닌다. 장자의 말에 따르면 그들은 자기 운명을 받아들이고, 그에 대해 기뻐했으며, 죽음이란 것을 잊은 채 저세상으로 되돌아간다. 죽음은 또 하나의 생명으로 시작하기 때문이다.

장자는 부인이 죽었을 때 울고 슬퍼하는 대신 어쩔 수 없는 운명으로 받아들여 덩실덩실 춤을 추었다고 한다.

죽음은 고통의 사슬을 끊어주는 고마운 존재다

헤세는 이 세상에 죽음이란 존재하지 않으니까, 죽음에 대항할 무기는 필요 없다고 말한다. 그러나 죽음에 대한 두려움은 있지만 대항할 무기가 있으니 그 두려움을 극복할 수 있다. 시 〈형제 죽음〉에서 죽음은 아직 낯설고 멀리 있으나 고통의 사슬을 끊어주는 고마운 존재이다. 헤세는 언젠가 자기를 데려갈 죽음을 담담한 심정으로 기다린다. 그리고 죽음을 환영한다. 저 너머에 생명의 합창이 밝게 울릴 테니.

언젠가 내게도 오겠지.

그대는 나를 잊지 않고

결국 이 고통

이 사슬도 끊어지겠지.

그대는 아직 낯설고 멀리 있구나.

내 형제 죽음이여

서늘한 별이 되어

내 절박함 위에 떠 있구나.

그러나 언젠가 그대는 내게 다가와

불꽃으로 이글거릴 것이다-

오라, 사랑하는 형제여, 나 여기 있으니

데려가라, 나를, 나는 그대 것이니.

세상의 모든 걸 웃고 또 웃어주리라

인간의 삶이란 생명의 숨결을 농축한 것으로 숨결을 농축하면 삶에 이르고, 숨결이 해체되면 죽음에 이른다. 시인은 죽음을 망상이나 상상이 아닌 현실에서 삶의 한 부분으로 파악한다. 그는 사라진 것에 대한 슬픔을 시들어 가는 꽃잎 하나에서도 느낄 줄 안다. 이것은 절망이 아닌 슬픔이다. 그리고 꽃이 피어나면 세상은 깨어나고 다시 피로에 지친 세상은 회복된다. 그러기에 시인은 죽음의 찬가를 부른다. 그는 아무 방해 없는 피안으로 사라져 그곳에서 세상의 모든 걸 웃고 또 웃어주겠노라고 다짐한다.

나는 곧 세상을 떠나

산산이 흩어지리라.

그리고 내 유골은 모두

다른 것으로 바뀌리라.

이름을 날리던 헤세는 사라지고

출판업자만 헤세의 독자 덕을 보리라.

얼마 후 나는 어느 어머니에 의해

다시 세상에 태어나

어쩌면 다시 책을 쓰거나

다른 여인들과 다시 잠을 잘지도 모른다.

그러나 나는 이제 다시 태어나지 않고

저세상에 무의 상태로 머물며

아무 방해 없는 피안으로 사라지고 싶다.

그곳에서 세상의 모든 걸

웃고, 웃고, 웃고, 또 웃어주리라.

죽음을 두려워하지 말라

친구들은 이제 하나둘 저세상으로 떠나고, 병약한 헤세는 뜻밖에도 그들보다 오래 살아남는다. 1950년, 그는 토마스 만에게 보내는 편지에서 유년기의 친한 친구들을 잃는 것은 이상야릇한 경험이라고 털어놓는다. "친구들이 하나둘씩 모두 사라져 버리고 이곳보다 '저 위에' 더 많아지게 되면 무의식중에 '저 위'에 대해 호기심을 갖게 되지요. 그러면 죽음에 대한 두려움이 사라지지요. 아직 단단한 울타리 속에 있는 사람이라면 '저 위'에 대해 두려움을 갖겠지만요."

은둔자처럼 지내던 헤세는 일흔다섯이 되던 해에 어릴 적 친구 오토를 만나 학창 시절을 회상하며 즐거운 시간을 갖는다. 여유 있고 건장한 친구는 시와 학문에 대한 열정을 가진 채 공직에 몸담고 있었고, 예민하고 숫기가 없으며 쉽게 피로를 느끼는 헤세는 작가가 되어 있었다. 헤어질 때 둘 다 머릿속으로 '이번이 마지막이겠지.'라고 생각하지만, 그 말을 하지는 않고 서로의 얼굴만 쳐다보며 그냥 웃을 뿐이다. 그러나 집에 돌아가자마자 과중한 업무에 시달린 그 친구는 잠깐 몸을 불편해하더니 그다음 일요일 오후 갑작스레 숨을 거두고 말았다. 그의 아내에게서 추도사를 부탁한다는 편지가 왔다. "어제 일요일 오후 두 시에 남편이 별다른 고통도 없이 돌아가셨습니다. 그분이 선생님을 방문해 우정과 사랑을 몸소 느끼는 기회를 얻도록 해주신 것에 감사드립니다." 시 〈친구의 부음을 듣고〉에서 헤세는 '덧없음'과 '영원'은 한 가지임을 깨닫는다.

덧없는 것은 금방 시들고,

시든 것은 금방 흩날린다.

영원해 보이는 별들 조롱하듯 내려다본다.

영혼은 마음속에서 혼자

아무렇지 않게 이 놀이를 구경하는 것 같다.

조롱도 아픔도 없이

영혼에 '덧없음'과 '영원'은 한 가지이다.

똑같이 적고, 똑같이 많다.

　죽음에 대한 헤세의 태도는 언제나 한결같다. 그는 죽음을 두려워하지 않고 받아들인다. 그러나 시인이 죽음을 '그대'라고 말 걸고 '사랑하는 형제'라고 부르는 것은 서양적인 요소이다. 도가들은 죽음이나 삶에 대해 능동적 태도를 취하지 않고 침착하고 무심한 자세를 취하기 때문이다. 바라는 게 없으면 걱정할 것도 겁날 것도 없으며, 그때 우리는 진정한 자유를 누릴 수 있다.

죽음 뒤에는 환생이 있다

　사람들은 늙어가면서 흔히 삶에 나타나는 혼돈과 퇴화를 변화무쌍한 자연의 모습으로 받아들이려는 경향이 있다. 재앙이 지나가면 다시 풀이 돋아나고 꽃이 피어난다. 그리고 우매한 짓이 지나가고 나면 다시 도덕적인 기본욕구가 되돌아와 대중은 일정한 형태의 안정을 유지한다. 시 〈고독으로 가는 길〉은 고독으로 가는 힘든 길을 노래한다. 그 길은 생각 이상으로 힘겹다. 꿈의 샘도 말라 이제 신선한 착상이 샘솟지 않는다. 그러나 길 끝에 고향이 있고, 죽음 뒤에는 환생이 있으니 겁낼 필요가 없다.

> 고독으로 가는 길은 힘들다.
> 그대가 알고 있는 것 이상으로 힘들다.
> 이젠 꿈의 원천도 빗장이 걸렸다.
> 그러나 믿어라! 마지막에
> 그대의 길 끝에 고향이 있으리니.
> 죽음과 재탄생
> 무덤과 영원한 어머니.

우리는 다시 태어나는 아픔의 산고를 겪어야 참된 특성이 있는 인간으로 성장할 수 있다. 인간의 모든 길은 고독과 죽음으로 향한다. 그러나 영원한 어머니가 다시 새날을 주기 때문에 모두 홀로 길을 가고, 죽어가고, 다시 탄생하게 된다. 죽은 사람을 고향으로 돌아간 사람이라고 한다면 살아 있는 사람은 방랑객이라고 할 수 있다. 정처 없이 떠도는 방랑객은 고향이 없다. 우리는 고향을 잃은 사람을 딱하게 여긴다. 그러나 이 세상 사람들 모두 고향을 잃어버렸다면 아무도 딱하게 여기지 않을 것이다.

　헤세는 죽음을 염원하기는 하지만 너무 이르거나 덜 성숙한 죽음은 바라지 않는다. 또한 성숙과 지혜를 갖추기보다 아직 달콤하고 변덕스러운 현명함과 달콤한 우매함을 모두 갖고 싶어 한다. 시 〈낚시꾼 죽음〉에서는 죽음이 보이지 않는 가느다란 생명줄을 드리우고 우리를 미끼로 낚는다. 죽음은 끈질기고, 그의 미끼는 마법처럼 매혹적이니 지식도 노력도, 땅속으로 도망쳐도 아무 소용 없다.

　　죽음의 낚싯바늘에 걸린 자
　　모래와 진흙을 파고들며 안간힘을 쓰리라.
　　그러나 죽음은 저 건너 둑이 아닌 걸린 자 안에 있으니!
　　설령 줄이 끊어져도 그는 이미 패배했다.

　　그는 어쩌면 땅속으로 파고들어 간신히 도망칠 수 있으리라.
　　그러나 겁에 질려 한참을 땅속에서 기리라.
　　자유를 기뻐하며 안도하겠지만 헛되다.
　　목구멍에 낚싯바늘이 남았으니 기쁨이 사라진다.

죽음은 삶이 만든 최고의 발명품이다

"죽음은 삶이 만든 최고의 발명품이다."라고 말한 스티브 잡스는 매일 죽음을 생각하며 살았다고 한다. 그는 "무덤에서 가장 부자가 되는 일 따윈 중요하지 않다. 매일 밤 자기 전 우리는 정말 놀랄 만한 일을 했다고 말하는 것이 내게 중요하다."라고 했다. 죽음은 그에게 고통과 좌절이 아니라 자기 삶을 온전하게 자신의 것으로 만드는 계기가 된다. 그래서 그는 말한다. "다른 사람의 삶을 사느라 낭비하지 마세요. 그건 다른 사람이 생각한 대로 사는 겁니다." 쇼펜하우어에게 죽음이란 완전히 새롭고 낯선 상태로 넘어가는 것이 아니라, 오히려 원래 우리 자체의 고유한 상태로 되돌아가는 것이라고 할 수 있다. 그런 원래 상태에 비하면 우리의 인생은 하나의 짧은 에피소드에 불과하다.

죽음은 삶과 함께 성장한다. 죽음은 삶이며 삶은 곧 죽음이다. 그래서 죽음은 어떤 경계선이 아니며 삶의 일부분이다. 죽음은 여기 또는 저기에 있지 않고 모든 길 위에 있으며, 우리 내면에, 삶 자체에 현존재로 깃들어 있다. 우리는 살아 있는 모든 것과 진정으로 형제가 되고 삶이 사랑으로 가득 차도록 해야 한다. 죽음을 슬퍼하거나 두려워하지 말고 당연히 그리고 기꺼이, 다정한 형제처럼 애정을 가지고 받아들여야 한다. 죽음이란 내가 이 세상에 태어나기 이전의 바로 나이기 때문이다. 본래의 나 자신으로 돌아가는데 왜 그렇게 슬퍼해야 한단 말인가. 내면에서 서로 얽혀 있는 삶과 죽음을 운명으로 받아들이고 사랑해야만 쉽게 죽을 수 있고, 쉽게 다시 태어날 수 있다.

혜세의 소설 〈클라인과 바그너〉의 주인공 클라인은 기꺼이 살고 기꺼이 죽으며, 죽음에 대해 전혀 저항하지 않으므로 물에 빠져 죽는 마지막 순간 영원히 변화하는 존재에 대한 도가적 진리를 깨닫는다. 혜세를 찾아온 어느 방문객이 노년의 혜세에게 삶의 저 너머에 무엇이 존재하는지 아는 게 중요하냐고 물었다. 그러자 혜세는 중요하지 않다면서, "죽는다는 것은 카를 융이 말하는 집단 무의식에 들어가는 것으로, 거기에서 우리는 형상으로, 순수한 형상으로 되돌아갑니다."라고 답했다.

죽어서 되어라![31]

죽어서 되어라!

열매를 맺기 위해서는 한 알의 씨앗이 떨어져 죽어야 한다. 밀알이 땅에 떨어져 열매를 맺고 부활하는 것은 자연의 이치이다. 성서에서도 "한 알의 밀이 땅에 떨어져 죽지 아니하면 한 알 그대로 있고 죽으면 많은 열매를 맺느니라."[32]라고 했다. '죽어서 되어라' 이 말은 죽음은 끝이 아니라 시작이라는 뜻이다. 헤세의 초기 시 〈격언〉(1908)도 그러한 죽음과 부활, 만물의 단일성을 노래한다.

그대는 모든 사물의

형제자매가 되어야 한다.

그것들이 그대 안에 온전히 스며들어

---

31 Stirb und werde!
32 〈요한복음〉 12장 24절.

내 것 네 것이 구분되지 않도록.

별도 나뭇잎도 떨어지지 않게 해서-
그대가 그것들과 사라져야 한다!
그래야 그대도 모든 것과 더불어
매 순간 부활하리라.

헤세가 에두아르트 엥겔스에게 보낸 1908년의 편지 내용
도 이와 같은 맥락이다. 그는 모든 사물과 현상이 똑같이 가
치 있고 특색 있다고 말하면서, 연령과 날씨의 차이와 우열,
사자(死者)와 산자의 차이를 인정하지 않는다. "나는 청년이
소년보다 중요하고, 성인이 청년보다 중요하다고 생각하지
않습니다. 그렇다면 노인이 성인보다 중요하고, 결국에는
'완성된 사람', 즉 죽은 사람이 산 사람보다 중요할 테니까요.
내게는 언제든 모든 사물과 현상이, 단 그것들이 내게 이해
되는 한에서는, 똑같이 가치 있고 특색 있습니다. 그래서 나
는 청년들과 마찬가지로 노인도 즐겨 묘사하고 여름의 악천
후뿐 아니라 11월의 저녁도, 그리고 인간만큼이나 동물이나
나무도 즐겨 묘사합니다."
괴테의 시 〈복된 동경〉(1814)도 '죽어서 되어라' 정신을 담
고 있다.

먼 거리에도 아랑곳하지 않고

그대는 마법에 걸려 날아오는구나.

끝내 빛을 탐하여

그대 나비여, 불에 타 죽는구나.

죽어서 되어라!

이 말을 오래 간직하지 않는다면

그대는 어두운 지상의

서글픈 길손일 뿐.

'죽어서 되어라'는 《서동시집》의 핵심 시행으로 윤회에 대한 괴테의 생각이 표현되어 있다. 그 외에도 빛과 어둠, 죽음과 생성, 사자의 부활, '살고자 하면 죽고, 죽고자 하면 살리라'[33]라는 예수의 말씀이 잘 나타나 있다. 브레히트 역시 이것을 긍정적으로 평가했다. "위대한 하피스의 시행 '죽어서 되어라!'처럼, 가끔 평범한 것으로 미끄러져 들어가는 것은 전체에 본질적인 의미를 부여한다."

---

33 〈마태복음〉 16장 25절. "누구든지 제 목숨을 구하고자 하면 잃을 것이요, 누구든지 나를 위하여 제 목숨을 잃으면 찾으리라."

필사즉생 필생즉사

이와 비슷한 의미의 '필사즉생 필생즉사(必死卽生 必生卽死)'라는 고사성어가 있다. '반드시 죽고자 하면 살고, 반드시 살고자 하면 죽는다.'라는 의미로, 인간의 생명과 죽음에 대한 철학적인 이해를 담고 있다. 이 말은 《오자병법》의 '필사즉생 행생즉사(必死卽生 幸生則死)', 즉 '반드시 죽으려 하는 자는 살고, 요행히 살고자 하는 자는 죽을 것이다.'라는 성어를 더욱 비장하게 업그레이드한 표현이다.

때로는 어떤 상황에서 죽음 앞에 섰을 때, 그것이 오히려 새로운 삶의 기회를 열어줄 수 있으며, 반대로 살겠다고 아등바등하는 것이 오히려 죽음을 초래할 수 있다. 이 성어는 우리에게 삶의 불확실성과 변화의 필연성을 상기시킨다. 때때로 우리는 죽음 앞에서만 진정한 삶의 가치를 깨닫고, 그로 인해 새 삶의 가능성을 열게 된다. 그리고 이러한 깨달음은 우리가 여러 상황에서 서로 다른 선택을 하게 하며, 그 과정에서 인간의 삶과 죽음에 대한 더 깊은 이해를 얻게 해준다.

'필사즉생 필생즉사'는 특히 이순신 장군이 명량해전을 앞두고 병사들을 독려한 훈시로 유명하다. "아직도 살고자 하는 자가 있다니, 통탄을 금치 못할 일이다! 우리는 죽음을 피할 수 없다! 정녕 싸움을 피하는 것이 우리가 사는 길이냐? 육지라고 무사할 듯싶으냐? 똑똑히 봐라! 나는 바다에서 죽고자 이곳을 불태운다. 더 이상 살 곳도 물러설 곳도 없다! 목숨에 기대지 마라! 살고자 하면 필시 죽을 것이고, 죽고자 하면 살 것이니! 병법에 이르기를 한 사람이 길목을 잘 지키면 천 명의 적도 떨게 할 수 있다고 하였다. 바로 지금 우리가 처한 형국을 두고 하는 말 아니더냐?"

그는 적절한 시기에, 이 성어를 사용하여 죽기로 싸워 목숨을 보전하라고 병사들을 다그치고 있다. 이순신 장군의 기개와 나라를 지키기 위한 강한 의지를 잘 보여주는 대표적인 발언이다. '필사즉생 필생즉사'의 정신은 국가의 위기 상황에서도 불굴의 의지로 나라를 지키기 위해 싸우는 충신의 모습을 보여준다. 이처럼 '죽으면 살리라'라는 말은 종교적·철학적·군사적으로 의미 있게 사용되었음을 알 수 있다.

머지않아 우리는 먼지가 되리니

세상만사 뜬구름 같은 것

프로이트에 따르면 인간은 무의식적으로 죽음을 부정한다. 자신은 절대 죽지 않을 것이라는 무의식적인 믿음을 가지고 있다는 것이다. 우리는 죽음은 타인의 문제일 뿐 결코자기에게는 일어나지 않을 문제처럼 생각하며 살아간다. 그러나 죽음은 누구도 피할 수 없는 확실한 우리의 미래다. 죽음의 문제를 극복하지 못하는 한 인간은 진정으로 행복하기어렵다. 죽음은 피할 수 없는 문제지만, 죽음에 대한 생각과태도는 선택할 수 있고 죽음의 자각을 통해서 삶을 더욱 소중하게 여기며 충만하게 살아갈 수 있다. 죽음을 기억하라는명구처럼 죽음에 대한 사색은 삶의 깊이를 더해 줄 뿐만 아니라 진정한 행복의 핵심 요소인 인생의 의미를 발견하게 해준다. 삶이 소중한 이유는 죽음이 존재하기 때문이다.

우리는 모두 주어진 시간만 살다가 떠나는 부평초 인생,구름이 사라지듯 어디론가 떠나야만 하는 존재다. 게오르크

뷔히너는 드라마 〈보이체크〉에서 "세상만사 뜬구름 같은 것, 우린 다 죽어야 할 몸이지."라고 읊조린다. 뜬구름 같은 인생, 땅에 자라는 풀 한 포기와 다름없다고 할 수 있다. 죽음은 자연으로, 먼지로 되돌아가는 것이다. 성서의 〈잠언〉에서도 "사람아, 너는 먼지이니 먼지로 돌아가리라."[34]라며 영생을 꿈꾸는 어리석은 인간에게 깨우침을 준다. 우주에서 보면 인간은 티끌에 지나지 않고, 바닷물도 한 방울의 물에 지나지 않는다.

인간은 과거 일을 가지고 이러쿵저러쿵 떠들며 분노하고 흥분하지만, 그것들은 사실 먼지처럼 아무런 흔적도 없이 사라져 버린 것이다. 쇼펜하우어는 말한다. 유기체는 결국 죽어서 흙으로 돌아갈 수밖에 없으며, 그것의 전체 본질과 노력이 결국 명백히 허망하게 끝나고 만다고. 이러한 의지의 전체 노력이란 본질적으로 허망한 것이라는 게 언제든 솔직한 자연의 순진한 발언이다. 죽음의 필연성은 무엇보다도 인간이 단순한 현상이지 사물 자체, 즉 참된 존재자는 아니라는 사실에서 도출할 수 있다. 인간이 사물 자체라면 소멸할 리 없기 때문이다.

---

34 〈창세기〉 3장 19절.

인생은 길가의 먼지처럼 날려 다니는 것이다

    헤세는 부모의 관심과 주위의 기대를 한 몸에 받으며 명문 신학교에 입학하지만 7개월 만에 학교를 그만두게 되었다. 그는 고향 마을에서 헤세처럼 되지 말라는 놀림감으로 전락했다. 당연히 아버지는 헤세의 이런 생활에 크게 실망했고, 불명예 퇴학을 당한 소년 헤세는 인생의 방향 감각을 잃은 채 먼지투성이가 되어 떠돌았다. 당시의 심정은 그의 시 〈달아나는 젊음〉(1897)에 잘 나타나 있다.

      지친 나는 먼지투성이가 되어 걷는다.

      젊음은 등 뒤에서 주춤하며 멈춰 선 채

      더는 나와 함께 가지 않겠다며

      아름다운 머리를 숙인다.

    중국의 도연명도 〈잡시〉에서 '인생은 길가의 먼지처럼 날려 다니는 것'이라며 인생의 덧없음을 노래한다.

      인생이란 뿌리도 꼭지도 없어서

      길가의 먼지처럼 날려 다니는 것.

      이리저리 흩어져 바람 따라 날리니

이는 이미 덧없는 몸이라네.

왕성한 젊은 시절 거듭 오지 않으며
하루에 새벽은 다시 오지 않는다네.
제때 미쳐서 마땅히 힘쓸진저,
세월은 세월을 기다리지 않는다네.

음악가 윤이상의 묘비명은 '처염상정(處染常淨)'으로 먼지 낀 환경에서도 더러움에 물들지 않고 늘 깨끗하다는 뜻이다.

모든 개체는 현재에만 존재할 뿐이다

살아 있다는 것은 그 삶이 아무리 사소하고 하찮은 것이라도, 결국 먼지로 돌아간다고 하더라도 여전히 아름답고 소중하며 의미 있는 것이다. 모든 개체는 사실상 오직 현재에만 존재할 뿐이다. 과거는 이미 사라져 버린 무(無)이고, 미래는 아직 오지 않은 무이기 때문이다. 호라티우스도 세계는 원래 무이므로 기뻐하지도, 슬퍼하지도 말라고 노래한다. 시인 천상병도 시 〈귀천〉에서 삶의 저편에서 소풍 왔다가 다시 돌아가는 여정으로 죽음을 그려낸다. 시인은 군부독재에 의해 찢기고 망가진 삶을 살았으나 지극히 순수한 심정으로 지상에서의 삶이 아름다웠다고 노래한다.

헤세는 전쟁의 참상을 보면서 시 〈가을〉(1918)에서 인간은 언젠가 먼지로 돌아가리라는 것을 직시한다.

머지않아 바람이 불어오고
머지않아 죽음이 다가와 수확하리라.
머지않아 회색 유령이 와서 웃으면
우리 심장은 얼어붙고
정원도 그 화사함을,
생명도 그 빛을 잃으리라.

함께 노래하며 즐거워하자.
머지않아 우리는 먼지가 되리니.

〈여름밤〉에서도 헤세는 별이 총총한 여름밤에 달빛에 반짝이는 잎을 보며 우리가 얼마 안 가 '썩어 먼지가 될 것'임을 피부로 느낀다.

여름밤이 드문드문 하늘에 별들을 흩뿌리고,
젊은 날의 추억은 달빛 환한 잎에서 향기를 풍긴다……
내 손가락이여, 얼마 안 가 우리는 썩어 먼지가 되리라.

내일이나 모레, 어쩌면 오늘 벌써.

게으르지 말고 열심히 수행하라

여름밤 하늘에 흩뿌려진 무수한 별들처럼 우리 인간의 존재도 덧없다. 이 덧없음은 불교의 무상, 제행무상(諸行無常), 그리고 헤라클레이토스의 만물유전과 연결된다. 제행무상이란 모든 것은 생멸변화(生滅變化)하여 변천해 가며 잠시도 같은 상태에 머무르지 않고, 마치 꿈이나 환영이나 허깨비처럼 실체가 없는 것을 의미한다. 일체는 무상한데 사람은 상(常)을 바란다. 거기에 모순이 있고 고(苦)가 있다. 불교 경전에 '무상한 까닭에 고인 것이다.'라고 설명되어 있듯 무상은 고의 전제이다. 그러나 무상하다고 모든 걸 내던지라는 말은 아니다. 여성이라고, 신분이 낮다고, 장애가 있다고 차별받지 않는 평등한 사회를 설파한 부처는 '천상천하 유아독존 삼계개고 아당안지(天上天下 唯我獨尊 三界皆苦 我當安之)'라는 말로 '천상천하의 모든 중생은 다 존귀한 존재이니 세상의 모든 고통을 편안케 해주겠다.'라고 한다.

인생무상의 덧없음은 몽환포영로전(夢幻泡影露電)에 비유되어 불교적 인생관의 특색으로 알려졌다. 몽환포영로전은 꿈과 환영, 물거품과 그림자, 이슬방울과 번개라는 무상의 대표적인 물질 이미지를 의미한다. 또한 이것들은 경계 없이 출렁이는 세계 본연의 모습이기도 하다. 이처럼 모든 사물에는 고정된 실체가 없으므로 모든 존재는 무아일 수밖에 없다. 즉 지금 이 자리에 '있는' 것처럼 보이는 모든 것은 고립된 존재, 고정된 실체로 있는 것이 아니라, 잠시 인연에 따라 변화하고 생멸하는 존재이다.

이 구절은 우리가 보는 세상의 현상이 일시적이고 무상하다는 것을 이해하고, 진정한 해방을 얻기 위해서는 그에 대한 집착과 욕망을 버려야 한다는 불교의 가르침을 나타낸다. 그렇게 함으로써 세상의 변화와 무상성을 깨달음으로 이해하고, 진정한 행복과 해방을 얻을 수 있다는 것이다. 부처는 80세로 열반에 들기 전 '세상은 무상하다. 부지런히 수행 정진하라. 낙숫물이 바위를 뚫듯이'라는 마지막 말씀을 남기고 떠났다. 이는 형성된 것들은 소멸하기 마련인 법이니, 게으르지 말고 열심히 수행하라는 말이다.

일반적으로 열반과 해탈을 같은 것으로 이해하는데 근본 경전에 의하면 분명한 차이가 있다. 해탈이 구속이나 속박에서 벗어난 자유로운 상태를 말한다면, 열반은 탐진치(貪瞋痴), 즉 욕망, 성냄, 어리석음의 불길이 완전히 꺼지고 사라진 상태를 말한다. 불교에서는 더 나은 생, 참된 깨달음의 세계에 도달함으로써 윤회의 순환 고리조차 벗어던지는 길을 구원이라고 여긴다. 해탈과 열반에 궁극적 구원이 있다는 가르침의 이면에는 현생의 삶이 언젠가는 벗어나야 할 번거롭고도 고통스러운 것이라는 이해가 전제되어 있다.

헤세는 거듭 태어나 영원히 부활하고 있다

헤세는 내일모레, 곧 머지않아 자신이 나뭇잎이 되고, 흙이 되고, 뿌리가 될 거로 생각한다. 그러면 더 이상 글을 쓰지 못할 것이고, 화려한 개망초의 향내도 맡지 못할 것이다. 그는 평생 변신을 염원하고 꿈꾸면서 시인으로 살다 시인으로 죽었다. 그의 평생을 결산한 마지막 작품은 〈부러진 나뭇가지의 삐걱거림〉이다. 헤세는 여든다섯에 쓴 이 시를 세 번이나 고쳐 썼다.

부러져 꺾인 나뭇가지
벌써 여러 해 동안 그대로 매달려
바람에 메마른 노래 삐걱거린다.
잎도 다 떨어지고 껍질도 없이
앙상하고 헐벗은 채
너무 긴 목숨과 너무 긴 죽음에 지쳐버렸네.
딱딱하고 끈질기게 울리는 그 노랫소리,

반항적으로 들리는구나.

마음속 깊이 두렵게 울려온다.

한여름 동안

또 한겨울 동안…….

　헤세의 우울한 심정은 여전해 보인다. 부러진 가지는 고립무원으로 죽어가는 상태를 나타내고, 삐걱거리는 메마른 노랫소리는 마지막 저항과 체념, 그리고 삶의 회한과 임박한 죽음을 표현하고 있는 것 같다. 사람들은 보통 죽음이란 또 다른 변화나 삶의 본질에 한 걸음 더 다가가는 것이 아닌 끝 그 자체, 즉 공허로 발을 내딛는 것이라고 믿는다.

　그러나 메마른 가지도 겨울이 가고 봄이 오면 파릇파릇 살아나듯, 헤세에게도 자연의 순환에 의한 재탄생의 희망이 완전히 사라진 것은 아니다. 출생과 죽음은 끝없는 현상이자 목표도 없이 계속 굴러가는 영원한 운명의 수레바퀴다. 사람은 살고 인식하고 죽고, 다시 처음부터 시작한다. 헤세는 자신의 순환적이고 원환적(圓環的)인 죽음관을 잘 보여주는 이 시를 쓰고 얼마 뒤 사망했으나 그를 아끼고 기리는 많은 독자에 의해 거듭 다시 태어나 영원히 부활하고 있다.

헤르만 헤세 연보

1868년

마리아 베르누이가 바젤에서 태어난다.

1877년

독일 남부 뷔르템베르크주 작은 도시 칼프에서 개신교 선교 사인 요하네스 헤세(Johannes Hesse)와 마리 군데르트(Marie Gundert) 사이에서 태어난다. 인도에서 활동하던 요하네스 헤세는 건강 문제로 귀국해, 고향에서 헤르만 군데르트 목사의 기독교 서적 출판 사업을 돕다가 그의 딸과 결혼했다. 마리 군데르트의 첫 남편 찰스 아이젠버그(Charles Isenberg)는 영국 출신의 선교사였는데, 그가 세상을 떠나자 마리는 서른두 살의 나이에 요하네스와 재혼했다. 헤세의 형제로는 누나 아델레, 파울, 게르트루트, 마룰라, 한스가 있다.

1881년

부모와 함께 스위스 바젤로 이주한다. 그곳에서 아버지는 바젤 선교사 학교에서 교사로 근무한다.

1886년

가족이 다시 고향 칼프로 돌아오고, 헤세는 그곳에서 라틴어 학교 2학년에 들어간다.

1890년

괴팅겐의 라틴어 학교에 입학한다. 시험 자격 취득을 위해 헤세의 부모는 스위스 시민권을 갱신하고, 헤세는 뷔르템베르크주 정부로부터 시민권을 취득한다.

1891년

뷔르템베르크주 시험에 합격한다. 케플러, 횔덜린 등을 배출한 명문 마울브론 신학교에 입학해 6개월간 다닌다.

1892년

마울브론 신학교에서 도망친다. 시인이 되기 위해, 혹은 아무것도 되지 않기 위해 자유로운 생활을 시도한다. 바트 볼에 있는 크리스토프 블룸하르트(Christoph Blumhardt)의 병원에서 치료받는다. 연상의 엘리제에 대한 짝사랑의 실패로 자살을 시도, 이후 슈테텐 정신병원에 입원한다. 바트 칸슈타트 김나지움에 들어가 9개월간 다닌다.

1893년

주로 하이네의 시만 읽는다. 에슬링겐에서 서점 직원으로 근무하다가 3일 만에 달아난다. 그 후 아버지의 조수로 일한다.

1894년

고향 칼프의 페로 탑시계 공장에서 일 년 반 동안 수습공으로 생활한다. 브라질로 이주 계획을 세운다.

1895년

튀빙겐의 헤켄하우어 서점에서 3년간 점원으로 일한다. 니논 아우스랜더가 체르노비츠에서 태어난다.

1896년

최초의 시 〈독일 시인의 고향(Das deutsche Dichter Heim)〉을 발표한다.

1897년

루트 뱅거가 바젤에서 태어난다.

1899년

습작 소설 〈고슴도치(Schweingel)〉를 썼으나 원고를 분실한다.

첫 시집《낭만적인 노래》,《한밤중 뒤의 한 시간(Eine Stunde hinter Mitternacht)》을 발간한다. 9월부터 그다음 해 1월까지 바젤의 라이히 서점에서 일한다.

1900년
《헤르만 라우셔의 글과 시의 유작집(Hinterlassene Schriften und Gedichte von Hermann Lauscher)》을 라이히 서점에서 간행한다.

1901년
이탈리아 여행을 떠나 피렌체, 제노바, 피사, 베네치아 등을 돌아본다. 8월부터 1903년 초까지 바젤의 바텐빌 고서점에서 일한다.

1902년
어머니가 사망한다. 베를린의 그로테 출판사에서 시집《시들(Gedichte)》을 출간한다. 이 시집은 출간 직전 사망한 그의 어머니에게 헌정된다.

1903년
서적과 관련해 두 번째 이탈리아 여행을 하며 피렌체와 베네치아를 둘러본다. 서점 점원 생활을 청산하고 집필에만 몰두한다.

1904년

베를린 피셔 출판사에서 집필을 의뢰받은 소설 《페터 카멘친트》를 출간해 신진 작가의 지위를 확보한다. 아홉 살 연상인 마리아 베르누이와 결혼, 보덴 호수 근교의 가이엔호펜 마을에 있는 농가로 이사하고 작가 생활을 시작한다. 소설 《보카치오(Boccaccio)》, 《아시시의 성 프란치스코(Franz von Assisi)》를 출간한다. 토마스 만과 처음 만난다. 이후 약 9년간 잡지 〈짐플리치시무스(Simplicissimus)〉, 〈라인렌더(Rheinländer)〉, 〈노이에 룬트샤우(Neue Rundschau)〉의 동인으로 활동한다.

1905년

장남 브루노(Bruno)가 태어난다. 오스트리아의 문학상 바우어른펠트상(Bauernfeld-Preis)을 수상한다.

1906년

소설 《수레바퀴 밑에》를 피셔 출판사에서 출간한다. 빌헬름 2세의 권위에 도전하는 진보적인 주간지 〈3월(März)〉 창간에 참여해 1912년까지 공동 편집자로 활동한다.

1907년

‘암 에를렌로’의 대지를 구입하고, 신축공사를 한다. 중단편집 《이 세상에서(Diesseits)》를 출간한다. 로카르노에 있는 휴양소 몬티와 아스코나에 있는 몬테 베리타에 머문다.

1908년

중단편집 《이웃 사람들(Nachbarn)》을 출간한다.

1909년

차남 하이너(Heiner)가 태어난다. 바덴바일러에서 알베르트 프랭켈 교수에게서 심리 치료를 받는다. 요하네스 골트가 니논에게 《페터 카멘친트》를 선물한다. 취리히, 독일, 오스트리아로 강연 여행을 다닌다.

1910년

뮌헨의 랑겐(Langen) 출판사에서 소설 《게르트루트》를 출간한다.

1911년

삼남 마르틴(Martin)이 태어난다. 시집 《도상에서(Unterwegs)》를 출간한다. 친구인 화가 한스 슈투르체네거와 함께 3개월

간 인도 여행을 한다. 가정의 파탄을 타개하기 위해 연말에
귀국한다.

1912년
단편집 《우회로(Umwege)》를 출간한다. 베른 교외에 있는 죽
은 화가 친구 알베르트 벨티(Albert Welti)의 집으로 가족과 함
께 이사한다.

1913년
인도 여행 경험을 바탕으로《인도에서, 인도 여행으로부터의
스케치(Aus Indien, Aufzeichnungen von einer indischen Reise)》를   피
셔 출판사에서 출간한다.

1914년
결혼 문제를 주제로 한 장편소설 《로스할데(Roshalde)》를 출간
한다. 스위스 국적을 신청했으나 거부당한다. 제1차 세계대전
이 일어나 자원했으나 시력 때문에 복무 불능 판정을 받는다.
베른의 '독일 전쟁포로 후원회'에서 일하며 전쟁포로와 억류
자들을 위한 〈독일 억류자 신문(Deutschen Interniertenzeitung)〉
의 공동 발행인, 〈독일 전쟁포로를 위한 총서(Bücherei für
deutsche Kriegsgefangene)〉, 〈독일 전쟁포로를 위한 일요판 전령

(Sonntagsbote für deutsche Kriegsgefangene)〉의 발행인을 맡는다. 전쟁을 비판하는 글을 신문에 발표해 독일 국민의 반감을 사고, 또한 독일 저널리즘에서도 배척당한다. 자신의 출판사를 만들어 이후 1918년에서 1919년까지 22권의 소책자를 펴낸다.

1915년

소설 《크눌프. 크눌프 삶의 세 가지 이야기(Knulp. Drei Geschichten aus dem Leben Knulps)》, 시집 《고독한 자의 음악(Musik des Einsamen)》, 단편집 《길가에서(Am Weg)》를 출간한다.

1916년

아버지가 사망한다. 부인 마리아의 정신병이 악화하고 막내아들 마르틴이 중병에 걸리자 헤세도 심한 신경쇠약에 시달린다. 루체른 근처 존마트의 요양소에서 정신과 의사이자 정신분석가 카를 융의 제자인 요제프 랑 박사로부터 정신 요법 치료를 받는다. 《청춘은 아름다워(Schön ist die Jugend)》를 출간한다.

1917년

징집 명령을 받았으나 랑 박사를 포함한 여러 의사의 진단서를 제출하고 징집을 면제받는다. 《데미안》 원고를 에밀 싱클레어라는 가명으로 출판사에 보낸다.

1918년
마리아가 요하네스 놀에게 정신분석을 받고 발작을 일으켜 퀴스나흐트에 있는 브루너 박사의 요양소에 입원한다. 11월 7일, 니논이 빈에서 프레드 돌빈과 결혼한다.

1919년
《데미안, 어떤 청춘의 이야기(Demian, Die Geschichte einer Jugend)》를 '에밀 싱클레어'라는 이름으로 발표해 호평받는다. 신인으로 알려져 폰타네상이 수여되지만, 이를 사양하고 9판부터 저자의 이름을 헤세로 밝힌다. 《작은 정원(Kleiner Garten)》, 《동화집》을 출간한다. 《자라투스트라의 귀환, 어느 독일인이 독일 젊은이들에게 보내는 한마디 말(Zarathustras Wiederkehr, Ein Wort an diedeutsche Jugend von einem Deutschen)》을 익명으로 출간하고 이듬해 베를린에서 실명으로 재출간한다. 잡지 〈비보스 보코(Vivos voco)〉를 창간해 이후 약 5년간 공동 발행인으로 활동한다. 몬타뇰라로 이주해 카사 카무치에서 1931년까지 거주한다. 본격적으로 수채화를 그리기 시작한다. 마리아가 다시 신경 발작을 일으켜 킬히베르크에 있는 후버 박사의 요양소에 입원한다.

1920년

수채화의 시문집 《방랑》, 색채 소묘를 곁들인 열 편의 시를 담은 《화가의 시(Gedichte des Malers)》, 도스토옙스키에 대한 에세이 《혼돈을 들여다봄》, 단편집 《클링조어의 마지막 여름》을 출간한다. 후고 발 부부와 만나 가깝게 지낸다.

1921년

《시선집(Ausgewählte Gedichte)》을 출간한다. 창작의 위기를 겪으며 융의 정신분석 치료를 받는다. 《테신에서 그린 수채화 11점(Elf Aquarelle aus dem Tessin)》을 출간한다.

1922년

《픽토르의 변신(Piktors Verwandlung)》, 《싯다르타》를 출간한다.

1923년

산문집 《싱클레어의 비망록(Sinclairs Notizbuch)》을 간행한다. 4년 전부터 별거 중이던 부인 마리아 베르누이와 이혼한다. 바덴에서 병후 요양을 한다.

1924년

스위스 작가 리자 벵거의 딸 루트 벵거와 결혼한다. 스위스 국적을 재취득한다.

1925년

소설 《요양객》을 발표한다. 남독일 강연 여행을 하고, 뮌헨에서 토마스 만을 방문한다.

1926년

독일 프로이센 예술원 문학 분과 국제위원으로 선출된다. 감상과 기행을 담은 문집 《그림책(Bilderbuch)》을 출간한다.

1927년

카사 카무치로 거처를 옮긴다. 소설 《황야의 늑대(Steppenwolf)》, 산문집 《뉘른베르크 여행》을 출간한다. 헤세의 50회 생일 기념으로 후고 발이 쓴 전기가 출간된다. 두 번째 부인 루트 벵거의 요청으로 바젤의 주 법원에서 이혼 판결이 난다.

1928년

산문집 《관찰(Betrachtungen)》과 시집 《위기, 일기 한 토막(Krise, Ein Stück Tagebuch)》을 출간한다. 빈 실러 재단의 메이스트리크상(Mejstrik-Preis)을 수상한다.

1929년

시집 《밤의 위안(Trost in der Nacht)》과 산문집 《세계 문학 총서
(Eine Bibliothek der Weltliteratur)》를 출간한다.

1930년

두 번째 부인 루트 벵거가 에리히 하우스만과 결혼한다. 장
편소설 《나르치스와 골드문트》를 출간한다. 프로이센 예술
원에서 탈퇴한다.

1931년

샨타렐라에서 스키 휴가를 보낸다. 고대 예술사가이자 신화
학자인 니논 돌빈과 결혼한다. 친구인 한스 보드머가 빌려준
몬타뇰라의 카사 로사(일명 카사 헤세)로 이사해 평생 그곳에서
거주한다. 산문집 《내면으로 가는 길(Weg nach innen)》을 출간
한다. 장편소설 《유리알 유희》의 집필을 시작한다.

1932년

산문집 《동방순례》를 간행한다. 한스 카로사가 몬타뇰라를
방문한다.

1933년

소설《작은 세계(Kleine Welt)》를 간행한다.

1934년

시선집《생명의 나무에서(Vom Baum des Lebens)》를 출간한다. 문학 계간지〈노이에 룬트샤우(Neue Rundschau)〉에《유리알 유희》를 발표하기 시작한다.

1935년

동생 한스가 자살한다.《우화집(Fabulierbuch)》을 간행한다.

1936년

스위스 최고 권위의 문학상인 고트프리트 켈러상(Gottfried Keller Preis)을 받는다. 시집《정원에서 보낸 시간(Stunden im Garten)》을 출간한다.

1937년

산문집《기념첩(Gedenkblätter)》과 시집《신 시집(Neue Gedichte)》,《다리를 저는 소년(Der lahme Knabe)》을 간행한다.

1939년

제2차 세계대전이 발발한다. 나치스의 탄압으로 헤세의 작품들은 몰수되고 출판이 금지되어 《수레바퀴 밑에》, 《황야의 늑대》, 《관찰》, 《나르치스와 골드문트》가 더 이상 인쇄되지 못한다.

1942년

《시집》이 스위스 취리히에서 출간된다.

1943년

장편소설 《유리알 유희》를 발표한다.

1945년

시선집 《꽃 핀 가지(Der Blütenzweig)》, 미완성 소설 《베르톨트(Berthold)》, 새로운 단편과 동화를 모은 《꿈길(Traumfährte)》을 출간한다. 제2차 세계대전이 끝난 후 정기적으로 실스마리아에서 여름을 보낸다.

1946년

헤세의 작품이 다시 독일에서 나오기 시작한다. 노벨문학상, 괴테상을 받는다. 정치적 평론집 《전쟁과 평화, 1914년 이래로 전쟁과 정치에 대한 고찰(Krieg und Frieden, Betrachtungen zu Krieg und Politik seit dem Jahr)(1914)》을 출간한다.

1947년
베른 대학에서 명예 문학박사 학위를 받는다. 고향 칼프시 명예시민이 된다.

1949년
누나 아델레가 사망한다.

1950년
빌헬름 라베상(Wilhelm Raabe-Literaturpreis)을 받는다.

1951년
《후기 산문(Späte Prosa)》과 《서간집(Briefe)》을 출간한다.

1952년
75회 생일을 기념해 독일과 스위스에서 기념행사를 갖고, 주어캄프 출판사에서 《헤세 문학 전집(Gesammelte Dichtungen)》(전 6권)을 출간한다.

1954년

산문집 《픽토르의 변신(Piktors Verwandlungen)》을 출간한다. 로맹 롤랑과 주고받은 편지를 모은 서한집 《헤르만 헤세와 로맹 롤랑의 서한집(Briefwechsel, Hermann Hesse-Romain Rolland)》을 간행한다.

1955년

후기 산문집 《마법의 주문(Beschwörungen)》을 출간한다. 독일 출판 협회의 평화상(Friedenspreis des Deutschen Buchhandels)을 수상한다.

1956년

바덴뷔르템베르크 지방의 독일 예술 후원회에 의해 '헤르만 헤세상'이 만들어진다.

1957년

탄생 80주년 기념사업으로, 이미 간행된 적 있는 《헤세 전집》(전 6권)을 증보해 《헤세 전집(Gesammelte Schriften)》(전 7권)을 출간한다.

1962년

몬타뇰라의 명예시민이 된다. 바이블러가 쓴 헤세 전기 《헤르만 헤세, 한 편의 전기(HermannHesse, Eine Bibliographie)》가 간행된다. 몬타뇰라에서 뇌출혈로 세상을 떠난다. 이틀 후 성 아본디오 묘지에 안장된다.

1963년

첫 번째 부인 마리아 베르누이가 사망한다.

1965년

마르바흐에 헤세 기념관이 개관한다.

1966년

헤세의 세 번째 부인 니논이 사망한다.

1968년

막내아들 마르틴이 자살한다.

1994년

두 번째 부인 루트 벵거가 사망한다.

1999년

장남 브루노가 사망한다.

2003년

차남 하이너가 사망한다.

머지않아 우리는 먼지가 되리니

발행일 | 2024년 9월 27일 초판 1쇄

지은이 | 홍성광

펴낸이 | 장영훈

펴낸곳 | (주)이츠북스

편집 | 고은경, 임승경

마케팅 | 남선희, 김영경

디자인 | 디자인글앤그림

출판등록 | 2015년 4월 2일 제2021-000111호

주소 | 서울특별시 강서구 화곡로 416, 1715~1720호

대표전화 | 02-6951-4603

팩스 | 02-3143-2743

이메일 | 4un0-pub@naver.com

홈페이지 | www.4un0-pub.co.kr

SNS 주소 | 페이스북 www.facebook.com/saungonggam

인스타그램 www.instagram.com/saungonggam_pub

블로그 blog.naver.com/4un0-pub

ISBN | 979-11-988388-2-7 03100

사유와공감은 (주)이츠북스의 출판 브랜드입니다.

사유와공감은 독자 여러분의 책에 관한 아이디어와 원고 투고를 기쁜 마음으로 기다리고 있습니다. 책 출간 아이디어가 있으신 분은 이메일 **4un0-pub@naver.com** 또는 사유와 공감 홈페이지 '작품 투고'란으로 간단한 개요와 취지, 연락처 등을 보내 주세요. 여러분을 언제나 응원합니다. ♡